ESCREVO O QUE EU QUERO

ESCREVO O QUE EU QUERO
STEVE BIKO

TRADUÇÃO
GRUPO SOLIDÁRIO SÃO DOMINGOS
MARINA DELLA VALLE

ILUSTRAÇÕES
MARCELO D'SALETE

I Write What I Like
© Steve Biko, 1978

Todos os direitos desta edição reservados à Veneta.

Direção editorial:
Rogério de Campos
Leticia de Castro

Assistente editorial:
Guilherme Ziggy
Amanda Pickler

Tradução:
Grupo Solidário São Domingos
Marina Della Valle

Notas:
Rogério de Campos

Preparação:
Marina Della Valle
Amanda Pickler

Revisão:
Guilherme Mazzafera

Diagramação:
Carlão Assumpção

Capa e ilustrações:
Marcelo D´Salete

Agradecimentos:
Alexandre Linares

Dados Internacionais de Catalogação na Publicação (CIP)
(Câmara Brasileira do Livro, SP, Brasil)

B594   Biko, Steve (1946-1977)
        Escrevo o que eu quero / Steve Biko. Tradução de Grupo Solidário São Domingos e Marina Della Valle. Ilustração de Marcelo D'Salete. Notas de Rogério de Campos. – São Paulo: Veneta, 2025.
        312 p.; Il.

Título original: I Write What I Like.

ISBN 978-85-9571-275-1

1. História do Negro. 2. Líder Negro Sul-africano. 3. Nacionalismo Negro. 3. Luta Antirracista. 4. África do Sul. 5. Apartheid. 6. Biografia de Steve Biko. 7. Movimento Consciência Negra. 8. Negritude. 9. Branquitude. I. Título. II. Grupo Solidário São Domingos, Tradutor. III. Della Valle, Marina, Tradutora. IV. D'Salete, Marcelo, Ilustrador. V. Campos, Rogério de.

CDU 316   CDD 305

Rua Araújo, 124, 1º andar, São Paulo
www.veneta.com.br
contato@veneta.com.br

DOS CONTEÚDOS AQUI ESCRITOS

1. Sumário Biográfico	11
2. SASO — Seu Papel, Sua Significância e Seu Futuro	13
3. Carta aos Presidentes do SRC	19
4. Campi Negros e Sentimentos Atuais	29
5. Alma Negra em Pele Branca?	33
6. Nós, os Negros	43
7. A Fragmentação da Resistência Negra	51
8. Alguns Conceitos Culturais Africanos	61
9. A Definição da Consciência Negra	71
10. A Igreja Vista Por um Jovem Leigo	77
11. Racismo Branco e Consciência Negra	85
12. O Medo: Um Fator Decisivo na Política Sul-Africana	101
13. Vamos Falar Sobre os Bantustões	111
14. A Consciência Negra e a Busca de uma Verdadeira Humanidade	121
15. O Que é Consciência Negra?	135
16. A Justiça de Nossa Força	161
17. A Política Americana em Relação à Azânia	183
18. Nossa Estratégia para a Libertação	189
19. Sobre a Morte	199
Mártir da Esperança: Uma Memória Pessoal, por Aelred Stubbs C.R.	201
Glossário	271
Apresentação da 1ª Edição Brasileira, por Benedita da Silva	277

Paratextos da Edição Comemorativa de 40 Anos   281
  'Au Revoir', Colégio St. Francis   281
  O Ser Almejado, por Njabulo S. Ndebele   283
  Reflexões Pessoais Sobre Steve Biko   291
  Mosibudi Mangena   293
  Ames Dhai   295
  Tracey Gore   297
  Silvio Humberto dos Passos Cunha   299
  Prefácio, por Desmond Tutu   301
  Introdução, por Nkosinathi Biko   303

Agradecimentos   307

Índice Onomástico   309

1. SUMÁRIO BIOGRÁFICO

Stephen Bantu Biko nasceu em Tylden, Província do Cabo, em 18 de dezembro de 1946. Foi a terceira criança e segundo filho de Matthew Mzimgayi e Alice Nokuzola Biko. Stephen perdeu o pai quando tinha quatro anos. Recebeu educação primária e secundária localmente antes de seguir para a Instituição Lovedale, em Alice. Porém, não ficou muito tempo naquela escola gerenciada pelo Departamento de Educação Bantu e seus anos de formação do segundo grau aconteceram em Mariannhill, uma escola católica em Natal. Matriculado no fim de 1956, ele entrou na faculdade de medicina na Universidade de Natal (branca), seção de Não Europeus, em Durban, no começo de 1966. Ativo primeiro na NUSAS (União Nacional dos Estudantes da África do Sul), ele se desligou dela em 1968 para formar a SASO (Organização dos Estudantes da África do Sul), da qual foi eleito o primeiro presidente em julho de 1969. Um ano depois, foi nomeado secretário de propaganda.

Em dezembro de 1970, ele se casou com Nontsikelelo "Ntsiki" Mashalaba, de Umtata. A partir de 1971, seu coração estava cada vez mais na atividade política e, no meio de 1972, seu curso em Wentworth terminou. Ele imediatamente começou a trabalhar para os BCP (Programas da Comunidade Negra) em Durban, mas no começo de março de 1973, juntamente com outros sete líderes da SASO, foi banido. Restrito à sua cidade natal, King Williams, ele fundou o setor do Cabo Oriental dos BCP e trabalhou como diretor-executivo até que uma cláusula extra foi incluída em sua ordem de banimento no fim de 1975 proibindo-o de trabalhar para os BCP.

Em 1975 ele foi essencial na fundação do Fundo Fiduciário Zimele[1]. Ele foi detido por 101 dias sob a seção 6 do Decreto sobre Terrorismo, de agosto a dezembro de 1976, e então foi solto sem acusação. Foi acusado muitas vezes sob a lei de segurança, mas nunca condenado. Em janeiro de 1977, foi nomeado presidente honorário da BPC (Convenção do Povo Negro) por cinco anos — uma organização que ajudara a fundar em 1972.

Em 18 de agosto de 1977, foi novamente preso sob a seção 6 do Decreto sobre Terrorismo. Foi levado a Port Elizabeth, onde era mantido nu e algemado, como foi revelado pelo inquérito depois de sua morte. Ele morreu na prisão em 12 de setembro. A causa da morte foi estabelecida como dano cerebral. A morte e o inquérito foram noticiados tão extensivamente que não é necessário dar mais detalhes aqui. Ele deixou uma viúva e dois filhos pequenos, com sete e três anos.

Os escritos que se seguem pertencem ou se referem ao período de 1969-1972, quando Steve era ativo no Movimento da Consciência Negra, do qual ele é considerado "pai". Após seu banimento, em março de 1973, ele não podia mais viajar, falar em público ou escrever para publicações. Parece lógico, portanto, colocar esses escritos antes da memória, que fala principalmente do período posterior ao seu banimento. O testemunho no julgamento BPC-SASO em Pretória foi dado na primeira semana de maio de 1976, mas se refere a acontecimentos que datam de um período anterior. Assim, o livro segue uma sequência cronológica, até onde se pode determinar.

---

[1] O Zimele Trust Fund foi criado para viabilizar programas de apoio na comunidade negra e, em particular, para dar apoio às famílias de presos políticos. [Nota da edição brasileira: N.E.B.]

2. SASO — SEU PAPEL, SUA SIGNIFICÂNCIA E SEU FUTURO

No começo da década de 1960 ocorreram tentativas abortadas de fundar organizações de estudantes não brancos. Em 1961 e 1962, a Associação de Estudantes Sul-Africanos (ASA) e a União de Estudantes da África do Sul (ASUSA) foram estabelecidas. A União de Estudantes de Durban e a União de Estudantes da Península do Cabo, que posteriormente se fundiram para formar a Organização Nacional Progressista de Estudantes, eram fanaticamente opostas à NUSAS[2] no início. ASA e ASUSA se dividiam por lealdades ideológicas ligadas ao Congresso Nacional Africano (ANC) e ao Congresso Pan-Africanista (PAC). Nenhuma dessas organizações sobreviveu. A NUSAS não era de modo algum uma força apagada nos campi negros, mas o fato de que sua própria base estava em campi brancos (as Universidades de Witwatersrand [Witz], Rhodes, Cidade do Cabo e Natal) significava que era praticamente impossível que estudantes negros conseguissem posições de liderança. Muito menos a NUSAS podia falar pelos campi não brancos, embora com frequência assumisse esse papel.

---

2 A National Union of South African Students (União Nacional dos Estudantes da África do Sul) foi formada em 1924 como uma organização exclusivamente branca. Mas, a partir do início dos anos 1960, os estudantes brancos antirracistas forçaram a organização a se abrir para os estudantes negros. Apesar disso, a NUSAS continuou dominada pelos brancos. [N.E.B.]

A formação do Movimento Cristão Universitário (University Christian Movement - UCM) em 1967 deu aos negros uma chance maior de união. Sua respeitabilidade política inicial aos olhos das autoridades das residências universitárias negras lhe deu a chance de funcionar naqueles campi de um modo impossível para a NUSAS. Na Conferência do UCM em Stutterheim, em julho de 1968, cerca de 40 negros de todos os principais centros de educação superior na república formaram uma convenção e concordaram com a necessidade de uma organização de estudantes negros de representação nacional. O grupo UNB (Universidade de Natal para Negros), que, é claro, incluía Steve, recebeu o pedido de continuar com o desenvolvimento do projeto. Como resultado, uma conferência representativa foi realizada em Mariannhill, Natal, em dezembro de 1968, quando a SASO foi formada, para ser oficialmente lançada em Turfloop, em julho de 1969, quando Steve foi eleito presidente.

Este é o discurso presidencial de Steve à Primeira Escola de Formação Nacional da SASO, realizada na Universidade de Natal para Negros, Wentworth, Durban, 1-4 de dezembro de 1969.

Bem poucas organizações estudantis sul-africanas provocaram uma resposta tão mista em seu estabelecimento quanto a SASO parece ter feito. Parece que apenas os intermediários aceitaram a SASO. Gritos de "vergonha" foram ouvidos dos estudantes brancos que lutaram por anos para manter contato inter-racial. Do ponto de vista de alguns militantes negros, a SASO estava longe de ser a resposta, ainda era muito amorfa para prover ajuda real. Ninguém tinha certeza da direção real da SASO. Todos expressaram temores de que ela fosse uma organização conformista. Alguns dos alunos brancos expressaram temores de que fosse um sinal para voltar à militância. No meio de tudo isso estava a executiva da SASO. Essas pessoas foram chamadas a dar inúmeras explicações sobre o que se tratava.

Estou surpreso que precise ser assim. A ação tomada pelos estudantes não brancos não foi apenas defensável, mas foi um passo que deveria ter acontecido muito antes. Às vezes parece que é um crime os estudantes não brancos pensarem por si mesmos. A ideia de tudo ser feito para os negros é antiga, e todos os liberais se orgulham disso; mas, uma vez que os estudantes negros queiram fazer as coisas por si mesmos, de repente são vistos como tornando-se "militantes".

Provavelmente seria útil neste estágio parafrasear os objetivos da SASO como organização. Eles são:

1. Cristalizar as necessidades e aspirações dos estudantes não brancos e buscar tornar conhecidas suas queixas.
2. Quando possível, realizar programas designados para suprir as necessidades de estudantes não brancos e agir coletivamente em um esforço para solucionar alguns dos problemas que atingem os centros individualmente.
3. Aumentar o grau de contato não apenas entre os alunos não brancos, mas também entre estes e o restante da população estudantil sul-africana, para fazer com que os alunos não brancos sejam aceitos em seus próprios termos como parte integrante da comunidade estudantil sul-africana.
4. Estabelecer uma identidade sólida entre os alunos não brancos e garantir que esses alunos sejam sempre tratados com a dignidade e o respeito que merecem.
5. Proteger os interesses dos centros membros e atuar como um grupo de pressão sobre todas as instituições e organizações para o benefício dos estudantes não brancos.
6. Elevar o moral dos alunos não brancos, aumentar a autoconfiança e contribuir amplamente para a direção do pensamento das várias instituições sobre temas sociais, políticos e outros da atualidade.

Os objetivos acima resumem o papel da SASO como uma organização. O fato de que toda a ideologia gira em torno de estudantes não brancos como um grupo pode fazer algumas pessoas acreditarem que a organização tem inclinação racial. No entanto, o que a SASO fez foi apenas um balanço da cena atual no país e perceber que, a menos que os estudantes não brancos decidam se levantar da estagnação, eles jamais terão esperança de sair dela. O que queremos não é visibilidade negra, mas participação negra real. Em outras palavras, não nos ajuda ver vários rostos negros quietos em uma reunião estudantil multirracial que, em última análise, se concentra no que os alunos brancos acreditam ser as necessidades dos alunos negros. Devido ao nosso poder de barganha como organização, podemos de fato conseguir um contato mais significativo entre os vários grupos de cores no mundo estudantil.

A ideia de que SASO é um tipo de "NUSAS negra" foi levantada. Que se saiba que a SASO não é uma união nacional e nunca afirmou ser. A SASO também não se opõe à NUSAS como união nacional. A SASO aceita o princípio de que em qualquer país, a qualquer momento, uma união nacional deve estar aberta a todos os estudantes desse país e, em nosso país, a NUSAS é a união nacional, e a SASO a aceita totalmente como tal e não oferece concorrência nesse sentido. O que a SASO contesta é a dicotomia entre princípio e prática tão evidente entre os membros dessa organização. Enquanto poucos criticariam a política e os princípios da NUSAS tal como aparecem no papel, muitos tendem a ficar preocupados com toda a hipocrisia praticada pelos membros da organização. Isso serve para fazer com que os membros não brancos se sintam não aceitos e insultados em muitos casos. Pode-se também acrescentar que os meros números não refletem uma imagem verdadeira da cena sul-africana. Sempre haverá uma maioria branca na organização. Isso em si não importa, exceto que, onde há conflito de interesses entre os dois grupos de cor, os não brancos sempre saem os mais pobres. Estes são alguns dos problemas que a SASO analisa. Não gostaríamos de ver os centros negros sendo forçados a sair da NUSAS por uma virada para a direita. Portanto, torna-se nossa preocupação exercer nossa influência sobre a NUSAS sempre que possível em benefício dos centros não brancos que são membros dessa organização.

Outra pergunta popular é por que a SASO não é afiliada à NUSAS. A SASO tem um papel específico a desempenhar e foi criada como guardiã dos interesses não brancos. Ela pode servir melhor a esse propósito mantendo apenas relações funcionais com outras organizações estudantis, mas não estruturais. É verdade que uma das razões pelas quais a SASO foi formada foi que organizações como a NUSAS eram anátemas nas residências universitárias[3]. No entanto, a nossa decisão de não nos filiarmos à NUSAS decorre da ponderação do nosso papel enquanto organização, na medida em que não pretendemos desenvolver quaisquer relações estruturais que posteriormente possam interferir na nossa eficácia.

3 O texto se refere especificamente às "residências universitárias" nas instituições étnicas conforme a redefinição pelo regime do Apartheid: a Universidade da Zululândia (em Ngoye) para os zulus, Universidade do Norte (conhecida como Turfloop) para os tswanas e sothos, Fort Hare para os xhosas, Universidade do Cabo Ocidental (em Bellville) para os mestiços e Durban Westville para os indianos. [Nota da edição original: N.E.O.]

A SASO deparou-se com uma série de dificuldades logo após o seu início.

1. Existe o problema crônico de não termos recursos financeiros suficientes. Parece que é aqui que a maioria das organizações não brancas falha. No entanto, esperamos eliminar essa dificuldade em breve e, no processo, precisaremos de muita ajuda dos centros mais fortes.
2. A divisão tradicional ainda torna a correspondência algo muito lento em alguns centros. A maioria das residências universitárias tem uma longa história de isolamento. Algumas delas agarraram a chance de se libertar de seus casulos. Algumas se apegam tenazmente a eles. Por exemplo, não conseguimos chegar a Bellville. Temos dificuldade em chegar a alguns outros centros. Mas fico feliz em dizer que a maioria dos centros percebe as possibilidades empolgantes dessa forma significativa de comunicação. Esperamos que, com o tempo, todos possamos nos juntar à feliz comunidade daqueles que compartilham seus problemas.
3. O bicho-papão da autoridade também parece um problema real. Compreensivelmente, muitos estudantes temem que qualquer envolvimento com alguém além de sua própria universidade possa atrair atenção injustificada não apenas das autoridades locais, mas também das nacionais.

   No entanto, espera-se que haja mais exemplos dos poucos corajosos que construíram o SRC em lugares como Turfloop a ponto de ter muito poder de barganha com o reitor.
4. A não aceitação pela NUSAS gerou muitos problemas indesejados. Para muitos centros, a aceitação da SASO tornou-se um passo automático para a retirada da NUSAS. Poucos centros pareciam ser capazes de compreender as diferenças nos pontos focais entre as duas organizações.
5. Tem havido considerável falta de apoio dos vários SRCs para os envolvidos na organização. Muitas pessoas, mesmo dos centros afiliados, parecem se considerar observadoras.

No entanto, apesar desses problemas, a Executiva tem continuado a empenhar-se diligentemente na construção de bases realmente sólidas para o futuro. Há razões para acreditar que a SASO crescerá cada vez mais à medida que mais e mais centros se juntarem a ela.

O futuro da SASO depende muito de uma série de coisas. Pessoalmente, acredito que haverá uma guinada à direita nos campi brancos. Isso resultará na morte da NUSAS ou em uma mudança nessa organização que praticamente excluirá todos os não brancos. Todas as pessoas sensatas se esforçarão para retardar a chegada desse momento. Eu acredito que a SASO também deveria. Mas se o dia em que ele chegar for inevitável, quando chegar, a SASO assumirá toda a responsabilidade de ser a única organização estudantil que atende às necessidades dos alunos não brancos. E, com toda probabilidade, a SASO será a única organização estudantil ainda preocupada com o contato entre vários grupos de cores.

Por fim, gostaria de convocar todos os líderes estudantis das instituições não brancas a apoiar solidamente a SASO e garantir a existência contínua da organização não apenas no nome, mas também na eficácia. Esse é um desafio para testar a independência dos líderes estudantis não brancos não apenas organizacionalmente, mas também ideologicamente. O fato de termos diferenças de abordagem não deve obscurecer a questão. Temos uma responsabilidade não apenas com nós mesmos, mas também com a sociedade da qual nascemos. Ninguém mais aceitará o desafio até que nós, por nossa própria vontade, aceitemos o fato inevitável de que, em última análise, a liderança dos povos não brancos neste país recai sobre nós.

3. CARTA AOS PRESIDENTES DO SRC

Este capítulo consiste em uma carta enviada por Steve, como presidente da SASO, em fevereiro de 1970, aos presidentes do SRC (Conselho Representativo dos Estudantes) de universidades de língua inglesa e africâner, a organizações estudantis nacionais e outras (incluindo estrangeiras). Ele fornece o pano de fundo histórico e uma fundamentação competente para a fundação da SASO. O tom é conciliatório com a NUSAS, na época ainda reconhecida como "a verdadeira União Nacional dos Estudantes da África do Sul hoje". Steve estava ciente da força da oposição a um órgão segregado, particularmente fora da África do Sul, de onde se esperava que parte do dinheiro para o apoio da SASO viesse. Era necessário apresentar o propósito positivo na formação da SASO, o que deixaria claro que a "retirada" fora apenas para reagrupar e ser mais eficaz na busca pelo objetivo final comum tanto da NUSAS quanto da SASO — uma sociedade não racial e igualitária.

A seção de contexto histórico mostra o forte senso de história de Steve, particularmente da continuidade da resistência africana às várias formas de opressão branca. Ao ler este documento, os leitores devem se lembrar de que, desde sua chegada à Faculdade de Medicina, Steve assumiu um papel importante nas atividades da NUSAS e foi um presidente local extremamente bem-sucedido da organização. Nunca se poderia dizer que ele se dedicou a fundar uma organização rival por causa de seu fracasso em atingir os resultados es-

perados na NUSAS. Também é notável, mas inteiramente típico, que o ataque implícito à NUSAS que envolveu a fundação da SASO nunca levou a uma violação das boas relações pessoais que ele continuou a desfrutar com os líderes brancos da NUSAS.

Este documento não é apenas um excelente relato das razões para a fundação da SASO e uma forte defesa de suas intenções não racistas. É também um bom exemplo dessa combinação de linguagem dura, até mesmo agressiva, com um espírito subjacente basicamente amigável que ficou tão marcada como uma característica básica da abordagem de estadista de Steve a outras organizações e pessoas.

Como uma continuação interessante deste capítulo, o capítulo 4 é um relatório de Steve sobre sua visita presidencial à maioria dos campi negros, que foi publicado na edição de junho de 1970 do Boletim SASO, ou seja, quatro meses após a carta aos presidentes do SRC. Steve passou grande parte de seu ano presidencial visitando os campi e reunindo apoio para o movimento jovem.

Para: Presidentes do SRC (universidades de língua inglesa e africâner)
   Organizações nacionais de estudantes
   Outras organizações
   Organizações estrangeiras

   Caro senhor,
 Re: *Organização de Estudantes Sul-Africanos*

Permita-nos, neste estágio avançado, apresentar a Organização dos Estudantes da África do Sul ao senhor. É uma organização de um ano de idade que foi estabelecida na conferência inaugural da Universidade do Norte em julho de 1969.

Esta circular destina-se a prover sua organização de um relato verdadeiro e em primeira mão dos fatores que levaram ao estabelecimento da organização. Também pretendemos dar uma imagem clara de onde estamos hoje em relação às outras organizações estudantis do país.

CONTEXTO HISTÓRICO

A implementação, em 1960, da Lei de Transferência de Fort Hare[4], de 1959, que colocou Fort Hare sob controle direto do governo, foi um golpe no contato estudantil entre aquela universidade e o restante da população estudantil. A dissolução do SRC[5] em Fort Hare em agosto daquele ano pelos próprios alunos foi uma resposta às medidas rigorosas que tiveram como objetivo suprimir a liberdade dos alunos de se encontrarem e discutirem com quem quisessem na então única universidade negra.

Ainda mais contidas foram as "universidades" irmãs estabelecidas no mesmo ano, ou seja, Residência Universitária do Cabo Ocidental (para mestiços), Residência Universitária da Zululândia (para zulus), Residência Universitária do Norte (para sothos), Residência Universitária de Durban (para indianos).

O conceito de um SRC independente nunca foi conhecido nesses locais. O reitor tinha poderes de veto virtualmente ilimitados sobre qualquer coisa que os alunos decidissem fazer. Esse poder de veto aplicava-se especialmente a todas as ações dos estudantes para se associarem à NUSAS. Daí começou o longo período de isolamento.

O estabelecimento do Movimento Cristão Universitário[6] em 1967 abriu novos caminhos para contato. O UCM teve um apelo especial aos alunos das residências universitárias. O fato de que, com um ano e meio de existência, o UCM já contava com maioria negra em suas sessões é indicativo disso. Assim, com o contínuo contato entre estudantes das residências universitárias, o diálogo começou novamente entre os estudantes negros.

---

[4] Fundada em 1916, a Universidade de Fort Hare tornou-se uma importante instituição de ensino superior para as populações negras da África subsaariana. Passaram por ela não apenas sul-africanos como Nelson Mandela e Desmond Tutu, mas também grandes líderes anticoloniais de outros países, como Julius Nyerere (primeiro presidente da Tanzânia), Kenneth Kaunda (primeiro presidente da Zâmbia) e Seretse Khama (primeiro presidente de Botswana). Era uma universidade não segregada, aberta para negros, brancos, mestiços e indianos. Mas, em 1959, o regime do Apartheid decidiu enquadrar a universidade. Entre outras coisas, promoveu uma rígida segregação, separando inclusive diferentes povos negros, baniu a NUSAS (National Union of South African Students) e assegurou que a polícia tivesse livre acesso ao campus. [N.E.B.]

[5] *Student's representative council* é um formato de entidade que representa os interesses dos estudantes junto à administração das escolas e universidades. [N.E.B.]

[6] UCM – University Christian Movement. [N.E.B.]

Um dos temas mais comentados foi a posição dos estudantes negros nas organizações "abertas" como a NUSAS e o UCM. Foi expressa a preocupação de que estas eram dominadas por brancos e prestavam muito pouca atenção aos problemas peculiares à comunidade negra. De fato, algumas pessoas começaram a questionar a própria competência de grupos pluralistas para examinar sem preconceito os problemas que afetam um grupo, especialmente se o grupo não afetado for do campo opressor. Sentia-se que havia chegado o momento em que os negros tinham que formular seu próprio pensamento, não poluído por ideias emanadas de um grupo com muita coisa em jogo no *status quo*.

Não havia nada de novo nesse tipo de pensamento. Já se falava disso em órgãos como a Associação dos Estudantes Africanos e a União dos Estudantes Africanos da África do Sul, fundados entre 1960 e 1961 nos campi negros mais antigos. No entanto, essas organizações morreram por vários motivos. A União dos Estudantes de Durban também veio e se foi. O problema permaneceu sem solução.

Algumas pessoas das comunidades negras sentiram que a melhor abordagem seria uma tomada negra das organizações estudantis "abertas", a partir de dentro. No entanto, essa ideia nunca teve nenhum apoio real, já que, no início, os alunos negros nas residências universitárias sequer podiam participar livremente dessas organizações.

Na Conferência da NUSAS de 1967, os negros foram obrigados a ficar em uma igreja em algum lugar na localidade de Grahamstown, sendo levados todos os dias ao local da conferência em carros etc. Esse é talvez o ponto de virada na história do apoio negro à NUSAS. As condições eram tão terríveis que mostravam aos negros o quanto eles eram valorizados na organização.

O Congresso da NUSAS de 1968 transcorreu sem intercorrências. A impressão predominante era a de que os negros estavam ali apenas por formalidade. A virada para a direita na organização não encontrou o habitual contra-ataque dos negros. Ficou claro que nenhum dos negros se sentia parte da organização. Daí a Executiva eleita ser toda branca.

Pouco tempo depois, ainda em julho, estudantes negros em uma conferência da UCM exigiram um tempo para se encontrarem sozinhos como grupo. Ostensivamente, eles deveriam discutir o que fazer diante da cláusula de "72 horas", que os proibia de permanecer em uma área branca por mais de 72 horas seguidas[7]. Porém, uma vez juntos, discutiram pela primeira vez, formalmente, a ideia de criar uma organização negra.

Eles precisaram escolher entre uma aliança estruturada e uma não estruturada e se decidiram pela primeira em prol da continuidade. O problema era que nenhum deles era líder estudantil e, portanto, não podiam tomar decisões vinculativas.

Em dezembro de 1968, uma conferência dos SRCs dos campi negros decidiu de forma esmagadora a favor de uma organização negra e, em julho de 1969, na conferência inaugural da SASO, a organização foi fundada.

Isso não quer dizer que tudo foi tranquilo. O grande debate surgiu por causa do desejo de não fazer o que parece estar em conformidade com a política do governo — ou seja, segregação contra outro grupo. Para citar o comunicado da SASO divulgado em julho de 1969:

1. Em um tempo em que os acontecimentos avançam tão rapidamente no país, não é aconselhável demonstrar qualquer tipo de divisão entre as fileiras dos estudantes — especialmente agora que os estudantes parecem ser uma potência a ser levada em conta neste país.
2. Qualquer movimento que tenda a dividir a população estudantil em *laagers*[8] separados com base na cor é de certa forma uma submissão tácita a ter sido derrotado e aparenta concordância com o Apartheid.
3. Em um país racialmente sensível como o nosso, a provisão de entidades racialmente exclusivas tende a aumentar o ressentimento e o fosso que existe entre as raças, e a comunidade estudantil deve resistir a todas as tentativas de cair nessa tentação.
4. Qualquer formação de uma entidade puramente não branca estará sujeita a muito escrutínio e, portanto, as chances de as organizações durarem são muito pequenas.

Isso mostra, em poucas palavras, como eram fortes as dúvidas entre alguns líderes estudantis negros. No entanto, o argumento para seguir em

---

7 A Cláusula das 72 horas fazia parte dos regulamentos do Apartheid que controlavam o movimento de africanos de um distrito para outro. Essa cláusula específica proibia africanos de estarem em outro distrito diferente do seu por mais de 72 horas sem permissão do governo. [N.E.B.]
8 Termo boer para formação defensiva em que um acampamento se cerca de carroças que formam uma barreira contra ataques externos. [N.E.B.]

frente era muito mais forte. Embora, por uma questão de princípio, rejeitemos a separação em uma sociedade normal, precisamos reconhecer o fato de que a nossa está longe de ser uma sociedade normal. É difícil não olhar para a sociedade branca como um grupo de pessoas empenhadas em perpetuar o *status quo*. A situação não é facilitada pela falta de aceitação que os estudantes negros têm encontrado em todas as chamadas organizações abertas, religiosas e seculares. Todas sofrem basicamente das mesmas falhas: aceitam como fato que a liderança deve ser branca e, pior ainda, que a prioridade será tratar dos problemas que afetam a sociedade branca.

Outro ponto importante foi que, no interesse de preservar uma fachada não racial, quase 80% dos estudantes negros foram considerados dispensáveis. Esses são os alunos que, por exemplo, não foram autorizados a participar livremente de organizações como a NUSAS porque estavam em residências universitárias controladas pelo governo. Citando mais uma vez o comunicado da SASO:

> Ao escolherem fazer uma reunião em escala limitada em vez de não se reunirem, os estudantes não brancos estarão escolhendo o mal menor e esforçando-se para compensar alguns dos males que se acumularam a partir do mesmo sistema maligno que tornou impossível para eles encontrarem-se livremente com outros alunos.

ESTRUTURA

Em termos de estrutura, a SASO funciona *como* uma União Nacional, embora não pretenda ser uma. O tipo básico de afiliação é a "afiliação de centro". Os SRCs são as bases de poder. Eles se afiliam em nome de seus alunos. Onde não há SRC, aceitamos uma decisão majoritária do corpo estudantil como uma afiliação automática daquele centro. A associação individual também é atendida.

O órgão dirigente da SASO é o Conselho Geral de Estudantes, que se reúne uma vez por ano. É composto pelos delegados dos vários centros e filiais e também pela Executiva. Este é o órgão oficial de formulação de políticas da SASO.

A Executiva governa entre as sessões do Conselho Geral de Estudantes, trabalhando de acordo com os mandatos que lhe são conferidos pelo conselho. O presidente é o único intérprete da política entre as sessões.

POLÍTICA

Até agora, a SASO adotou políticas apenas em alguns tópicos, principalmente em organização estudantil, nossa ampla base de operação etc.

1. *NUSAS*

(a) A SASO reconhece a NUSAS como a verdadeira União Nacional de estudantes na África do Sul hoje. Isso é baseado na política de papel da organização. Não oferecemos competição à NUSAS para membros negros.

(b) A SASO critica a dicotomia entre princípio e prática encontrada na NUSAS. Rejeitamos sua integração baseada em padrões predominantemente estabelecidos pela sociedade branca. É mais o que o homem branco espera que o homem negro faça. Sentimos que não temos que nos provar a ninguém.

(c) O fato de haver 27.000 estudantes brancos e 3.000 estudantes negros na organização não favorece que a opinião negra seja ouvida com justiça.

(d) Poucos dos alunos brancos estão comprometidos com os princípios da organização e, portanto, as credenciais da NUSAS como uma aspirante sincera e comprometida com a mudança estão aquém.

2. *ASB*

É a Afrikaanse Studentebond, uma organização cultural que opera nas universidades de língua africâner. Enfatiza o calvinismo e o afrikanerdom[9] como critérios para adesão.

(a) Defendemos o direito de qualquer grupo de querer perpetuar sua cultura por meio desse tipo de organização.

(b) Quando essa promoção de uma cultura de grupo implica o cultivo de tendências racistas, então o "direito" torna-se um direito negativo, como o direito de matar.

(c) Tendemos a descartar a ASB como um grupo incorrigível com o qual nenhum contato de valor pode ser mantido.

---

9 Nacionalismo cultural africâner. [N.E.B.]

3. UCM

O Movimento Cristão Universitário é um grupo religioso que se preocupa com temas ecumênicos e modernização da arcaica prática religiosa cristã. Também se preocupa com a aplicação prática dos princípios cristãos em uma sociedade imoral como a sul-africana.

(a) Acreditamos em grande parte que a UCM superou os problemas de adaptação a uma sociedade de dois níveis como a nossa. Porém ainda sentimos que o fato de os negros serem maioria na organização não tem sido suficientemente evidenciado na direção do pensamento e na liderança da organização.
(b) No entanto, sentimos que o progresso da UCM é louvável, especialmente no sentido de provocar pensamento significativo entre os clérigos e seus membros.

4. A IMPRENSA

A SASO rejeita a imprensa e acredita em se envolver o mínimo possível com ela. A imprensa é amplamente dirigida à sociedade branca ou ao chamado eleitorado, cujos valores estão misturados ao preconceito racial contra os negros.

Da mesma forma, a SASO rejeita a imprensa negra que até agora tem sido amplamente controlada e em parte financiada por instituições governamentais. Acreditamos que, ao lado da Rádio Bantu, a maior parte da imprensa negra está sendo usada como instrumento de propaganda para levar as pessoas a engolirem a maioria das histórias desequilibradas e infladas sobre "o que o governo está fazendo pelos bantus" ou "... pelos indianos" ou "... para os mestiços".

OBJETIVOS

Os objetivos da SASO estão voltados principalmente para os alunos negros e também para o contato entre os alunos em geral. Colocados em uma forma parafraseada, eles são:

1. Cristalizar as necessidades e aspirações dos estudantes não brancos e buscar divulgar suas queixas.
2. Quando possível, realizar programas designados para suprir as ne-

cessidades de estudantes não brancos e agir em base coletiva em um esforço para solucionar alguns dos problemas que atingem os centros individualmente.
3. Aumentar o grau de contato não apenas entre os alunos não brancos, mas também entre estes e o restante da população estudantil sul-africana, para fazer com que os alunos não brancos sejam aceitos em seus próprios termos como parte integrante da comunidade estudantil sul-africana.
4. Estabelecer uma identidade sólida entre os alunos não brancos e garantir que esses alunos sejam sempre tratados com a dignidade e o respeito que merecem.
5. Proteger os interesses dos centros membros e atuar como um grupo de pressão sobre todas as instituições e organizações para o benefício dos estudantes não brancos.
6. Elevar o moral dos alunos não brancos, aumentar a autoconfiança e contribuir amplamente para a direção do pensamento das várias instituições sobre temas sociais, políticos e outros da atualidade.

Embora esses objetivos possam parecer expressos em linguagem racista, eles são, na verdade, um sinal de que a comunidade estudantil negra finalmente perdeu a fé em seus colegas brancos e agora está se retirando da sociedade aberta.

Os negros estão cansados de ficar nas linhas laterais para assistir a um jogo que deveriam estar jogando. Eles querem fazer as coisas por si mesmos e sozinhos.

CONCLUSÃO

Foi preciso tomar muito cuidado no início, e o progresso tem sido lento. Chegamos a um estágio agora em que nossa existência se tornou um fato consumado, e nossa maneira de ver as coisas foi adotada por um número substancial nos campi negros.

Nosso diálogo limitado com a NUSAS, que tem seguido linhas de crítica construtiva, foi interpretado deliberadamente por alguns grupos, incluindo membros da ASB, como uma rejeição do não racismo como objetivo político. No entanto, embora os críticos à direita da NUSAS possam se alegrar, uma coisa que devem ter em mente é que, com todas as suas deficiências, ainda vale a pena conversar com a NUSAS. Por outro lado, acreditamos, é uma dolorosa perda de tempo engajar-se em qualquer diálogo com organizações racialmente preconceituosas como a ASB. Por isso, algumas pessoas na última conferência da SASO sentiram que esta organização "deveria ser deixada sozinha em seu pequeno mundo de isolamento cujos limites são as quatro rodas de uma *ossewa*"[10].

A SASO adota o princípio de que os negros devem formar um grupo poderoso, de modo a avançar e exigir sua reivindicação legítima na sociedade aberta, em vez de exercer esse poder em alguma parte obscura do Kalahari[11]. Portanto, isso desmente a crença de que nossa retirada é um fim em si mesmo.

Steve Biko
Presidente

---

10 Carroça. [N. E. O.]
11 Segundo maior deserto africano (depois do Saara), abrangendo partes da África do Sul, Botsuana e Namíbia. [N.E.B.]

4. CAMPI NEGROS E SENTIMENTOS ATUAIS

O artigo que segue é um breve resumo das observações que fiz durante a visita à maior parte dos campi negros. É baseado em discussões em reuniões do corpo discente, reuniões dos SRCs e com pequenos grupos de indivíduos fora dos círculos de liderança local.

Lentamente no início e de modo bastante rápido ultimamente, a comunidade estudantil negra está deixando de lado a velha abordagem para resolver seus problemas. Um espírito definido de independência e uma consciência de nós mesmos como um grupo com força potencial está começando a se manifestar de várias maneiras. Em muitas ocasiões, encontrei os vários campi não apenas prontos para apoiar, mas também ansiosos para se unirem na direção do pensamento da SASO. Foi aceito de modo geral que, nessa fase da nossa história, o passo mais lógico é seguir a diretriz dada pela SASO, ou seja, a concentração em nós mesmos como um grupo e a fusão de nossas forças.

Uma característica marcante é o declínio acentuado na intensidade do argumento da "moralidade". Há algum tempo, muitas pessoas costumavam se opor violentamente à "segregação", mesmo quando praticada por negros contra brancos. Ultimamente, pessoas dessa opinião estão começando a ver a lógica de rejeitar a chamada abordagem bilateral. A ideia de que negros e brancos podem participar como parceiros iguais em uma organização aberta está sendo questionada até mesmo pelos mais fervorosos defensores negros do não racismo. Essas pessoas percebem agora que muito tempo e muita força são desperdiçados em manter um não racismo artificial e simbólico no nível dos estudantes — artificial não no sentido de que é natural segregar, mas sim porque mesmo aqueles envolvidos nisso têm certos preconceitos dos quais não podem se livrar e, portanto, são basicamente desonestos consigo mesmos, com seus colegas negros e com a comunidade de negros que são chamados a crer nessas pessoas.

Outra característica notável é que a maioria dos alunos, embora muito seguros do que não gostavam na antiga abordagem, e que eram bastante duros em suas críticas a ela, ainda careciam de uma compreensão profunda sobre o que pode ser feito. Aonde se fosse, era ouvida a pergunta sendo feita repetidamente: "Para onde vamos a partir daqui?". Isso novamente é um resultado trágico da velha abordagem, na qual os negros foram obrigados a se encaixar em um padrão determinado por estudantes brancos. Portanto, nossa originalidade e imaginação foram entorpecidas a ponto de exigir um esforço supremo para agir logicamente, mesmo para seguir nossas crenças e convicções. Uma terceira e também importante observação foi o anseio dos alunos em desejarem ter relação com o que quer que seja feito com sua situação na comunidade. Há uma consciência crescente do papel que os alunos negros podem ser chamados a desempenhar na emancipação de sua comunidade. Os alunos percebem que o isolamento da intelectualidade negra do resto da sociedade negra é uma desvantagem para os negros como um todo.

Quando tudo é dito e feito, é preciso expressar uma surpresa agradável com a qualidade da liderança nos vários campi. A história da maioria dos campi negros é marcada por restrições e intimidações. Alguém poderia pensar que a esta altura todos estariam tão intimidados que aceitariam conformados tudo o que vem da autoridade. No entanto, em muitos lugares, fiquei surpreso com o poder de negociação que os SRCs construíram com suas respectivas autoridades. Delegações fortes estão sendo enviadas da maioria dos campi negros para a conferência da SASO, quando um esforço conjunto será feito para obter respostas para algumas das perguntas. A conferência promete ser interessante e esclarecedora, especialmente em vista da diversidade que se encontra na abordagem. Mas algumas coisas são comuns a todos — testemunhar a unidade dos estudantes negros, dar direção e profundidade adequadas ao movimento e tornarem-se dignos da afirmação de que são os líderes de amanhã.

Steve Biko

5. ALMA NEGRA EM PELE BRANCA?

Em julho de 1970, no I° Conselho Geral dos Estudantes da SASO, Barney Pityana[12] sucedeu a Steve na presidência. Steve foi eleito coordenador das publicações da SASO. No mês seguinte, o boletim mensal da organização começou a publicar artigos escritos por ele, com o título "Escrevo o Que Eu Quero" (I Write What I Like) e assinados: Frank Talk[13]. No julgamento da BPC/SASO, em certo momento o juiz perguntou: "O [acusado] número 9 [Strini Moodley] não é Frank Talk?"; e Steve respondeu: "Não, não, ele nunca foi Frank Talk, eu é que era Frank Talk" (ver pág. 147). Este artigo e o seguinte, que foram publicados no boletim nas edições de agosto e setembro de 1970, respectivamente, apresentam uma autêntica exposição da filosofia da Consciência Negra.

---

[12] Barney Pityana (1945-) foi mais um dos tantos líderes negros que estudaram na Universidade de Fort Hare, de onde foi expulso em 1969 por causa de sua militância estudantil. Foi um dos fundadores da SASO e também da UCM. Depois de anos sendo vítima de detenções, banimentos e outras formas de perseguição por parte do regime de Apartheid, Pityana partiu para o exílio na Inglaterra, onde continuou os estudos de Direito e Teologia. Tornou-se pastor anglicano e um importante líder a denunciar o Apartheid. Voltou do exílio apenas em 1993, para se tornar um dos mais importantes advogados de Direitos Humanos da África do Sul. [N.E.B.]

[13] Frank Talk: pseudônimo usado por Steve Biko. Frank é um nome próprio e significa também "franco". Talk significa "conversa" e pode ser usado como sobrenome. No caso, o pseudônimo seria "Conversa Franca". [N.T.]

ESCREVO O QUE EU QUERO

A seguir está o primeiro de uma série de artigos com esse título, que aparecerão regularmente em nosso boletim.

ALMA NEGRA EM PELE BRANCA?

A comunidade branca na África do Sul é basicamente homogênea. É um grupo de pessoas acomodadas, que desfrutam de uma posição privilegiada, a qual não merecem, que têm consciência disso e que, por essa razão, passam todo o tempo tentando justificar por que são assim. Quando existem diferenças em suas opiniões políticas, elas se referem à maneira de tentar justificar sua posição privilegiada e sua usurpação do poder.

Com a teoria de "liberdade em separado para as várias nações dentro do Estado multinacional da África do Sul", os nacionalistas fizeram muito no sentido de dar à maioria branca da África do Sul uma espécie de fundamentação moral para o que ocorre. Todo mundo se satisfaz com a declaração de que "essa gente" — referindo-se aos negros — será libertada quando estiver pronta para dirigir seus próprios negócios em suas próprias áreas. O que mais poderiam querer? Mas não é com "essa gente" que estamos preocupados. Nosso problema é aquele estranho grupo de não conformistas que explicam sua participação em termos negativos: aquele grupo de pessoas bem-intencionadas, que têm uma porção de nomes: liberais, esquerdistas etc. São os que alegam não serem responsáveis pelo racismo dos brancos e pela "atitude desumana do país em relação ao negro". São as pessoas que declaram sentir a opressão com a mesma intensidade que os negros e que, por esse motivo, também deveriam se envolver na luta do negro por um lugar ao sol. Em resumo, são as pessoas que dizem que têm a alma negra dentro de uma pele branca.

O papel do branco liberal na história do negro na África do Sul é bem curioso. A maioria das organizações negras estava sob a direção de brancos. Fiéis à sua imagem, os brancos liberais sempre sabiam o que era bom para os negros e diziam isso a eles. O mais incrível é o fato de os negros terem acreditado neles durante tanto tempo. Foi só no fim da década de 1950 que os negros começaram a exigir o direito de serem seus próprios guardiões.

Sob nenhum aspecto a arrogância da ideologia liberal é mais evidente do que na insistência em afirmar que os problemas do país só podem ser solucionados por uma abordagem bilateral, envolvendo tanto os negros quanto os brancos. De modo geral, tal posição é assumida com toda a seriedade como o *modus operandi* na África do Sul por todos aqueles que declaram que gostariam que houvesse uma mudança no *status quo*. Por esse motivo vemos organizações e partidos políticos multirraciais e organizações estudantis "não raciais", todos insistindo na integração não só como um objetivo final, mas também como um meio.

A integração de que falam é, em primeiro lugar, artificial, antes de tudo por resultar mais de uma manobra consciente do que de uma orientação profunda da alma. Em outras palavras, as pessoas que formam o organismo integrado foram extraídas de várias sociedades segregadas, com seus complexos de superioridade e de inferioridade introjetados, complexos que continuam a se manifestar mesmo na estrutura "não racial" do organismo integrado. Portanto, a integração assim obtida é uma via de mão única, na qual os brancos são os únicos a falar, cabendo aos negros escutar. Apresso-me em dizer que não estou afirmando que a segregação é necessariamente a ordem natural; no entanto, uma vez que um grupo goza de privilégios à custa de outro, torna-se evidente que uma integração arranjada às pressas não pode ser a solução do problema. É o mesmo que esperar que o escravo trabalhe junto ao filho de seu dono para eliminar as condições que o levaram à escravidão.

Em segundo lugar, esse tipo de integração é um meio quase sempre improdutivo. Os participantes gastam muito tempo nas reuniões trocando insultos, tentando provar que A é mais liberal que B. Ou seja, a falta de uma base comum para uma identificação sólida se manifesta o tempo todo nas brigas internas do grupo.

A busca dos negros pela autoafirmação, numa sociedade que os trata como eternas crianças menores de 16 anos, não deve parecer anacrônica a nenhuma pessoa verdadeiramente interessada numa integração real. Uma verdadeira integração não precisa de planejamento ou estímulo. Quando os vários grupos de uma comunidade se afirmam o suficiente para que haja respeito mútuo, temos então os pontos básicos para uma integração verdadeira e significativa. No coração da verdadeira integração se encontram os elementos para que cada pessoa e cada grupo cresça e atinja a identidade almejada. É preciso que cada grupo seja capaz de alcançar seu estilo de vida próprio sem invadir ou ser frustrado por outro. Do respeito mútuo e da total liberdade de autodeterminação com certeza surgirá uma genuína fusão dos estilos de vida distintos. Essa é a verdadeira integração.

Portanto, enquanto os negros estiverem sofrendo de um complexo de inferioridade — consequência de trezentos anos de opressão, desprezo e escárnio deliberados —, serão inúteis como coconstrutores de uma sociedade normal, na qual a pessoa não seja nada mais que um ser humano, para o seu próprio bem. Assim, como prelúdio ao que quer que possa vir em seguida, é necessário estabelecer nas bases uma consciência negra tão forte que os negros possam aprender a se autoafirmar e a reivindicar seus justos direitos.

Desse modo, ao adotar a linha de uma abordagem não racial, os liberais estão fazendo seu velho jogo. Reivindicam o monopólio da inteligência e do julgamento moral e estabelecem o padrão e o ritmo para a realização das aspirações do negro. Eles querem continuar a gozar da simpatia tanto do mundo dos negros como dos brancos. Querem se afastar de todo tipo de "extremismo", condenando "a supremacia branca" por ser tão ruim quanto o "Poder Negro"! Oscilam entre os dois mundos, verbalizando com perfeição as reclamações dos negros ao mesmo tempo que extraem o que lhes convêm do conjunto exclusivo de privilégios dos brancos. Mas basta pedir que apresentem um programa concreto e significativo que pretendam adotar e veremos de que lado realmente estão. Seus protestos são dirigidos à consciência do branco; tudo o que fazem se destina a convencer o eleitorado branco de que o negro também é um ser humano e de que em algum momento no futuro deveria lhe ser dado o acesso à mesa do branco.

O mito da integração proposta pela ideologia liberal precisa ser derrubado e morto, pois ele possibilita que se acredite que algo está sendo feito. Na realidade, porém, os círculos artificialmente integrados são um soporífero para os negros e fornecem uma certa satisfação para os brancos de consciência culpada. Tal mito se baseia na falsa premissa de que, já que neste país é muito difícil reunir raças diferentes, então o simples fato de se conseguir essa reunião é em si mesmo um grande passo para a total libertação dos negros. Nada poderia ser mais irrelevante e, portanto, enganador. Os que acreditam nisso estão vivendo na ilusão.

Em primeiro lugar, os círculos de brancos e negros são quase sempre uma criação de brancos liberais. Como prova de que se acham completamente identificados com os negros, conforme alegam, eles convidam alguns negros "inteligentes e articulados" para "tomar um chá em casa", ocasião em que todos os presentes se fazem a mesma velha e gasta pergunta: "Como podemos provocar mudanças na África do Sul?". Quanto mais chás desse tipo alguém organizar, tanto mais liberal será e tanto mais livre se sentirá da culpa que perturba e amarra sua consciência. A partir de então esse alguém se moverá em seus círculos brancos — hotéis, praias, restaurantes e cinemas só para brancos — com a consciência menos pesada, achando que é diferente das outras pessoas. E, no entanto, no fundo de sua mente existe o constante pensamento de que tudo está muito bem para ele e que, por isso, não deveria se preocupar com mudanças. Embora não vote nos nacionalistas (já que, de qualquer jeito, eles são agora a maioria), ele se sente seguro sob a proteção oferecida por eles e, inconscientemente, repele a ideia de mudança. Esse é o ponto que separa o liberal do mundo negro. Os liberais encaram a opressão dos negros como um problema que precisa ser resolvido, algo que enfeia e estraga um panorama que, sem ele, seria muito bonito. De tempos em tempos eles se esquecem do problema ou deixam de olhar para o que enfeia a paisagem. Por outro lado, em sua opressão, os negros experimentam uma realidade da qual nunca conseguem escapar. Lutam para se livrar da situação, e não apenas para resolver uma questão secundária, como é o caso dos liberais. Essa é a razão por que os negros falam com muito mais urgência que os brancos.

Os liberais se tornaram mestres no jogo de evasivas deliberadas. A pergunta "O que posso fazer?" surge com muita frequência. Se pedir a eles que façam algo como deixar de usar serviços em que haja segregação, sair da universidade e trabalhar em empregos subalternos como todos os negros, ou ainda denunciar e desafiar os regulamentos que lhes dão privilégios, sempre respondem: "Mas isso não é realista!". Embora tal afirmação possa ser verdade, esses exemplos servem apenas para demonstrar que, não importa o que um branco faça, a cor de sua pele — seu passaporte para o privilégio — sempre o colocará quilômetros à frente do negro. Portanto, em última análise, nenhum branco escapa de pertencer ao campo opressor.

"Existe entre as pessoas, porque são seres humanos, uma solidariedade pela qual cada um é corresponsável por toda a injustiça e por todo o erro cometido no mundo, em especial pelos crimes cometidos em sua presença ou os que ele não pode ignorar."[14]

---
[14] Biko cita aqui o filósofo alemão Karl Jaspers (1883-1969). [N.E.B.]

Essa descrição da "culpa metafísica" explica de modo adequado que o fascismo branco "só é possível porque os brancos são indiferentes ao sofrimento e pacientes em relação à crueldade" com que as pessoas negras são tratadas. Em vez de empenharem todas as suas forças numa tentativa de eliminar o racismo de sua sociedade branca, os liberais desperdiçam muito tempo tentando provar ao maior número possível de negros que são liberais. Tal atitude provém da crença errônea de que estamos diante de um problema de negros. Não há nada de errado com os negros. O problema é o RACISMO BRANCO, e ele está bem no centro da sociedade branca. Quanto mais cedo os liberais perceberem isso, tanto melhor para nós, negros. A presença deles entre nós incomoda e serve para criar transtornos. Faz com que o foco de atenção seja desviado de pontos essenciais para conceitos filosóficos mal definidos que ao mesmo tempo são irrelevantes para o negro e apenas servem para nos desviar do nosso rumo. Os brancos liberais precisam deixar que os negros cuidem dos próprios assuntos, enquanto eles devem se preocupar com o verdadeiro mal de nossa sociedade: o racismo branco.

Em segundo lugar, os círculos mistos de brancos e negros são círculos estáticos, sem direção nem programa. As mesmas perguntas são feitas e a mesma ingenuidade aparece nas respostas. A verdadeira preocupação do grupo é mantê-lo em funcionamento, mais que torná-lo útil. Nesse tipo de situação podemos ver um exemplo perfeito de como a opressão vem agindo sobre os negros. Fizeram com que eles se sentissem inferiores durante tanto tempo que se sentem consolados em beber chá, vinho ou cerveja com brancos que parecem tratá-los como iguais. Como consequência, têm o ego reforçado a tal ponto que se acham superiores aos outros negros que não recebem o mesmo tratamento dos brancos. É esse tipo de negro que constitui um perigo para a comunidade.

Em vez de se dirigirem aos irmãos negros e olharem seus problemas comuns a partir de uma plataforma única, preferem cantar seus lamentos para um auditório aparentemente simpático que se tornou perito em gritar em coro: "Que vergonha!". Esses negros de inteligência obtusa, egocêntricos, são tão culpados pela falta de progresso quanto seus amigos brancos, pois é desse tipo de grupo que a teoria do gradualismo emana e é o que mantém os negros confusos, sempre à espera de que um dia Deus desça do céu para resolver seus problemas. São pessoas de grupos como esses que todos os dias leem cuidadosamente o jornal, procurando qualquer sinal de uma mudança pela qual esperam com paciência, sem fazer nada para que ela aconteça. Quando o número de votos obtidos por Helen Suzman[15] cresce em alguns milhares, esse aumento é visto como um marco importante da "mudança inevitável". Ninguém olha para o outro lado da moeda: a remoção de grandes contingentes de africanos das áreas urbanas, o zoneamento iminente de lugares como a rua Grey[16], em Durban, e milhares de outras manifestações de uma mudança para pior.

Tais pontos de vista significam que sou contra a integração? Se pela integração se entende a penetração dos negros na sociedade branca, a assimilação e a aceitação dos negros num conjunto de normas já estabelecido e num código de comportamento estatuído e mantido por brancos, então SIM, sou contra. Sou contra a estratificação da sociedade em superior-inferior, branco-negro, que faz do branco um professor perpétuo e do negro um aluno perpétuo (e um mau aluno, além do mais). Sou contra a arrogância intelectual dos brancos, que os faz acreditar que uma liderança branca é uma condição *sine qua non* neste país e que os brancos têm um mandato divino para imporem o ritmo deles ao progresso. Sou contra a imposição de todo um sistema de valores ao povo nativo por parte de uma minoria colonizadora.

Se, por outro lado, a integração significar que haverá uma participação livre de todos os membros de uma sociedade, que haverá condições para a total expressão do ser em uma sociedade que se transforma livremente conforme a vontade do povo, então estou de acordo. Pois não se pode negar que, em qualquer sociedade, a cultura compartilhada pelo grupo majoritário deve determinar as grandes linhas da direção que a cultura conjunta dessa sociedade vai tomar. Isso não deve prejudicar os que se sentem de modo diferente, mas, no conjunto, um país na África, onde a maioria do povo é africana, precisa inevitavelmente apresentar valores africanos e ser africano de verdade em seus costumes.

E quanto à reclamação de que os negros estão ficando racistas? Essa queixa é um dos passatempos favoritos de liberais frustrados que sentem que estão perdendo terreno em sua atuação como curadores. Esses auto-

---

15 Por 36 anos (1953-1989), a deputada liberal Helen Suzman (1917-2009) foi a única voz no parlamento sul-africano a denunciar e se opor ao Apartheid com firmeza e constância. [N.E.B.]
16 Rua tradicional do comércio indiano em Durban. [N.E.B.]

nomeados curadores dos interesses dos negros se vangloriam de seus anos de experiência na luta pelos "direitos dos negros". Eles vêm fazendo coisas para os negros, em favor dos negros e por causa dos negros. Quando estes anunciam que chegou a hora de fazerem coisas para eles mesmos, e inteiramente por eles mesmos, todos os brancos liberais gritam, como se fosse o fim do mundo!

"Ei, você não pode fazer isso! Você está sendo racista. Está caindo na armadilha *deles.*"

Aparentemente está tudo bem com os liberais, desde que continuemos presos na armadilha deles.

As pessoas bem-informadas definem o racismo como a discriminação praticada por um grupo contra outro com o objetivo de dominar ou de manter a dominação. Em outras palavras, não se pode ser racista a menos que se tenha o poder de dominar. Os negros estão apenas reagindo a uma situação na qual verificam que são objeto do racismo branco. Estamos nessa situação por causa de nossa pele. Somos segregados coletivamente — o que pode ser mais lógico que reagir como um grupo? Quando os trabalhadores se unem sob os auspícios de um sindicato para lutar por melhores condições de vida, ninguém no mundo ocidental se surpreende. É o que todo o mundo faz. Ninguém os acusa de terem tendências separatistas. Os professores travam as suas próprias lutas, os lixeiros fazem o mesmo, e ninguém age como curador dos outros. Mas, de algum modo, quando os negros querem agir por si, o sistema liberal parece encontrar nisso uma anomalia. Na verdade, trata-se de uma contra-anomalia. A anomalia se encontra antes, quando os liberais são presunçosos o suficiente para achar que cabe a eles lutar pelos negros.

O liberal precisa entender que o tempo do Bom Selvagem já passou, que os negros não precisam de um intermediário na luta pela própria emancipação. Nenhum liberal verdadeiro deveria se ressentir com o crescimento da consciência negra. Antes, todo liberal verdadeiro deveria perceber que é dentro de sua sociedade branca que precisa lutar pela justiça. Se é um verdadeiro liberal, tem de entender que ele mesmo não passa de um oprimido; que, portanto, precisa lutar pela própria liberdade, e não pela liberdade daqueles vagos "eles" com quem na verdade não pode dizer que se identifica. O liberal deve se concentrar, com dedicação total, na ideia de ensinar a seus irmãos brancos que num dado momento a história do país poderá ser reescrita e que poderemos viver "num país onde a cor não servirá para colocar um homem num compartimento". Os negros já ouviram demais sobre esse assunto. Em outras palavras, o liberal precisa desempenhar o papel de um lubrificante de modo que, quando mudarmos a marcha à procura de uma direção melhor para a África do Sul, não se ouça o ruído dos metais em atrito, mas o som de um movimento livre e fluido de um veículo bem-cuidado.

Frank Talk

6. NÓS, OS NEGROS

No último número fiz um apanhado de um setor da comunidade branca. Hoje me proponho a falar do mundo negro — da validade da nova abordagem.

NÓS, OS NEGROS

Tendo nascido pouco antes de 1948[17], vivi toda a minha vida consciente dentro da estrutura de um "desenvolvimento em separado" institucionalizado. Minhas amizades, meu amor, minha educação, meu pensamento e todas as outras facetas de minha vida foram formados e modelados dentro do contexto da segregação racial. Em vários estágios de minha vida consegui superar algumas ideias que o sistema me ensinou. Agora me proponho, e espero consegui-lo, a dar uma olhada naqueles que participam da oposição ao sistema — não de um ponto de vista distanciado, mas do ponto de vista de um homem negro consciente da premência de se compreender o que está envolvido na nova abordagem: a "Consciência Negra".

17 1948 é o ano em que a coalizão do Herenigde Nasionale Party e o Afrikaner Party, dois partidos do supremacismo branco, derrotaram o então primeiro-ministro Jan Smuts, ganharam as eleições e implantaram o regime do Apartheid. Três anos depois, os dois partidos se fundiram e tornaram-se o Partido Nacional (National Party ou, em africâner, Nasionale Party). [N.E.B.]

É preciso entender as questões fundamentais antes de se estabelecer os recursos para a melhoria de nossa situação. Algumas das organizações que atualmente "lutam contra o Apartheid" trabalham a partir de uma premissa demasiado simplificada. Fizeram uma análise superficial da realidade que está aí e elaboraram um diagnóstico errado do problema. Esqueceram-se quase por completo dos efeitos colaterais e nem sequer levaram em conta a causa mais profunda. Por isso, qualquer coisa que seja improvisada como remédio não conseguirá sanar nossos problemas.

O Apartheid — tanto nas questões pequenas como nas grandes — é evidentemente um mal. Nada pode justificar a presunção arrogante de que um pequeno grupo de estrangeiros tem o direito de decidir sobre a vida da maioria. Portanto, mesmo que fosse aplicada de modo fiel e honesto, a política do Apartheid mereceria a condenação e a forte oposição do povo nativo do país, como também daqueles que veem o problema em sua perspectiva correta. O fato de o Apartheid estar vinculado à supremacia dos brancos, à exploração capitalista e à opressão deliberada torna o problema muito mais complexo. A falta de bens materiais já é bastante ruim, mas, unida à pobreza espiritual, é mortífera. E este último efeito é provavelmente aquele que cria montanhas de obstáculos no curso normal da emancipação do povo negro.

Não devemos perder tempo aqui tratando das manifestações da pobreza material do povo negro. Uma ampla literatura já foi escrita sobre esse problema. Talvez se deva dizer algo a respeito da pobreza espiritual. O que faz o negro deixar de reagir? Será que ele se convenceu por si mesmo da própria incapacidade? Será que em sua constituição genética não existe aquela qualidade rara que faz com que um homem esteja pronto a morrer pela realização de suas aspirações? Ou será ele apenas uma pessoa derrotada? A resposta para essas questões não é evidente. No entanto, está mais próxima da última sugestão que de qualquer outra. A lógica que se acha por trás da dominação do branco é a de preparar o negro para desempenhar neste país um papel subserviente. Há pouco tempo tal afirmação costumava ser feita sem constrangimento no Parlamento, até mesmo a respeito do sistema educacional para os negros. E ainda se afirma isso até hoje, embora numa linguagem muito mais sofisticada. Os malfeitores foram em grande parte bem-sucedidos em produzir, como produto final de sua máquina, uma espécie de homem negro que só é homem na forma. Tal é o ponto a que avançou o processo de desumanização.

Sob o governo de Smuts os negros estavam oprimidos, mas ainda eram gente. Eles deixaram de mudar o sistema devido a várias razões que não vamos analisar aqui. Mas o tipo de homem negro que temos hoje perdeu sua dignidade humana. Reduzido a uma casca serviçal, ele olha com respeito e temor para a estrutura de poder do branco e aceita o que vê como uma "posição inevitável". Bem no fundo, sua raiva cresce com o acúmulo de insultos, mas ele a manifesta na direção errada — contra seu companheiro na cidade segregada, contra coisas que são propriedade dos negros. Ele não confia mais na liderança, porque as prisões em massa de 1963 podem ser atribuídas à inabilidade da liderança, e nem há uma liderança na qual confiar. Na intimidade de seu banheiro contorce o rosto numa condenação silenciosa da sociedade branca, mas suas feições se iluminam ao sair depressa para atender, com a obediência de um cordeiro, ao chamado impaciente de seu amo. No ônibus ou no trem, voltando para casa, junta-se ao coro de vozes que condenam o branco, mas é o primeiro a elogiar o governo na frente da polícia ou de seus patrões. Seu coração almeja o conforto da sociedade branca e ele culpa a si mesmo por não ser "educado" o suficiente para merecer tal luxo. As propaladas realizações dos brancos no campo da ciência — que ele só entende vagamente — servem para convencê-lo, até certo ponto, da inutilidade de resistir e a jogar fora qualquer esperança de que algum dia as coisas mudem. No geral, o homem negro se transformou numa casca, numa sombra de homem, totalmente derrotado, afogado na própria miséria; um escravo, um boi que suporta o jugo da opressão com a timidez de um cordeiro.

Por mais amarga que possa parecer, essa é a primeira verdade que temos de aceitar antes de poder iniciar qualquer programa destinado a mudar o *status quo*. Torna-se ainda mais necessário encarar a verdade como ela é se percebermos que o único veículo para a mudança são essas pessoas que perderam a personalidade. O primeiro passo, portanto, é fazer com que o negro encontre a si mesmo, insuflar novamente a vida em sua casca vazia, infundir nele o orgulho e a dignidade. Lembrar-lhe de sua cumplicidade no crime de permitir que abusem dele, deixando assim que o mal imperasse em seu país natal. É exatamente isso que queremos dizer quando falamos em um processo de olhar para dentro. Essa é a definição de "Consciência Negra".

Um escritor ressalta que, no esforço de destruir por completo as estruturas que haviam sido estabelecidas na sociedade africana e de impor seu imperialismo de forma total e corrosiva, os colonizadores não se satisfizeram apenas em manter um povo em suas garras e esvaziar a mente dos nativos de toda forma e conteúdo, mas se voltaram também para o passado do povo oprimido e o distorceram, desfiguraram e destruíram. Não se fez mais nenhuma referência à cultura africana, que se tornou um barbarismo. A África era o "continente obscuro". As práticas e os costumes religiosos eram considerados superstição. A história da sociedade africana foi reduzida a batalhas tribais e guerras internas. Nenhuma migração de um lugar de moradia para outro foi feita de modo consciente. Não, o que havia era sempre a fuga de um tirano que queria destruir a tribo sem nenhuma razão positiva, mas apenas para eliminá-la da face da Terra.

Não é de estranhar que a criança africana aprenda na escola a odiar tudo o que herdou. A imagem que lhe apresentam é tão negativa que seu único consolo consiste em identificar-se ao máximo com a sociedade branca.

Portanto, não há dúvida de que muito da abordagem para instaurar a Consciência Negra precisa ser voltada para o passado, a fim de procurar reescrever a história do negro e criar nela os heróis que formam o núcleo do contexto africano. Quando sabemos que uma vasta literatura a respeito de Gandhi na África do Sul está sendo reunida, podemos afirmar que a comunidade indiana já começou a trabalhar nesse sentido. Mas há muito poucas referências a heróis africanos. Um povo sem uma história positiva é como um veículo sem motor. Suas emoções não podem ser facilmente controladas e canalizadas numa direção clara. Ele vive sempre à sombra de uma sociedade mais bem-sucedida. Por esse motivo, num país como o nosso, ele é obrigado a celebrar feriados como a data de aniversário de Paul Kruger, o Dia dos Heróis, o Dia da República etc. — e todos são ocasiões em que a humilhação da derrota é revivida[18].

Além disso, podemos perceber em nossas culturas nativas muitas virtudes positivas que deveriam servir de lição para os ocidentais. A união da comunidade, por exemplo, está no centro de nossa cultura. A facilidade

---

18 Dez de maio, aniversário do líder africâner Paul Kruger (1825-1904), era uma das principais datas comemoradas na época do Apartheid. O Dia dos Heróis (16 de dezembro) celebrava a vitória africâner contra os exércitos zulus do rei Dingane, em 1838. O Dia da República (31 de maio) comemorava a proclamação da independência, que aconteceu em 1961, e que, entre outras coisas, livrou o regime das pressões britânicas para amenizar o Apartheid. [N.E.B.]

com que os africanos se comunicam entre si não é algo forçado pela autoridade, mas inerente à estrutura do povo africano. Assim, enquanto uma família branca pode permanecer numa determinada área sem conhecer os vizinhos, os africanos desenvolvem um sentimento comunitário depois de pouco tempo de convivência. Muitos funcionários de hospitais se surpreendem com a prática de indianos que levam presentes e lembranças a pacientes cujos nomes mal conseguem recordar. Mais uma vez, essa é uma manifestação do inter-relacionamento entre as pessoas no mundo do negro, em oposição ao mundo altamente impessoal em que vive o branquelo[19]. Essas são características que não podemos nos permitir perder. Seu valor só pode ser apreciado por aqueles de nós que ainda não foram transformados em escravos da tecnologia e da máquina. Poderíamos citar uma infinidade de outros exemplos. Nesse caso, a Consciência Negra também procura mostrar aos negros o valor de seus próprios padrões e pontos de vista. Incentiva os negros a julgarem a si mesmos de acordo com esses padrões e a não se deixarem enganar pela sociedade branca, que absolve a si mesma e faz dos padrões brancos a medida pela qual até os negros julgam uns aos outros.

Nessa altura provavelmente é necessário alertar todas as pessoas dos limites de resistência da mente humana. Esse aviso é necessário em especial no caso do povo africano. Sempre há inúmeros motivos para uma revolução em uma situação de miséria absoluta. Podemos prever que, num determinado momento, os negros se sentirão sem nenhuma motivação para viver e gritarão para o Deus deles: "Seja feita a Vossa Vontade". De fato a vontade Dele será feita, mas não terá o mesmo apelo para todos os mortais, simplesmente porque temos versões diferentes quanto à vontade Dele. Se o Deus branco vem falando o tempo todo, em algum momento o Deus negro terá de levantar a voz para Se fazer ouvir acima dos ruídos que vêm de Seu equivalente. O que quer que aconteça então dependerá muito do que tiver acontecido nesse meio tempo. Por isso, a Consciência Negra procura fazer com que os negros encarem seus problemas de modo positivo. Baseia-se no conhecimento de que "odiar o branco", embora compreensível, é algo negativo, que leva a métodos precipitados e violentos que poderão ser desastrosos tanto para o negro como para o branco. Procura canalizar as forças reprimidas da multidão de negros zangados para uma oposição significativa e direcionada, fun-

---

[19] *Whitey*, no original: palavra depreciativa para se referir ao branco. [N.T.]

damentando toda a sua luta em fatos reais. Procura garantir que haja um único objetivo na mente dos negros e possibilitar um envolvimento total das massas numa luta que, em essência, é delas.

O que dizer da religião do branco, o cristianismo? Parece que as pessoas envolvidas na transmissão do cristianismo aos negros decididamente se recusam a extirpar a fundamentação podre que muitos dos missionários criaram quando vieram para cá. Os negros até hoje não encontram na Bíblia nenhuma mensagem que lhes interesse diretamente, pois nossos sacerdotes ainda estão muito preocupados com trivialidades morais. Eles as exageram como se fossem as questões mais importantes que Jesus tinha a dizer ao povo. Eles incentivam constantemente as pessoas a encontrarem defeitos em si mesmas e assim prejudicam a essência da luta na qual elas se encontram envolvidas. Privados de um conteúdo espiritual, os negros leem a Bíblia com uma credulidade chocante. Enquanto cantam em coro "mea culpa", os grupos brancos se unem a eles cantando uma versão diferente: "Tua culpa". O anacronismo de um Deus bem-intencionado que permite que as pessoas sofram continuamente debaixo de um sistema obviamente imoral não passa despercebido aos jovens negros, que continuam a abandonar a igreja às centenas. Há gente demais envolvida com a religião para que os negros possam ignorá-la. É óbvio que o único caminho que nos resta é redefinir a mensagem contida na Bíblia e torná-la relevante para as multidões que lutam. Não se pode ler na Bíblia a pregação de que toda a autoridade é uma instituição divina. Ao contrário, ela precisa pregar que é um pecado alguém se deixar oprimir. É necessário mostrar o tempo todo que a Bíblia tem algo a dizer ao negro que o sustente na longa caminhada em direção à autorrealização. Essa é a mensagem que se encontra implícita na "Teologia Negra". A Teologia Negra procura acabar com a pobreza espiritual dos negros. Quer demonstrar o absurdo da pretensão dos brancos em afirmar que o "culto aos ancestrais" era necessariamente uma superstição e que o cristianismo é uma religião científica. Embora se baseie na mensagem cristã, a Teologia Negra procura mostrar que o cristianismo é uma religião adaptável que se ajusta à situação cultural do povo a quem se dirige. A Teologia Negra procura apresentar Jesus como um Deus lutador, que considerou a troca de dinheiro romano — a moeda do opressor — no templo de Seu Pai um tal sacrilégio que mereceu uma violenta reação da Sua parte, isto é, do Filho do Homem.

Assim, em todos os aspectos, a Consciência Negra procura falar ao negro em sua própria linguagem. Apenas por intermédio do reconhecimento da situação básica que existe no mundo do negro chegaremos a perceber a necessidade urgente de despertar as multidões adormecidas. A Consciência Negra tem esse objetivo. Nem é preciso dizer que será o povo negro quem terá de cuidar, ele mesmo, desse programa, pois Sékou Touré[20] tinha razão ao dizer:

> Para participar da revolução africana não basta escrever uma canção revolucionária; é preciso forjar a revolução junto ao povo. E se nós a forjarmos junto ao povo, as canções surgirão por si mesmas e delas mesmas.

> Para realizar uma ação verdadeira, é necessário ser parte viva da África e de seu pensamento; é preciso ser um elemento da energia popular que é totalmente convocada para a libertação, o progresso e a felicidade da África. Fora dessa luta não há lugar para o artista ou para o intelectual que não esteja, ele mesmo, preocupado e totalmente identificado com o povo na grande batalha da África e da humanidade sofredora.

Frank Talk

---

20 Ahmed Sékou Touré (1922-1984) foi um líder da luta pela independência da Guiné e depois seu presidente por 26 anos seguidos. [N.E.B.]

7. A FRAGMENTAÇÃO DA RESISTÊNCIA NEGRA

Este artigo, extraído do boletim da SASO de junho de 1971, aborda o problema enfrentado pelos líderes negros, fossem eles africanos, mestiços ou indianos, de ter de trabalhar "dentro do sistema" (entendendo-se por "sistema" toda a estrutura de Apartheid branca e racista, organizada pelos nacionalistas a partir de 1948). O padrão de resistência às estruturas criadas pelo Apartheid é sempre o mesmo: de início, há uma rejeição aberta e desafiadora; depois, uma aceitação de má vontade e uma colaboração relutante; e, por fim, a capitulação e a corrupção. O sistema opera de modo implacável e cruel, até mesmo por meio de subornos; daí vem o "sucesso" do partido governante do chefe Matanzima, no Transkei[21], ao qual Steve faz menção num dos últimos parágrafos.

Particularmente interessante aqui é a referência feita no antepenúltimo parágrafo à quantidade de "trabalho comunitário que precisa ser feito para promover um espírito de autoconfiança". Este artigo foi escrito um ano antes de Steve

---

21 Kaiser Daliwonga Matanzima (1915-2003) foi o ditador do bantustão Transkei, um dos estados-títeres criados pelo regime do Apartheid. Era sobrinho de Mandela, de quem foi amigo até meados dos anos 1950. Depois, porém, tomaram rumos políticos bem diferentes. Mandela recusou receber visita dele na prisão e o denunciou como apoiador do Apartheid. Seja como ministro-chefe, primeiro-ministro ou presidente, Matanzima governou o Transkei de 1963 até 1986, quando foi obrigado a renunciar diante do volume de evidências de corrupção. Em 1994, com o fim do Apartheid, o Transkei foi reabsorvido pela África do Sul e tornou-se parte da província do Cabo Oriental. [N.E.B.]

resolver dedicar-se com exclusividade a esse tipo de trabalho, participando dos Programas da Comunidade Negra.

Para se ter uma ideia da coerência da posição de Steve com relação à questão-chave do trabalho "dentro do sistema", seria instrutivo comparar seus escritos e atitudes com os pronunciamentos de qualquer outro político negro durante um período de tempo comparável.

ESCREVO O QUE EU QUERO
A FRAGMENTAÇÃO DA RESISTÊNCIA NEGRA

Quem, exatamente, pode ser considerado o representante da opinião do negro na África do Sul? Essa pergunta surge muitas vezes em minha mente, durante as conversas que tenho com pessoas em todo o país e ao ler nos jornais vários relatos sobre aquilo que os negros têm a dizer sobre assuntos atuais. Essa questão foi enfocada mais uma vez durante o debate sobre a celebração ou não do décimo aniversário da "República" da África do Sul. De um lado o sr. Pat Poovalingam[22], em Durban, incentivava os indianos a celebrarem, enquanto, de outro, pessoas como o sr. Mewa Ramgobin[23] e o Partido Trabalhista defendiam a não celebração. Na Zululândia, o chefe Gatsha Buthelezi[24] declarou que os zulus celebrariam a data, enquan-

---

22 Thangavelu "Pat" Poovalingam (1927-2009), político liberal, advogado e editor do *The Graphic*, um dos principais semanários da comunidade indiana na África do Sul. [N.E.B.]
23 Mawalal "Mewa" Ramgobin (1932-2016) foi um combativo militante anti-apartheid da comunidade indiana na África do Sul. Ramgobin era seguidor das ideias de Gandhi, que era avô de sua mulher, a também ativista Ela Gandhi. Por sua militância política, o casal foi intensamente perseguido pelo regime e passou quase todo o período entre 1965 e 1990 banido ou em prisão domiciliar. [N.E.B.]
24 Mangosuthu Gatsha Buthelezi (1928-2023), príncipe zulu que foi o primeiro-ministro da família real zulu de 1954 até sua morte em 2023, governante de fato do bantustão KwaZulu e líder supremo do partido Inkatha. Um dos mais importantes políticos negros na era do Apartheid, Buthelezi foi publicamente um crítico do regime racista e defendeu a libertação de Nelson Mandela, mas a suspeita ambiguidade de sua relação com o regime e sua participação no sistema dos bantustões fizeram com que ele fosse repudiado pelo movimento da Consciência Negra e por boa parte do Congresso Nacional Africano. Nos anos 1980, o Inkatha virou praticamente um grupo paramilitar que, contando até com apoio dos serviços secretos do regime do Apartheid, combateu o Congresso Nacional Africano. Apesar de tudo isso e de inclusive boicotar as primeiras eleições democráticas após o fim do Apartheid, Inkatha fez parte do governo encabeçado pelo CNA, e Buthelezi foi ministro do interior de 1994 a 2004. [N.E.B.]

to em outras áreas foram distribuídos panfletos vindos de várias fontes negras que lembravam às pessoas que elas estariam celebrando os incontáveis pecados do governo nacionalista. O fato mais interessante, é claro, foi o conspícuo silêncio dos africanos urbanos, com exceção das objeções silenciadas do Conselho Urbano Bantu (UBC) de Soweto. Em nenhum momento pessoa alguma manifestou uma opinião representativa.

Nenhuma pessoa que esteja na África do Sul ficará inteiramente surpresa com isso. É provável que a opinião política tenha uma posição clara a respeito de questões dessa natureza, em especial entre os africanos. No entanto, desde o banimento dos partidos políticos negros e a perseguição contra eles, criou-se um vácuo perigoso. O Congresso Nacional Africano e, mais tarde, o Congresso Pan-Africanista foram banidos em 1960; o Congresso Indiano foi destruído e desde então não houve nenhuma opinião coordenada proveniente dos grupos negros. Talvez a Carta de Kliptown[25] — por mais difíceis que possam ser as circunstâncias em torno dessa declaração — tenha sido a última tentativa de manifestar alguma convicção ao afirmar categoricamente o que os negros sentiam a respeito das questões políticas na terra de seus antepassados.

Depois do banimento dos partidos políticos negros na África do Sul, o coração das pessoas ficou cheio de maus presságios e temeroso em relação a qualquer assunto político. Não só a política era um assunto desconhecido, como em todas as esquinas as pessoas se cumprimentavam com uma apatia semelhante à de um escravo e que muitas vezes chegava às raias do constrangimento. Qualquer um que vivesse no mundo dos negros poderia discernir a raiva e a perturbação escondidas no rosto e nas ações dessas massas sem voz, embora nunca fossem verbalizadas.

---

25 Em junho de 1955, o Congresso Nacional Africano (ANC) e outras organizações anti-apartheid realizaram um grande encontro multirracial em Kliptown, na periferia de Soweto. O evento, conhecido como Congresso do Povo, reuniu três mil pessoas negras, mestiças, indianas e brancas, e lançou um manifesto que ficou conhecido como Kliptown Charter ou Freedom Charter. Além de exigir o fim das políticas racistas, o manifesto também exigia a nacionalização dos bancos e grandes empresas (inclusive as mineradoras), a democratização do país e a reforma agrária. O congresso acabou interrompido pela invasão policial, foi denunciado como um ato de traição à pátria e 156 pessoas envolvidas em sua organização, inclusive Nelson Mandela, foram julgadas no longo Treason Trial, que seguiu até 1961. Ainda assim, a Carta de Kliptown tornou-se uma referência para os movimentos anti-apartheid das décadas seguintes. [N.E.B.]

Até mesmo a fase ativa, de banditismo e vandalismo, voltava-se contra as pessoas do próprio grupo, numa clara manifestação de frustração. Para tornar as coisas ainda piores, a produção das universidades negras, recentemente criadas, não oferecia nenhuma esperança real. Tanto os pais quanto os filhos estavam preocupados em conseguir um lugar numa situação da qual não viam nenhuma esperança de escapar.

Depois desse breve período de silêncio, durante o qual a atividade política foi realizada principalmente pelos liberais, os negros começaram a brincar com uma teoria perigosa: a de trabalhar dentro do sistema. Tal atitude foi explorada a fundo pelo Partido Nacional. Assim, a respeitabilidade do Transkei de Matanzima aumentou com a decisão de Ndamse de se unir a ele[26]. Sendo um ex-banido, Ndamse, por sua decisão, convenceu muitas pessoas de que havia algo a ser conseguido dessas instituições do Apartheid. Logo depois disso, nasce o Partido Trabalhista dos mestiços[27], operando com uma plataforma anti-apartheid para se opor ao Partido Federal — favorável ao Apartheid — dentro do Conselho Representativo dos Mestiços (CRC), formado apenas por mestiços. A lógica das pessoas ficou estranhamente deturpada. Um membro do Partido Democrata do Transkei, de oposição, disse: "Sabemos que o Parlamento do Transkei é um órgão pelego. Pedimos que nos eleja para esse órgão pelego!".

Mas parece que nada foi mais definitivo para que as pessoas "aceitassem" a teoria de "trabalhar dentro do sistema" que a decisão do chefe Gatsha Buthelezi de se juntar à Autoridade Territorial Zulu e liderá-la. Durante muito tempo o chefe Gatsha Buthelezi fora considerado o baluarte da resistência à instituição de uma autoridade territorial em Zululândia. Então, certa manhã um jornal insinuou que ele poderia aceitar o cargo, e dentro de poucas semanas o posto de chefe-executivo da Autoridade Ter-

---

26 Curdwick Ndamse fez parte do Movimento da Consciência Negra e inclusive colaborou com um texto para antologia *Black Viewpoint* (1972), organizada por Biko e Bennie Khoapa. Por tudo isso, chegou a ser banido pelo regime do Apartheid, mas, depois, aceitou ser ministro da Educação do governo Matanzima. [N.E.B.]

27 O Labour Party of South Africa foi fundado em 1969 pelo reverendo Allan Henrickse para representar os mestiços. Apesar de ser contra o Apartheid, participou de organismos integrados ao Estado racista, como o Conselho Representativo dos Mestiços, e Henrickse chegou a fazer parte do governo do presidente P. W. Botha nos anos 1980. Em 1992, porém, boa parte do partido foi para o Partido Nacional, quando este passou a aceitar não brancos. Assim, em 1994, Henrickse resolveu acabar com o partido e, junto com seus seguidores, ingressou no partido do Congresso Nacional Africano. [N.E.B.]

ritorial Zulu se tornou seu. Logo após a capitulação do chefe Gatsha Buthelezi, houve uma explosão de atividades dentro dessas instituições do Apartheid. De um lado, o Partido Trabalhista fazia pleno uso da plataforma consagrada — o CRC — para apresentar suas queixas contra o governo, e, de outro, o chefe Gatsha se tornava rapidamente um estorvo para o governo devido ao tipo de declarações que fazia.

Acredito que foi exatamente aqui que começou a confusão a respeito de quem são os líderes do mundo negro. Devido à crescente verbalização das queixas do negro, as pessoas — particularmente o mundo branco — começaram a achar que essas várias vozes falavam como os líderes do mundo negro e em nome deles. Tal imagem foi minuciosamente construída pela imprensa inglesa, que acompanhava em detalhes tudo o que as pessoas como o chefe Gatsha Buthelezi faziam e diziam. Naturalmente, dada a inexistência de uma opinião organizada, até mesmo algumas pessoas negras começaram a achar que isso era verdade. O fato de Matanzima também embarcar no trem das exigências dos militantes fez com que todos ficassem sentados, aplaudindo. Dizem que os nacionalistas foram derrotados em seu próprio jogo. O leão negro começa a levantar a voz. Mas essa afirmação é uma simplificação grosseira.

Na verdade, o que acontece é que o mundo negro começa a se fragmentar por completo e as pessoas estão usando uma linguagem de política setorial. Eu imagino que o Partido Nacional previu essa fragmentação há muito tempo e que na verdade ela faz parte de seu programa. Depois do tipo de barulho feito por Buthelezi, pelo Partido Trabalhista e ultimamente por Matanzima, quem pode dizer que na África do Sul a opinião do negro está sendo reprimida? Além do mais, qualquer visitante é levado a ver que essas pessoas estão lutando para obter mais concessões em sua própria área (treze por cento do território). Eles aceitam que o resto da África do Sul destina-se aos brancos. Ao mesmo tempo, nenhum deles considera que está lutando por todos os negros. Os xhosas querem o seu Transkei; os zulus, a sua Zululândia etc. Os mestiços alimentam a esperança secreta de serem classificados como "africâneres morenos" e assim merecerem entrar no reduto dos brancos, enquanto os indianos poderiam receber o direito ao voto para aumentar a zona de proteção entre os brancos e os africanos. É claro que essas promessas nunca serão cumpridas — ao menos não imediatamente —, e enquanto isso o inimigo cavalga a África do Sul como um gigante, rindo alto das tentativas fragmentadas das massas impotentes, que fazem apelos a seus ouvidos surdos.

"O Transkei é o calcanhar de Aquiles dos nacionalistas", declaram políticos intelectuais sempre ansiosos em encontrar uma brecha, mesmo numa parede de ferro com dois palmos de espessura. Essa é uma lógica falsa. O Transkei, o CRC, a Zululândia e todas as outras instituições do Apartheid são *laagers*[28] de tipo moderno, atrás dos quais os brancos deste país se esconderão por ainda muito tempo. O tapete está sendo puxado lentamente debaixo de nossos pés, e nós, como negros, logo acreditaremos piamente que nossos direitos políticos se encontram de fato em nossas "próprias" áreas. Daí em diante vamos verificar que não temos mais nenhum fundamento em que nos basear para exigir qualquer direito na "parte principal da África do Sul branca", que, incidentalmente, vai abranger mais de três quartos da terra de nossos antepassados.

Na minha opinião, o perigo maior com que a comunidade negra se defronta no momento atual é o de estar sendo condicionada de tal modo pelo sistema que até nossa resistência mais bem planejada acaba se adequando a ele, tanto em termos de meios quanto de objetivos. Uma prova disso é a nova tendência encontrada entre os líderes da comunidade indiana em Durban. (Devo admitir que faço tal afirmativa com dor no coração.) Desde que se ouviu dizer que o Conselho Indiano será eleito num futuro próximo, um bom número de pessoas inteligentes está pensando em ressuscitar o Congresso Indiano e deixar que ele forme algum tipo de oposição dentro do sistema. Essa é uma forma perigosa de pensamento retrógrado, ao qual não se deveria dar espaço para crescer. As instituições do Apartheid estão engolindo um número grande demais de pessoas dignas, que seriam úteis em um programa efetivo de emancipação dos negros.

Assim, quem são os líderes do mundo negro, já que não se encontram no interior da instituição do Apartheid? Evidentemente, os negros sabem que seus líderes são as pessoas que agora se acham em Robben Island[29], ou

---

28 Ver nota 8.
29 Robben Island, na ilha de mesmo nome, foi um presídio criado em 1961 para presos políticos não brancos. No final daquela década já havia mais de mil ativistas aprisionados ali. Mandela, por exemplo, passou lá dezessete dos vinte e oito anos que viveu preso. Dois outros futuros presidentes da África do Sul também foram prisioneiros em Robben Island: Kgalema Motlanthe e Jacob Zuma. [N.E.B.]

foram banidas, ou estão no exílio — voluntário ou não. Pessoas como Mandela, Sobukwe, Kathrada, M. D. Naidoo[30] e muitos outros sempre terão um lugar de honra em nossa mente, como os verdadeiros líderes do povo. Podem ter sido chamados de comunistas, sabotadores ou coisas do gênero — na verdade, podem ter sido condenados por ofensas semelhantes, em tribunais de justiça, mas isso não diminui a essência verdadeira de seu valor. São pessoas que agiram com uma dedicação sem paralelo nos tempos modernos. A preocupação com nossa condição lamentável como negros levou-os a conquistar o apoio natural da massa do povo negro. Podemos discordar de algumas atitudes que tomaram, mas sabemos que falaram a língua do povo.

Será que isso quer dizer que eu não vejo absolutamente nenhuma vantagem na situação atual? A menos que a astúcia política das pessoas negras envolvidas nessas diferentes instituições do Apartheid se torne mais aguçada, tenho medo de que estejamos chegando rapidamente a um impasse. A nova geração pode estar certa ao nos acusar de contribuir para nossa própria destruição. Na Alemanha, os funcionários subalternos que decidiam quais judeus deveriam ser levados embora também eram judeus. No fim, as gangues

---

30 Robert Sobukwe (1924-1978) foi o primeiro presidente do Congresso Pan-Africanista e uma referência importante para o movimento da Consciência Negra. Ele foi condenado a três anos de prisão em 1960, na onda de repressão que se seguiu ao Massacre de Sharpeville (21 de março de 1960). Quando estava para ser solto, em 1963, o regime inventou uma nova cláusula na legislação permitindo a prorrogação indefinida da detenção de um prisioneiro político. A cláusula ficou conhecida como "Cláusula Sobukwe" por ser evidentemente feita para detê-lo. Em 1963, Sobukwe foi transferido para a Robben Island, onde foi mantido isolado dos outros presos. Por causa de deterioração de sua saúde, foi solto em 1969 e a partir de então mantido em prisão domiciliar até sua morte. Ahmed Mohamed Kathrada (1929-2017) foi um militante comunista de origem indiana muito próximo de Nelson Mandela no Congresso Nacional Africano. Em junho de 1964, junto com Mandela e outros dos principais dirigentes do CNA, Kathrada foi condenado à prisão perpétua. Era o mais jovem dos dirigentes condenados. Passou os 25 anos seguintes na prisão, dezoito deles em Robben Island. Com a democratização, foi eleito deputado pelo CNA. Recusou um cargo de ministro oferecido por Mandela ("não entrei na luta por causa de cargos"), mas aceitou ser seu conselheiro presidencial. Uma votação pública realizada em 2004 o colocou como o 46º nome na lista dos cem maiores sul-africanos da história. Mooroogiah Dhanapathy Naidoo (1920-1995) foi um advogado de origem indiana, comunista e não só membro do Congresso Nacional Africano, mas membro também do braço armado do partido: a uMkhonto we Sizwe (MK). Depois de anos estando preso (inclusive em Robben Island, por cinco anos e meio) ou banido, e sempre impedido de exercer a profissão, Naidoo partiu em 1977 para o exílio na Inglaterra, de onde voltou apenas em 1991. Foi casado com a também combativa militante Phyllis Naidoo. [N.E.B.]

de Hitler também foram buscá-los. Logo que os elementos dissidentes que não pertencem às instituições do Apartheid forem completamente silenciados, eles virão buscar aqueles que fazem barulho dentro do sistema. Quando isso acontecer, as fronteiras de nosso mundo serão para sempre a circunferência dos "pontos negros" que representam os treze por cento.

Talvez devamos ser um tanto categóricos nesse ponto. Desaconselho totalmente a iniciativa de pessoas de esquerda de ingressarem nas instituições do Apartheid. Ao planejar uma estratégia, muitas vezes temos de tomar conhecimento da força do inimigo e, até onde posso julgar, todos dentre nós que querem lutar no interior do sistema estão subestimando por completo a influência que o sistema exerce sobre nós. O que me parece lógico, nesta etapa, é a esquerda fazer uma pressão contínua sobre as várias instituições do Apartheid para testar os limites das possibilidades dentro do sistema, para provar que o jogo todo é uma fraude e para se desligar do sistema. Tomo o exemplo do Partido Trabalhista porque parece ser o grupo dissidente mais bem-organizado no interior do sistema.

O Partido Trabalhista dos mestiços se apresentou às eleições com uma plataforma antiapartheid e conquistou a maioria das cadeiras votadas. Além disso, ele não perdeu tempo em declarar sua posição antiapartheid e ressuscitou em grande parte a atividade política dentro da comunidade dos mestiços. Na verdade, a crescente consciência da possibilidade de uma ação política entre os mestiços se deve ao Partido Trabalhista. Daqui a pouco, o partido vai perceber que está repetindo o mesmo estribilho e tudo o que diz não terá mais valor de novidade. Nesse meio tempo, Tom Swartz[31] começará a fazer exigências em favor dos mestiços e é provável que obtenha algumas concessões. Os mestiços perceberão que na verdade uma atitude positiva como a de Tom Swartz é mais bem-vinda que uma atitude negativa como a do Partido Trabalhista, que continua a repetir as mesmas falas. E então o Partido Trabalhista começará a cair em desgraça.

Tal afirmação não é mera teoria. Já aconteceu no passado com Matanzima e Guzana[32] no Transkei. O partido de Guzana, que um dia foi o orgulho

---

31 Presidente, naquele momento, do Conselho Representativo dos Mestiços. [N.E.B.]

32 O Democratic Party (Partido Democrático), liderado pelo advogado Knowledge Guzana, era crítico do Apartheid, mas pretendeu fazer sua oposição dentro do sistema. Até meados dos anos 1960, o Democratic Party era mais popular e mais votado que o Transkeian National Independence Party, de Mantazima, mas este, com o apoio do

dos dissidentes do Transkei que queriam demonstrar sua rejeição ao sistema, agora foi relegado a último plano, operando até mesmo à direita do partido de Matanzima — cujas exigências militantes são consideradas uma oposição mais significativa ao sistema do que uma nova forma do velho debate sobre a proteção dos interesses dos brancos no Transkei.

Portanto, acredito que a verdadeira utilidade do Partido Trabalhista estaria agora em revitalizar suas forças, organizando-as e retirando-se do Conselho Representativo dos Mestiços com o apoio de todos os mestiços. Quanto mais tempo permanecerem no CRC, mais se arriscam a tornar-se irrelevantes. A pergunta seguinte seria: "Retirar-se e fazer o quê?". Há muito trabalho comunitário que precisa ser feito para promover a autoconfiança e a consciência negra entre todas as pessoas negras na África do Sul.

Acredito que é o que o Partido Trabalhista deveria começar a fazer. Por ora, já deram provas suficientes de que os mestiços rejeitam o CRC. Continuar a operar dentro do sistema só pode levar à castração política e à criação da postura "Sou-um-mestiço", que será um retrocesso para o programa de emancipação do negro e que criará grandes obstáculos à implantação de uma sociedade não racial, uma vez solucionados os nossos problemas. Para mim, essa é a única maneira de transformar uma desvantagem em vantagem. Não tem valor apenas para o Partido Trabalhista, mas também para todos os negros conscientizados que agora operam dentro do sistema.

Assim, num esforço para manter nossa solidariedade e relevância dentro da situação, precisamos resistir a todas as tentativas de fragmentação de nossa resistência. Os negros precisam reconhecer nas várias instituições do Apartheid aquilo que elas de fato são: mordaças que visam levar os negros a lutarem separadamente por certas "liberdades" e "conquistas" que foram determinadas para eles há muito tempo. Precisamos nos recusar a aceitar como inevitável a ideia de que o único caminho para a ação política dos negros é por intermédio dessas instituições.

Mesmo que pareça mais atraente e até mais seguro juntar-se ao sistema, precisamos reconhecer que agindo assim estaremos bem perto de vender nossa alma.

Frank Talk

---

regime do Apartheid, conseguiu se impor violentamente, detendo e banindo membros seguidores de Guzana até o DP perder toda a sua força. [N.E.B.]

8. ALGUNS CONCEITOS CULTURAIS AFRICANOS

Este é um trabalho apresentado por Steve em uma conferência convocada pela Associação de Ministros Religiosos Africanos de várias Denominações Cristãs (IDAMASA - Interdenominational Association of African Ministers of Religion) e pela Associação para o Desenvolvimento Educacional e Cultural do Povo Africano (ASSEC - Association for the Educational and Cultural Development of the African People), realizada em 1971, no Centro Ecumênico de Treinamento de Leigos em Edendale, Natal. A conferência reunia várias organizações negras potencialmente interessadas em uma ligação mais estreita. Entre os diversos trabalhos apresentados, incluía-se um do chefe Gatsha Buthelezi. Esta conferência se revelou um marco no caminho para a formação da Convenção do Povo Negro, que se realizou em Joanesburgo, em dezembro do mesmo ano.

ALGUNS CONCEITOS CULTURAIS AFRICANOS

Uma das missões mais difíceis hoje em dia é falar com autoridade sobre qualquer assunto relacionado com a cultura africana. De algum modo, não se espera que os africanos tenham uma compreensão profunda da própria cultura ou até de si mesmos. Outras pessoas se tornaram autoridades a respeito de todos os aspectos da vida africana ou, para ser mais preciso, da vida BAU. Assim, temos os mais volumosos trabalhos sobre os assuntos mais estranhos — até mesmo "Os hábitos alimentares dos africanos urbanos", uma publicação de um grupo bastante "liberal", o Instituto de Relações Raciais.

Em minha opinião, não é necessário falar com os africanos sobre a cultura africana. No entanto, à luz do que afirmei de início, verificamos que tanta confusão foi semeada — não somente entre eventuais leitores não africanos, mas até entre os próprios africanos — que talvez se deva fazer uma tentativa sincera de os próprios africanos enfatizarem os aspectos culturais autênticos de seu povo.

Desde aquela data infeliz — 1652[33] — temos experimentado um processo de aculturação. Talvez seja uma presunção chamá-lo de "aculturação", pois essa expressão implica uma fusão de culturas diferentes. Em nosso caso, tal fusão vem sendo extremamente unilateral. As duas grandes culturas que se encontraram e se "fundiram" foram a cultura africana e a cultura anglo-bôer. Enquanto a cultura africana era simples e sem sofisticação, a cultura anglo-bôer apresentava toda a pompa de uma cultura colonialista e, por tanto, dispunha de equipamento pesado para a conquista. Quando podiam, conquistavam por persuasão, valendo-se de uma religião altamente exclusivista que condenava todos os outros deuses e exigia a observância de um código estrito de comportamento em relação à vestimenta, à educação, ao ritual e aos hábitos. Quando era impossível converter, as armas de fogo estavam ao alcance da mão e eram usadas com vantagem. Por isso a cultura anglo-bôer era a mais poderosa em quase todos os aspectos. Foi então que o africano começou a perder o controle sobre si mesmo e sobre seu meio ambiente.

Assim, ao examinar os aspectos culturais do povo africano, é inevitável que se façam comparações. Isso se dá, basicamente, por causa do desprezo que a cultura "superior" demonstra em relação à cultura nativa. Para justificar o fato de se basear na exploração, a cultura anglo-bôer sempre atribui um *status* inferior a todos os aspectos culturais do povo nativo.

Sou contra a opinião de que a cultura africana está presa ao tempo, à noção de que, com a conquista do africano, toda a sua cultura foi apagada. Também sou contra a ideia de que, quando falamos de cultura africana, nos

---

[33] 1652 é o ano em que a Companhia Holandesa das Índias Orientais fundou o primeiro assentamento europeu no sul da África. Esse assentamento deu origem à Cidade do Cabo. [N.E.B.]

referimos necessariamente à cultura pré-Van Riebeeck[34]. Sem dúvida a cultura africana vem suportando golpes duros e é possível que tenha sido tão espancada pelas culturas agressivas com as quais colidiu que quase perdeu sua forma; entretanto, em sua essência, até hoje percebemos no africano contemporâneo os aspectos fundamentais de sua cultura pura. Por isso, ao examinar a cultura africana, estarei me referindo também àquilo que chamo de cultura africana moderna.

Um dos aspectos essenciais de nossa cultura é a importância que damos ao homem. Nossa sociedade sempre foi centrada no homem. Os ocidentais muitas vezes se surpreendem com nossa capacidade de falar uns com os outros — não com o objetivo de chegar a alguma conclusão específica, mas apenas para gozar da comunicação em si mesma. A intimidade é algo que não existe exclusivamente entre amigos chegados, mas se aplica a todo um grupo de pessoas que se encontram reunidas, seja no trabalho ou por exigências de moradia.

Na verdade, na cultura africana tradicional não existe a amizade apenas entre duas pessoas. Os grupos de conversa eram determinados de forma mais ou menos natural pela idade e pela divisão de trabalho. Assim, todos os meninos cuja tarefa era cuidar do gado se encontravam periodicamente em locais populares para conversar sobre o seu gado, as namoradas, os parentes, os heróis etc. Todos partilhavam seus segredos, alegrias e tristezas. Ninguém sentia que estava se intrometendo desnecessariamente nos assuntos de outra pessoa. A curiosidade manifestada era bem-vinda. Ela brotava de um desejo de compartilhar. O mesmo padrão era encontrado em todos os grupos etários. A visita à casa de outros sempre fez parte do modo de vida das pessoas mais velhas. Não havia necessidade de um motivo para a visita. Tudo fazia parte do profundo interesse que tínhamos uns pelos outros.

Tais hábitos não são vistos na cultura do ocidental. Uma pessoa que faz uma visita à casa de outra, a menos que se trate de um amigo, é sempre recebida com a pergunta: "O que posso fazer por você?". Essa atitude de considerar as pessoas não por elas mesmas, mas como agentes com uma função específica, seja contra nós ou a nosso favor, é estranha para nosso povo. Não

---

34 Jan van Riebeeck (1619-1677) foi o encarregado pela Companhia Holandesa das Índias Orientais de fundar e comandar a primeiro assentamento europeu no que hoje é a Cidade do Cabo. [N.E.B.]

somos uma raça desconfiada. Acreditamos na bondade inerente ao homem. Gostamos das pessoas por elas mesmas. Consideramos o fato de vivermos juntos não como um acidente infeliz que justifica uma interminável competição entre os indivíduos, mas como um ato deliberado de Deus para fazer de nós uma comunidade de irmãos e irmãs, envolvidos juntos na busca de uma resposta abrangente para os vários problemas da vida. Portanto, em tudo aquilo que fazemos, colocamos o homem em primeiro lugar e, por isso, nossa ação em geral é uma ação comum, mais orientada para a comunidade solidária do que para o individualismo, que é a marca registrada da abordagem capitalista. Sempre evitamos usar as pessoas como degraus para subir. Em vez disso, estamos dispostos a um progresso muito mais lento, num esforço de garantir que todos caminhemos no mesmo ritmo.

Não há nada que mostre de modo tão intenso o ânimo dos africanos em se comunicar uns com os outros como o seu amor pela música e pelo ritmo. Na cultura africana, a música se encontra presente em todos os estados emocionais. Quando vamos trabalhar, partilhamos os encargos e as alegrias do trabalho que fazemos por intermédio da música. É estranho notar que essa característica singular se filtrou através do tempo, até hoje. Os turistas sempre assistem espantados à sincronia entre música e ação quando os africanos que trabalham numa estrada usam suas pás e picaretas, acompanhando com grande precisão um canto que marca o ritmo. Os cantos de luta eram uma característica da longa marcha para a guerra, nos velhos tempos. Meninas e meninos, sempre que brincavam, usavam música e ritmo como base da brincadeira. Em outras palavras, para os africanos a música e o ritmo não eram um luxo, mas parte integrante de nosso modo de nos comunicarmos. Qualquer sofrimento que suportássemos tornava-se muito mais real por meio do canto e do ritmo. Não há dúvida de que os chamados *spirituals* (cantos religiosos), cantados pelos escravos negros nos Estados Unidos enquanto labutavam sob a opressão, indicavam a sua herança africana.

O aspecto mais importante a ser notado em nossos cantos é que nunca eram feitos para ser cantados por uma única pessoa. Todos os cantos africanos são grupais. E, embora muitos deles tenham palavras, elas não são o ponto mais importante. As melodias eram adaptadas para se adequar à ocasião e tinham o efeito maravilhoso de fazer com que todos entendessem as mesmas coisas a partir da experiência comum. Na guerra, os cantos tranquilizavam aqueles que tinham medo, acentuavam a determinação do regimento de ganhar uma batalha e tornavam muito mais urgente a necessidade de acertar as contas; no sofrimento, como no caso dos escravizados, ajudavam a extrair a força do sentimento de união; no trabalho, o ritmo que une faz com que o fardo se torne mais leve para todos, e assim os africanos podem continuar a trabalhar por horas a fio graças a essa energia extra.

A atitude dos africanos em relação à propriedade também mostra quão pouco individualistas eles são. Como todos aqui sabem, a sociedade africana tem como base a comunidade da aldeia. Os africanos sempre acreditaram que era melhor ter muitas aldeias com um número controlável de pessoas em cada uma delas do que o contrário. Isso era, obviamente, um requisito adaptado às necessidades de uma sociedade baseada na comunidade e centralizada no homem. Portanto, quase tudo era propriedade comum do grupo; por exemplo, não havia propriedade individual da terra. A terra pertencia ao povo e estava apenas sob o controle do chefe local, em nome do povo. Quando o gado ia pastar, ia para um campo aberto e não para a fazenda de uma determinada pessoa.

A lavoura e a agricultura, embora com base em famílias individuais, tinham muitas características de esforços comuns. Por meio de um simples pedido e a realização de uma cerimônia especial, qualquer pessoa podia convidar os vizinhos para trabalhar em seus campos. Esse serviço era retribuído em espécie e nunca havia remuneração.

A pobreza era um conceito estranho a eles. Isso só podia realmente acontecer para toda a comunidade e devido a um clima adverso durante uma determinada estação. Se alguém estivesse em dificuldades, nunca era considerado desagradável pedir ajuda aos vizinhos. Quase sempre havia ajuda entre os indivíduos, entre as tribos, entre os chefes etc., mesmo quando enfrentavam uma guerra.

Outro aspecto importante da cultura africana é nossa atitude mental diante das dificuldades apresentadas pela vida em geral. Enquanto o ocidental está programado para pensar sobre a solução dos problemas partindo de análises muito delimitadas, nossa atitude é experimentar situações. Cito um trecho escrito pelo dr. Kaunda para ilustrar esse ponto:

> O ocidental tem uma mentalidade agressiva. Quando vê um problema, não descansa enquanto não formular uma solução para ele. Não consegue viver com ideias contraditórias na mente; precisa concordar com uma ou com ou-

tra, ou então desenvolver em sua mente uma terceira ideia que harmoniza ou reconcilia as outras duas. E ele é rigorosamente científico ao rejeitar soluções para as quais não há fundamento na lógica. Faz uma distinção clara entre o natural e o sobrenatural, entre o racional e o não racional, e com muita frequência descarta o sobrenatural e o não racional como superstição...

Os africanos, sendo um povo pré-científico, não reconhecem nenhuma separação conceitual entre o natural e o sobrenatural. Eles não enfrentam um problema, e sim vivenciam uma situação. Com isso quero dizer que eles permitem que tanto os elementos racionais como os não racionais provoquem um impacto sobre eles, e qualquer ação que empreendem pode ser descrita mais como uma resposta da totalidade de seu ser a uma situação específica que o resultado de algum exercício mental.

Acredito que essa é uma análise muito apropriada da diferença essencial entre as maneiras de cada um desses dois grupos encarar a vida. Como comunidade, estamos preparados para aceitar que a natureza tenha seus enigmas, cuja solução está além de nossa capacidade. Muitas pessoas interpretam essa atitude como falta de iniciativa e energia; no entanto, apesar de entender que há uma grande necessidade de experimentações científicas, não posso deixar de sentir que se deveria gastar mais tempo ensinando os homens a viver juntos e que a personalidade africana, com sua atitude de dar menos ênfase ao poder e mais ênfase ao homem, vem fazendo grandes progressos no sentido de solucionar nossos conflitos.

Todas as pessoas concordam que os africanos são uma raça profundamente religiosa. Nas várias formas de culto encontradas em toda a parte sul de nosso continente havia pelo menos uma base comum. Todos acreditávamos, sem dúvida nenhuma, na existência de um Deus. Tínhamos nossa própria comunidade de santos. Acreditávamos — o que era coerente com nossa maneira de encarar a vida — que todas as pessoas que morriam tinham um lugar especial junto a Deus. Achávamos que uma comunicação com Deus só podia ser feita por intermédio dessas pessoas. Nunca soubemos nada sobre o inferno; não acreditamos que Deus possa criar as pessoas só para castigá-las eternamente depois de um curto período na Terra.

Outro aspecto de nossas práticas religiosas era as motivações para o culto. Mais uma vez, não pensávamos que a religião pudesse ser retratada como parte separada de nossa existência na terra. Ela se manifestava em nossa vida cotidiana. Agradecíamos a Deus, por meio de nossos antepassados, antes de beber cerveja, antes de casar, de trabalhar etc. Seria extremamente artificial criar ocasiões especiais para o culto. Tampouco achávamos lógico ter um prédio especial no qual todos os cultos seriam realizados. Acreditávamos que Deus estava sempre se comunicando conosco e, portanto, merecia nossa atenção em todo e qualquer lugar em que estivéssemos.

Foram os missionários que confundiram nosso povo com sua nova religião. Por alguma lógica estranha eles argumentavam que a religião deles era científica; e a nossa, mera superstição, apesar das discrepâncias biológicas tão evidentes na base de sua religião. Eles foram mais adiante, pregando a teologia da existência do inferno, amedrontando nossos pais e nossas mães com histórias a respeito de chamas eternas que queimavam, dentes que rangiam e ossos que eram triturados. Essa religião fria e cruel era estranha para nós, mas nossos antepassados ficaram com tanto medo da ira ameaçadora desconhecida que acreditaram que valia a pena tentar aceitá-la. E lá se foram nossos valores culturais!

No entanto, é difícil matar a herança africana. Apesar das semelhanças superficiais entre uma pessoa "destribalizada" e um ocidental, ainda existem muitas características culturais que identificam aquele "destribalizado" como um africano. Não defendo aqui a separação baseada nas diferenças culturais. Tenho orgulho suficiente para acreditar que, em condições normais, os africanos podem conviver em harmonia com pessoas de outras culturas e são capazes de contribuir para as culturas comuns das comunidades às quais se juntaram. Contudo, o que quero dizer é que, mesmo numa sociedade pluralista como a nossa, ainda há alguns traços culturais — dos quais podemos nos vangloriar — que conseguiram resistir ao processo de abastardamento deliberado.

Trata-se de aspectos da cultura africana moderna — uma cultura que usa conceitos do mundo branco para se expandir, baseando-se em características culturais inerentes.

Assim, vemos que na área da música o africano ainda se expressa com convicção. A grande popularidade do jazz vem do fato de que os artistas africanos convertem meras notas em música significativa, que exprime sentimentos reais. O *monkey jive*, o *soul* etc. são aspectos de um tipo de cultura africana moderna que exprime os mesmos sentimentos originais. Solos, como os de Pat Boone e Elvis Presley, nunca poderiam encontrar uma expressão dentro da cultura africana, pois não está em nós ouvir passivamente notas musicais puras. No entanto, quando o *soul* chegou com seu ritmo contagiante, imediatamente cativou e agitou centenas de milhões de corpos negros em todo o mundo. Eram pessoas que liam o verdadeiro significado do *soul* — a mensagem provocadora: "Fale alto! Sou negro e tenho orgulho de ser negro!"[35]. Isso está se tornando rapidamente nossa cultura moderna. Uma cultura de desafio, de autoafirmação, de orgulho e solidariedade grupal. Essa é uma cultura que provém de uma experiência comum de opressão. Assim como se expressa agora por intermédio de nossa música e de nossa roupa, vai se alastrar para outros aspectos. É a nova e moderna cultura negra, para a qual demos uma contribuição importante. É a cultura negra moderna que é responsável por restaurar nossa autoconfiança e que por isso oferece uma esperança quanto ao rumo que estamos tomando a partir daqui.

Assim, na totalidade, a cultura africana nos identifica como pessoas particularmente próximas da natureza. Como diz Kaunda[36], nosso povo pode ser iletrado, e seus horizontes físicos podem ser limitados, no entanto ele "habita um mundo mais amplo que o do ocidental sofisticado, que ampliou seus sentidos físicos por meio de artifícios inventados, muitas vezes à custa de excluir a dimensão do espiritual". A íntima proximidade com a natureza permite que o componente emocional que existe em nós se torne muito mais rico, no sentido de possibilitar que, sem nenhuma dificuldade aparente, nos sintonizemos com as pessoas e nos identifiquemos facilmente com elas em qualquer situação emocional proveniente do sofrimento.

A chegada da cultura ocidental mudou nossa perspectiva de modo quase drástico. Não podíamos mais dirigir nossos próprios assuntos. Exigia-se que nos adaptássemos como pessoas toleradas, com muitas restrições, numa sociedade de tipo ocidental. Fomos tolerados simplesmente porque nossa mão de obra barata é necessária. Por isso, somos julgados por padrões pelos quais não somos responsáveis. Sempre que a colonização se estabelece com sua cultura dominante, devora a cultura nativa e deixa

---

35 "Say it Loud – I'm black and I'm proud", título do funk de James Brown lançado em 1968 que se tornou um dos hinos do movimento Black Power. [N.E.B.]
36 Kenneth Kaunda (1924-2021) foi presidente da Zâmbia desde a independência do país, em 1964, até 1991. [N.E.B.]

atrás de si uma cultura abastardada, que só pode se desenvolver na medida e segundo o ritmo que lhe é permitido pela cultura dominante. Foi o que aconteceu com a cultura africana. Chamam-na subcultura unicamente porque os africanos nos complexos urbanos estão arremedando o branco sem muita vergonha.

Ao rejeitar os valores ocidentais, portanto, rejeitamos tudo aquilo que para nós é não apenas estrangeiro, mas também aquilo que procura destruir a nossa crença mais querida — a de que a pedra fundamental da sociedade é o próprio homem, e não apenas a sua prosperidade, o seu bem-estar material; mas somente o homem, com todas as suas ramificações. Não aceitamos a sociedade baseada no poder, a sociedade desse homem ocidental que parece sempre preocupado em aperfeiçoar seu conhecimento tecnológico, enquanto perde terreno em sua dimensão espiritual. Acreditamos que a longo prazo a contribuição especial que a África dará ao mundo será no campo do relacionamento humano. As grandes potências podem ter realizado maravilhas ao conferir ao planeta um aspecto industrial e militar, mas o grande dom ainda virá da África — dar ao mundo uma face mais humana.

9. A DEFINIÇÃO DA CONSCIÊNCIA NEGRA

Redigido provavelmente em dezembro de 1971, este escrito destinava-se a um curso de treinamento para lideranças da SASO, incluído aqui como um exemplo do que Steve dizia aos membros de sua própria organização do que brotava, portanto, do cerne de sua própria experiência e da deles.

A DEFINIÇÃO DA CONSCIÊNCIA NEGRA

Em nosso manifesto político definimos os negros como aqueles que, por lei ou tradição, são discriminados política, econômica e socialmente como um grupo na sociedade sul-africana e que se identifica como uma unidade na luta pela realização de suas aspirações. Tal definição manifesta para nós alguns pontos:

1. Ser negro não é uma questão de pigmentação, mas o reflexo de uma atitude mental;
2. Pela mera descrição de si mesmo como negro, já se começa a trilhar o caminho rumo à emancipação, já se está comprometido com a luta contra todas as forças que procuram usar a negritude como um rótulo que determina a subserviência.

A partir dessas observações, portanto, vemos que a expressão negro não é necessariamente abrangente, ou seja, o fato de sermos todos *não brancos* não significa necessariamente que todos somos *negros*. Existem pessoas não brancas e continuarão a existir ainda por muito tempo. Se alguém aspira a ser branco, mas sua pigmentação o impede, então esse alguém é um *não branco*. Qualquer pessoa que chame um homem branco de "Baas"[37], qualquer um que sirva na força policial ou nas Forças de Segurança é, *ipso facto*, um não branco. Os negros — os negros verdadeiros — são os que conseguem manter a cabeça erguida em desafio, em vez de entregar voluntariamente sua alma ao branco.

Assim, numa breve definição, a Consciência Negra é em essência a percepção pelo homem negro da necessidade de juntar forças com seus irmãos em torno da causa de sua atuação — a negritude de sua pele — e de agir como um grupo, a fim de se libertarem das correntes que os prendem a uma servidão perpétua. Procura provar que é mentira considerar o negro uma aberração do "normal", que é ser branco. É a manifestação de uma nova percepção de que, ao procurar fugir de si mesmos e imitar o branco, os negros estão insultando a inteligência de quem os criou negros. Portanto, a Consciência Negra toma conhecimento de que o plano de Deus deliberadamente criou o negro como negro. Procura infundir na comunidade negra um novo orgulho de si mesma, de seus esforços, seus sistemas de valores, sua cultura, sua religião e sua maneira de ver a vida.

A inter-relação entre a consciência do ser e o programa de emancipação é de importância primordial. Os negros não mais procuram reformar o sistema porque isso implica aceitar os pontos principais sobre os quais o sistema foi construído. Os negros se acham mobilizados para transformar o sistema inteiro e fazer dele o que quiserem. Um empreendimento dessa importância só pode ser realizado numa atmosfera em que as pessoas estejam convencidas da verdade inerente à sua condição. Portanto, a libertação tem importância básica no conceito de Consciência Negra, porque não podemos ter consciência do que somos e ao mesmo tempo permanecermos em cativeiro. Queremos atingir o ser almejado, um ser livre.

O movimento em direção à Consciência Negra é um fenômeno que vem se manifestando em todo o chamado Terceiro Mundo. Não há dúvida de que a discriminação contra o negro em todo o planeta tem origem

---

37 "Senhor" ou "patrão" na língua africâner. [N.E.B.]

na atitude de exploração por parte do homem branco. Ao longo da história, a colonização de países brancos pelos brancos resultou, na pior das hipóteses, numa simples fusão cultural ou geográfica, ou, na melhor, no abastardamento da linguagem. É verdade que a história das nações mais fracas é moldada pelas nações maiores, mas em nenhum lugar do mundo atual vemos brancos explorando brancos numa escala ainda que remotamente semelhante ao que ocorre na África do Sul. Por isso somos forçados a concluir que a exploração dos negros não é uma coincidência. Foi um plano deliberado que culminou no fato de até mesmo os chamados países independentes negros não terem atingido uma independência real.

Com esse contexto em mente, temos de acreditar então que essa é uma questão de *possuir* ou *não possuir*, em que os brancos foram deliberadamente determinados como os que *possuem* e os negros os que *não possuem*. Entre os brancos na África do Sul, por exemplo, não existe nenhum trabalhador no sentido clássico, pois até mesmo o trabalhador branco mais oprimido tem muito a perder se o sistema for mudado. No trabalho, várias leis o protegem de uma competição por parte da maioria. Ele tem o direito de voto e o utiliza para eleger o governo nacionalista, uma vez que considera este o único que, por meio das leis de reserva de empregos, se esforça em cuidar de seus interesses contra uma competição por parte dos "nativos".

Devemos então aceitar que uma análise de nossa situação em termos da cor das pessoas desde logo leva em conta o determinante único da ação política — isto é, a cor — ao mesmo tempo que corretamente descreve os negros como os únicos trabalhadores reais na África do Sul. Essa análise elimina de imediato todas as sugestões de que possa haver um relacionamento efetivo entre os verdadeiros trabalhadores, ou seja, os negros, e os trabalhadores brancos privilegiados, já que mostramos que estes últimos são os maiores sustentáculos do sistema. Na verdade, o governo permitiu que se desenvolvesse entre os brancos uma atitude antinegro tão perigosa que ser negro é considerado quase um pecado, e por isso os brancos pobres — que economicamente são os que estão mais próximos dos negros — assumiram uma postura extremamente reacionária em relação a eles, demonstrando a distância existente entre os dois grupos. Assim, o sentimento antinegro mais forte se encontra entre os brancos muito pobres, a quem a teoria de classes convoca para se unirem aos negros na luta pela emancipação. É esse tipo de lógica tortuosa que a abordagem da Consciência Negra procura erradicar.

Para a abordagem da Consciência Negra, reconhecemos a existência de uma força principal na África do Sul. Trata-se do racismo branco. Essa é a única força contra a qual todos nós temos de lutar. Ela opera com uma abrangência enervante, manifestando-se tanto na ofensiva quanto em nossa defesa. Até hoje seu maior aliado vem sendo nossa recusa em nos reunirmos em grupo, como negros, pois nos disseram que essa atitude é racista. Desse modo, enquanto nos perdemos cada vez mais num mundo incolor, com uma amorfa humanidade comum, os brancos encontram prazer e segurança em fortalecer o racismo branco e explorar ainda mais a mente e o corpo da massa de negros que não suspeitam de nada. Os seus agentes se encontram sempre entre nós, dizendo que é imoral nos fecharmos num casulo, que a resposta para nosso problema é o diálogo e que a existência do racismo branco em alguns setores é uma infelicidade, mas precisamos compreender que as coisas estão mudando. Na realidade esses são os piores racistas, porque se recusam a admitir nossa capacidade de saber o que queremos. Suas intenções são óbvias: desejam fazer o papel do barômetro pelo qual o resto da sociedade branca pode medir os sentimentos do mundo negro. Esse é o aspecto que nos faz acreditar na abrangência do poder branco, pois ele não só nos provoca como também controla nossa resposta a essa provocação. Devemos prestar muita atenção nesse ponto, visto que muitas vezes passa despercebido para os que acreditam na existência de uns poucos brancos bons. Certamente há uns poucos brancos bons, do mesmo modo que há uns poucos negros maus.

Mas o que nos interessa no momento são as atitudes grupais e a política grupal. A exceção não faz com que a regra seja mentirosa — apenas a confirma.

Portanto, a análise global, baseada na teoria hegeliana do materialismo dialético, é a seguinte: uma vez que a tese é um racismo branco, só pode haver uma antítese válida, isto é, uma sólida unidade negra para contrabalançar a situação. Se a África do Sul deve se tornar um país em que brancos e negros vivam juntos em harmonia, sem medo da exploração por parte de um desses grupos, esse equilíbrio só acontecerá quando os dois opositores conseguirem interagir e produzir uma síntese viável de ideias e um *modus vivendi*. Nunca podemos empreender nenhuma luta sem oferecer uma contrapartida forte às raças brancas que permeiam nossa sociedade de modo tão efetivo.

Precisamos eliminar de imediato a ideia de que a Consciência Negra é apenas uma metodologia ou um meio para se conseguir um fim. O que a Consciência Negra procura fazer é produzir, como resultado final do processo, pessoas negras de verdade que não se considerem meros apêndices da sociedade branca. Essa verdade não pode ser revogada. Não precisamos pedir desculpas por isso, porque é verdade que os sistemas brancos vêm produzindo em todo o mundo grande número de indivíduos sem consciência de que também são gente. Nossa fidelidade aos valores que estabelecemos para nós mesmos também não pode ser revogada, pois sempre será uma mentira aceitar que os valores brancos são necessariamente os melhores. Chegar a uma síntese só é possível com a participação na política de poder. Num dado momento, alguém terá de aceitar a verdade, e aqui acreditamos que nós é que temos a verdade.

No caso de os negros adotarem a Consciência Negra, o assunto que preocupa principalmente os iniciados é o futuro da África do Sul. O que faremos quando atingirmos nossa consciência? Será que nos propomos a chutar os brancos para fora do país? Eu pessoalmente acredito que deveríamos procurar as respostas a essas perguntas no Manifesto Político da SASO e em nossa análise da situação da África do Sul. Já definimos o que para nós significa uma integração real, e a própria existência de tal definição é um exemplo de nosso ponto de vista. De qualquer modo, nos preocupamos mais com o que acontece agora que com o que acontecerá no futuro. O futuro sempre será resultado dos acontecimentos presentes.

Não se pode subestimar a importância da solidariedade dos negros com relação aos vários segmentos da comunidade negra. No passado houve muitas insinuações de que uma unidade entre os negros não era viável porque eles desprezam um ao outro. Os mestiços desprezam os africanos porque, pela proximidade com estes últimos, podem perder a oportunidade de serem assimilados pelo mundo branco. Os africanos desprezam os mestiços e os indianos por várias razões. Os indianos não só desprezam os africanos mas, em muitos casos, também os exploram em situações de trabalho e de comércio. Todos esses estereótipos provocam uma enorme desconfiança entre os grupos negros.

O que se deve ter sempre em mente é que:

1. Somos todos oprimidos pelo mesmo sistema.
2. Sermos oprimidos em graus diferentes faz parte de um propósito deliberado para nos dividir não apenas socialmente, mas também com relação às nossas aspirações.
3. Pelo motivo citado acima, é preciso que haja uma desconfiança em relação aos planos do inimigo e, se estamos igualmente comprometidos com o problema da emancipação, faz parte de nossa obrigação chamar a atenção dos negros para esse propósito deliberado.
4. Devemos continuar com nosso programa, chamando para ele somente as pessoas comprometidas, e não as que se preocupam apenas em garantir uma distribuição equitativa dos grupos em nossas fileiras. Esse é um jogo comum entre os liberais. O único critério que deve governar toda nossa ação é o compromisso.

Outras preocupações da Consciência Negra dizem respeito às falsas imagens que temos de nós quanto aos aspectos culturais, educacionais, religiosos e econômicos. Não devemos subestimar essa questão. Sempre existe uma interação entre a história de um povo, ou seja, seu passado, e a fé em si mesmo e a esperança em seu futuro. Temos consciência do terrível papel desempenhado por nossa educação e nossa religião, que criaram entre nós uma falsa compreensão de nós mesmos. Por isso precisamos desenvolver esquemas não apenas para corrigir essa falha, como também para sermos nossas próprias autoridades, em vez de esperar que os outros nos interpretem. Os brancos só podem nos enxergar a partir de fora e, por isso, nunca conseguirão extrair e analisar o ethos da comunidade negra. Assim, e para resumir, peço a esta assembleia que procure o Manifesto Político da SASO, que apresenta os pontos principais da Consciência Negra. Quero enfatizar novamente que temos de saber com muita clareza o que queremos dizer com certas expressões e qual o nosso entendimento quando falamos de Consciência Negra.

10. A IGREJA VISTA POR UM JOVEM LEIGO

Esta palestra foi apresentada em maio de 1972, na Conferência dos Ministros Religiosos Negros organizada pelos Programas da Comunidade Negra e realizada no Centro Ecumênico de Treinamento de Leigos, em Edendale, Natal. Um ocidental secularizado dificilmente conseguirá compreender a importância que os ministros religiosos têm na sociedade negra. Ao mesmo tempo, eles sofrem uma enorme pressão para se conformar com o status quo. Steve e Ben Khoapa, diretor-executivo dos BCP, perceberam a importância de se buscar uma "conscientização" desse setor-chave da comunidade negra. A atitude tradicionalmente conservadora desses ministros por fim sofreu uma grande transformação. Em 1978, cinco ex-estudantes da Faculdade de Teologia (Anglicana) de Saint Peter[38] haviam sido banidos ou presos, o que nos dá uma pequena medida dessa mudança. Essa situação seria inimaginável dez anos antes.

A IGREJA VISTA POR UM JOVEM LEIGO

Tenho consciência de que hoje me dirijo a um grupo de pessoas de quem me distingo em dois aspectos: em primeiro lugar, sou um leigo fa-

---

[38] Tradicional seminário fundado em 1904, na periferia de Joanesburgo, para formar clérigos anglicanos negros. Desmond Tutu foi um de seus alunos. [N.E.B.]

lando para um grupo de ministros religiosos; em segundo, sou um jovem diante de uma plateia relativamente idosa.

Essas duas diferenças talvez sejam responsáveis por eu estar aqui. É fundamental que se procure diminuir a lacuna entre as duas gerações ao se reexaminar uma situação, até então ortodoxa, que parece se tornar cada vez mais obsoleta na mente dos jovens. Também é importante e necessário tornar comum o conceito de religião, em especial o do cristianismo, cuja compreensão se torna cada dia mais um monopólio dos chamados teólogos. Por essa razão tratarei do assunto de um modo leigo.

De acordo com meu ponto de vista, a religião pode ser definida como uma tentativa do homem de se relacionar com um ser supremo ou uma força suprema a que atribui toda a criação. Nosso modelo específico, neste momento, é o cristianismo. Não está muito claro até que ponto é importante que todas as religiões existentes no mundo se tornem uniformes. No entanto, uma questão é certa: todas as religiões possuem características semelhantes:

1. Todas formam a consciência moral do homem; em outras palavras, toda religião contém um conjunto de normas morais que governam o bem-estar espiritual de um povo específico, dentro de um determinado contexto.
2. Todas tentam explicar a origem e o destino do homem. Todas concordam que o homem, em sua forma humana, é um ser de passagem no mundo; e que a origem do homem provém de alguma força, cuja natureza precisa é definida de modo diferente por cada uma. O ponto em que as religiões tendem a se diferenciar é o enunciado do destino do homem.
3. Todas as religiões reivindicam, ou quase, um monopólio da verdade a respeito da natureza do ser supremo e a respeito da maneira de se identificarem com o propósito original deste ser em relação aos homens.

Toda religião é altamente ritualista. Através de anos de prática, ela desenvolve um certo padrão e certos procedimentos que mais tarde se tornam inseparáveis de sua mensagem central.

Se considerarmos a religião apenas pelo que ela é, ou seja, uma instituição social que tenta explicar aquilo que não pode ser conhecido cientificamente a respeito da origem e do destino do homem, então desde o começo poderemos perceber a necessidade da religião. Todas as sociedades, na verdade todos os indivíduos, antigos ou modernos, jovens ou velhos, se identificam com uma determinada religião e, quando não há nenhuma, criam uma. Na maioria dos casos, a religião está intimamente ligada aos demais traços culturais de uma sociedade, o que, em certo sentido, torna a religião uma parte integrante do padrão de comportamento dos indivíduos. Assim, devido à forte identificação que têm com ela, as pessoas são cerceadas pelos limites de seus ensinamentos. Quando as pessoas são submetidas a uma religião em desacordo com suas características culturais, logo se pode notar entre seus membros atitudes de descontentamento e, às vezes, até mesmo uma oposição aberta. Por isso podemos dizer que a maioria das religiões é específica e, quando deixam de observar as exigências da especificidade, precisam ser suficientemente adaptáveis para transmitir mensagens relevantes a pessoas diferentes, em situações diferentes. Na verdade, cada religião tem uma mensagem para as pessoas entre as quais está operando.

Essas são talvez algumas das questões que nunca foram priorizadas por aqueles que trouxeram o cristianismo para a África do Sul. Embora o cristianismo tenha sofrido uma rigorosa adaptação cultural a partir da antiga Judeia, passando por Roma, Londres, Bruxelas e Lisboa, de algum modo chegou ao Cabo[39] com uma aparência bastante rígida. Chegou transformado no ponto central de uma cultura que trouxe consigo um novo estilo de roupa, novos hábitos, novas formas de etiqueta, novas abordagens da medicina e talvez novas armas. Com a difusão do cristianismo por aqui, as pessoas tiveram de jogar fora suas roupas nativas, seus hábitos e suas crenças, que eram todos considerados pagãos e bárbaros.

O uso da lança se tornou símbolo de selvageria. Em pouco tempo a nossa gente foi dividida em dois campos — os convertidos (*amagqobhoka*) e os pagãos (*amaqaba*). A diferença entre as roupas usadas por esses dois grupos fez o que poderia ser apenas uma diferença religiosa transformar-se, algumas vezes, numa guerra interna. Despojados do cerne de seu ser e tornados estrangeiros uns aos outros por causa de suas diferenças, os africanos foram transformados em joguetes dos colonialistas. A história nos mostra que aquele que traz consigo uma nova ordem a conhece melhor e, por esse motivo, se

---

39 Cabo da Boa Esperança, primeiro ponto do território sul-africano alcançado por um europeu, o navegador português Bartolomeu Dias, em 1488. [N.E.B.]

converte no professor perpétuo daqueles a quem a nova ordem foi imposta. Se aos olhos do povo os missionários brancos estavam "certos" a respeito do Deus que traziam consigo, então a única atitude que os africanos podiam ter era aceitar tudo o que esses novos mentores oniscientes tivessem a dizer a respeito da vida. A aceitação do cristianismo, em sua versão corrompida pelo colonialismo, marcou o ponto crítico na resistência do povo africano.

Desse modo, a igreja e sua atuação na África do Sul nos tempos atuais precisam ser analisadas da perspectiva de como essa instituição foi introduzida no país. Mesmo agora, depois de tanto tempo, podemos constatar a espantosa irrelevância da interpretação dada às Escrituras. Num país cheio de injustiças e comprometido fanaticamente com a prática da opressão, da intolerância e da crueldade gritante, provocadas pela perseguição racial; num país em que os negros são forçados a se ver como os enteados indesejáveis de um Deus cuja presença não podem sentir; num país em que pai e filho, mãe e filha, todos se transformam dia após dia em neuróticos pela absoluta incapacidade de pensar no futuro, uma vez que se veem num desamparo arrasador, a igreja colabora para aumentar ainda mais a insegurança deles por sua definição intimista do conceito de pecado e por encorajar a atitude do *mea culpa*.

Todos os domingos, ministros de expressão severa sobem ao púlpito para colocar uma pesada carga de culpa sobre os negros que vivem nas cidades segregadas, por causa de seus roubos, invasões de domicílio, facadas, assassinatos, adultérios etc. Ninguém jamais tenta relacionar todas essas faltas com a pobreza, o desemprego, a superpopulação, a falta de escolaridade e a mão de obra migrante. Ninguém deseja ser conivente com um comportamento abominável, mas muitas vezes é preciso que analisemos as situações com maior profundidade.

Porque os missionários brancos descreveram os negros como ladrões, preguiçosos, ávidos por sexo etc., e porque eles identificaram com a branquitude tudo o que era valioso, nossas igrejas, por intermédio de nossos ministros, não consideram todas as faltas que mencionei manifestações de crueldade e de injustiça a que somos submetidos pelo homem branco, mas acreditam que são uma prova de que, afinal de contas, o branco estava certo quando nos descreveu como selvagens. Assim, se o cristianismo, ao ser introduzido, foi corrompido pela inclusão de aspectos que o tornaram a religião ideal para a *colonização* de povos, hoje ele é, em sua *interpretação*, a religião ideal para manter esses mesmos povos *subjugados*.

É preciso lembrar também que a igreja na África do Sul, assim como em toda a parte, vem sendo estragada pela burocracia. Ela não é mais apenas a expressão dos sentimentos religiosos de um povo, mas tornou-se altamente institucionalizada — não como uma única unidade, mas como várias unidades poderosas, que talvez não difiram tanto em relação à interpretação das Escrituras, e sim quanto aos objetivos institucionais. Hoje é impossível pensar na África do Sul sem uma Igreja Católica Romana, uma Igreja Metodista ou uma Igreja Anglicana, apesar de que o metodista médio que anda na rua dificilmente sabe em que ele difere de um anglicano ou de um congregacionalista. Essa burocracia e essa institucionalização levam a igreja a se afastar de suas prioridades mais importantes e a se concentrar em funções secundárias e terciárias como os aspectos estruturais, financeiros etc. Por esse motivo, a igreja se tornou muito irrelevante; na verdade, transformou-se numa "torre de marfim", como alguns a denominam.

A par da burocratização e da institucionalização da igreja, existe um problema específico que também torna a igreja extremamente irrelevante — a concentração dessa burocracia e dessa institucionalização nas mãos das pessoas brancas. É sabido que, exceto nas igrejas africâneres, na maioria das igrejas 70, 80 ou 90 por cento de seus membros pertencem ao mundo negro. É sabido também que na maioria das igrejas 70, 80 ou 90 por cento do poder de controle estão nas mãos dos brancos. E, ainda, que pessoas brancas simplesmente não conhecem as pessoas negras e, na maioria dos casos, não tomam a peito os interesses dessas últimas.

Portanto, pode-se concluir que ou as igrejas dos negros são governadas por uma pequena minoria de estrangeiros não simpatizantes, ou então um número excessivo de pessoas negras está frequentando igrejas estrangeiras. Não está bem claro qual dessas duas afirmações é correta, mas vamos presumir que seja a primeira, uma vez que a maioria das pessoas neste país é negra.

Nesse caso, as pessoas negras que são cristãs não só estão sendo coniventes com a natureza até agora irrelevante do cristianismo — conforme é apresentada pelas igrejas —, como também permitem que uma minoria não simpatizante, que não tem interesse em tornar o cristianismo relevante para o povo, permaneça no controle das atividades das igrejas. Essa é uma situação insustentável e, se permitirmos que continue por muito mais tempo, o número já reduzido de pessoas que vão à igreja aos domingos diminuirá ainda mais.

Outro ponto importante a ressaltar é a tendência dos cristãos em fazer das interpretações religiosas uma tarefa para especialistas. O resultado dessa postura é a apatia geral, num mundo que se afasta rapidamente de qualquer identificação com o misticismo. Hoje em dia os jovens gostariam de sentir que podem interpretar o cristianismo e tirar dele mensagens relevantes para si e para sua realidade, sem serem reprimidos por limitações de ortodoxia. É por essa razão que a Igreja Católica, com suas dúzias de dogmas, precisa se ajustar depressa a um mundo em transformação, ou estará correndo o risco de perder sua clientela jovem. Em vários aspectos, essa afirmativa se aplica a todas as igrejas do mundo cristão.

Antes de sugerir algumas mudanças no interior da igreja, permitam-me resumir o que considero minhas principais críticas a ela:

1. Ao se dirigir a um povo necessitado, ela enfatiza demais o cristianismo como uma religião de "oferecer a outra face".
2. Seu desenvolvimento é impedido pela burocracia e pela institucionalização.
3. Manifesta em suas estruturas uma aceitação tácita do sistema, ou seja, ser "branco equivale a um valor positivo".
4. É limitada por um excesso de especialização.

A questão mais importante que talvez devêssemos enfocar é conseguir a conquista do controle dentro dessas igrejas, controle que por direito cabe a nós. Para isso, precisamos estar de acordo que realmente temos um propósito comum, um objetivo comum, um problema comum. Do mesmo modo, é preciso que concordemos que, por viverem em uma sociedade privilegiada e por pertencerem a um sistema corrupto, os cristãos brancos, nossos equivalentes, embora irmãos em Cristo, não provaram ser irmãos na África do Sul. Devemos convir também que, de modo tácito ou explícito, deliberada ou inconscientemente, os cristãos brancos no interior da igreja a impedem de assumir seu caráter natural no contexto sul-africano e, portanto, impedem que ela seja relevante à situação do negro.

Muitos clérigos negros dizem que os brancos se encontram no poder dentro das igrejas porque elas seguem modelos ocidentais que os brancos conhecem melhor. Então, para sermos capazes de mudar as igrejas, primeiro temos de conseguir uma ascendência sobre eles dentro desse modelo branco, e a partir daí transformá-lo num modelo que apreciamos, amamos, compreendemos e que é relevante para nós. Só posso salientar aqui que é inconcebível que todos os brancos que estão em cargos de controle nas igrejas tenham sido eleitos por outras pessoas brancas. É óbvio que alguns conseguem seus cargos porque eles convencem negros que têm direito a voto para que eles os elejam para essas posições. Está mais do que na hora de os negros aprenderem o método já tão consagrado de *angariar votos* para colocar outros negros no controle das igrejas em que tenham algum interesse em jogo. É óbvio que os negros assim eleitos terão de cumprir seu mandato segundo expectativas claramente explicitadas pelo mesmo grupo negro que os colocou no poder.

A segunda questão que merece bastante atenção de nossa parte é a necessidade de uma compreensão profunda do que muitos, até agora, vêm desprezando: a Teologia Negra. Há uma certa verdade quando se diz que muitas pessoas podem afirmar uma mesma coisa de modos diferentes porque a encaram de ângulos diferentes. Mas o cristianismo não pode esperar que consiga permanecer abstrato e distante dos problemas do povo. Para que seja aplicado ao povo, é necessário que tenha significado para ele em sua situação específica. Se se trata de uma gente oprimida, o cristianismo tem de ter algo a dizer sobre a opressão que ela sofre.

Assim, a Teologia Negra constitui uma interpretação do cristianismo diretamente ligada a uma situação. Procura relacionar o negro de hoje com Deus, dentro do contexto específico do sofrimento do negro e de suas tentativas de sair dele. Ela enfatiza de outro modo as obrigações morais do homem: em vez da necessidade de se evitar a ofensa a falsas autoridades, não perdendo os documentos, não roubando comida quando se está com fome e não enganando a polícia quando se vai preso, a ênfase passa a ser colocada no compromisso de se eliminar toda a causa do sofrimento como, por exemplo, a morte de crianças por inanição, as epidemias que se alastram nas áreas pobres ou a existência do banditismo e do vandalismo nas cidades segregadas. Em outras palavras, ela transfere a ênfase de pecados triviais para grandes pecados no interior da sociedade, deixando assim de ensinar as pessoas a "sofrerem pacificamente".

Se os ministros religiosos negros quiserem impedir que o cristianismo entre em conflito com os negros, em especial com os jovens negros, eles têm de começar a falar seriamente sobre esses assuntos. É chegada a hora de nossos teólogos erguerem as lanças nessa luta, restituindo um significado e uma direção à compreensão que o negro tem de Deus. Nenhuma nação pode vencer uma batalha sem fé, e se a nossa fé em Deus é destruída pela imposição de vê-lo por intermédio dos olhos daqueles contra quem estamos lutando, então sem dúvida há algo de muito errado nessa relação.

Por fim, gostaria de relembrar aos ministros negros, e na verdade a toda a gente negra, que Deus não costuma descer do céu para resolver os problemas das pessoas aqui na Terra.

11. RACISMO BRANCO E CONSCIÊNCIA NEGRA

O Instituto Abe Bailey de Estudos Inter-raciais patrocinou uma reunião de estudantes que teve lugar na Cidade do Cabo, em janeiro de 1971. A ideia era fazer um encontro de líderes estudantis de todas as principais organizações nacionais de estudantes, desde a Associação dos Estudantes Africâneres (ASB), de direita, até a NUSAS e a SASO, de esquerda. Steve e Barney foram convidados a participar como conferencistas, e seus trabalhos foram publicados mais tarde no Student Perspectives on South Africa (Perspectivas dos estudantes sobre a África do Sul, *editado por Hendrik W. van der Merwe e David Welsh e publicado por David Philip, Cidade do Cabo, 1972). O texto que segue é de Steve.*

RACISMO BRANCO E CONSCIÊNCIA NEGRA
A ABRANGÊNCIA DO PODER BRANCO NA ÁFRICA DO SUL

"Nenhuma raça possui o monopólio da beleza, da inteligência e da força, e há lugar para todos nós no ponto de encontro da vitória"[40]. Não creio que Aimé Césaire estivesse pensando na África do Sul ao pronunciar

---

[40] "Mais l'œuvre de l'homme vient seulement de commencer/ et il reste à l'homme à conquérir toute interdiction immobilisée aux coins de sa ferveur/ et aucune race ne possède le monopole de la beauté, de l'intelligence, de la force/ et il este place pour tous au rendez-vous de la conquête" em *Cahier d'um retour au pays natal*, o poema mais famoso de Aimé Césaire. Na tradução de Lilian Pestre de Almeida (*Diário de um Retorno ao País Natal*, Edusp, 2012, p.81): "ao contrário a obra do homem apenas começou/ e falta ao homem conquistar toda interdição imobilizada nos recantos do seu fervor/ e nenhuma raça possui o monopólio da beleza, da inteligência, da força/ e há lugar para todos no encontro marcado da conquista". Optamos aqui por traduzir o trecho do inglês para ficarmos mais próximos da leitura que Biko fez dele. [N.E.B.]

essas palavras. Os brancos neste país enveredaram por um caminho sem retorno. A prática do racismo branco é tão flagrantemente exploradora em termos mentais e físicos que nos perguntamos se, aqui, os interesses dos negros e os dos brancos não se tornaram mutuamente excludentes a ponto de eliminarem a possibilidade de haver "lugar para todos nós no ponto de encontro da vitória".

A busca do homem branco pelo poder levou-o a destruir com absoluta crueldade tudo o que se coloca em seu caminho. Num esforço de dividir o mundo negro em termos de aspirações, os poderes constituídos desenvolveram uma filosofia que o estratifica e proporciona um tratamento preferencial para certos grupos. Mais que isso, eles criaram vários casulos tribais, na expectativa de incrementar os sentimentos hostis entre as tribos e desviar as energias dos negros para a conquista de falsas "liberdades" fixadas pelo governo. Esperava-se ainda que os negros pudessem ser encerrados nesses vários casulos de repressão, denominados pelo eufemismo de "bantustões". Entretanto, em algum momento os poderes constituídos tinham de começar a definir o campo de atividade dessas instituições do Apartheid. Desde o início a maioria dos negros desconfiou que se tratava de uma promessa vazia e, agora, eles perceberam que foram enganados. Do mesmo modo que o Conselho de Representantes dos Nativos se transformou num fracasso político que deixou seus criadores embaraçados, posso antever que virá o tempo em que esses organismos pelegos provarão ser muito onerosos, não apenas em termos de dinheiro, mas também porque a história que os nacionalistas estão tentando vender perderá a credibilidade. Enquanto isso, os negros começam a perceber a necessidade de uma união em torno da causa de seu sofrimento — sua pele negra — e de ignorarem as falsas promessas provenientes do mundo branco.

A legislação cada vez mais rigorosa que vem sendo registrada nos códigos sul-africanos está convencendo as pessoas do mal inerente ao sistema de Apartheid. Nem toda a propaganda feita na Rádio Bantu[41] nem

---

[41] A Rádio Bantu foi criada no início dos anos 1960 como uma poderosa ferramenta ideológica do regime do Apartheid. Era na verdade um conjunto de emissoras, cada uma focada em uma das etnias africanas. Assim, o povo zulu, por exemplo, só podia ouvir música tradicional zulu e propaganda do regime em língua zulu. O objetivo declarado era supostamente valorizar as heranças culturais de cada povo. O objetivo real era promover a divisão tribalística do povo negro. Como uma tentativa de se opor à Radio Bantu, havia a Radio Freedom, ligada ao Congresso Nacional Africano. Transmitindo

as promessas de liberdade a ser concedida a algum bantustão desértico conseguirão, algum dia, persuadir os negros de que o governo tem boas intenções, ao menos enquanto estiverem experimentando manifestações da falta de respeito pela dignidade do homem e por sua propriedade, como as que têm ocorrido durante as remoções em massa de africanos das áreas urbanas. Os tormentos despropositados infligidos aos africanos pela polícia, tanto nas cidades como dentro das cidades segregadas, e a impiedosa aplicação desse flagelo do povo — as leis do passe[42] — são lembretes constantes de que o branco está por cima e de que os negros são apenas tolerados — com as maiores restrições. Não é preciso dizer que qualquer pessoa que sofra uma crueldade tão deliberada (e injustificada) deverá por fim se perguntar: "O que tenho a perder?". E é isso que os negros começam a perguntar a si mesmos.

Soma-se a isso o fato de que as fileiras da oposição foram atiradas ao caos e à confusão. Todos os partidos de oposição precisam satisfazer as exigências básicas da política. Eles querem o poder e, ao mesmo tempo, querem ser *justos*. Nunca lhes ocorre que a maneira mais garantida de ser injusto é impedir o acesso da população nativa ao poder. Por isso, finalmente chegamos à conclusão de que não há uma diferença real entre o Partido Unido e o Partido Nacional. Se houver alguma diferença, é mais provável que o Partido Unido esteja à direita dos nacionalistas. Basta olhar para o seu famoso *slogan* "Supremacia branca para a totalidade da África

---

a partir da Zâmbia e de outros países africanos, a Rádio Freedom, além de fazer a propaganda da causa, tocava música negra em geral, inclusive jazz e principalmente de artistas que haviam sido banidos pelo regime, como Miriam Makeba, Abdullah Ibrahim e Dudu Pukwana. [N.E.B.]

42   As primeiras leis impedindo a livre circulação de negros pela África do Sul datam do final do século XVIII. No século XX, surgiram leis que também limitavam a circulação de asiáticos e mestiços. Basicamente, as legislações definiam que pessoas não-brancas só poderiam estar em áreas brancas enquanto estivessem trabalhando. Um dos objetivos era controlar a mão de obra negra conforme a necessidade do patronato branco. Com a chegada ao poder do partido Nacional, em 1948, a legislação ficou ainda mais rígida. O Group Areas Act Nº 41 (de 1950), por exemplo, definiu áreas de uso exclusivo de cada grupo racial e tornou compulsório que cada grupo passasse a morar na área designada. Ou seja, pretendia-se não apenas separar negros de brancos, mas também, por exemplo, negros de diferentes povos. Mais de um milhão de pessoas tiveram que deixar o lugar onde moravam. Como complemento, foi criada uma lei que impedia as pessoas expulsas de entrarem na Justiça por indenizações. A chamada Lei do Passe, ou "cláusula das 72 horas, surgiu em 1952. [N.E.B.]

do Sul" para perceber até que ponto a busca do poder pode obscurecer até mesmo características supostamente imortais, tais como a noção de "jogo limpo" dos ingleses. Há muito tempo os africanos descartaram o Partido Unido como uma grande fraude política. Em seguida, os mestiços fizeram o mesmo. Se o Partido Unido estiver conseguindo algum voto novo, é exatamente por estar se tornando mais explícito em sua política racista. Eu até diria que a medida mais inadiável na política branca da África do Sul é uma fusão entre o Partido Unido e o Partido Nacional.

O namoro entre o Partido Progressista e os negros foi bruscamente interrompido pela legislação. Alguns negros argumentam que, naquele momento, os progressistas desperdiçaram sua única oportunidade de conseguir alguma aparência de respeitabilidade por não terem preferido antes se dissolver do que perder seu eleitorado negro. Apesar disso, não consigo deixar de sentir que os progressistas saíram dessa prova mais purificados. Eles nunca representaram uma esperança verdadeira para os negros e, no fundo, sempre foram um partido branco, lutando por uma maneira mais duradoura de preservar os valores brancos neste extremo sul da África. Não demorará muito para que os negros relacionem em termos concretos sua pobreza à sua negritude. Devido à tradição imposta ao país, os pobres serão sempre os negros. Não é surpreendente, portanto, que os negros desejem se ver livres de um sistema que tranca a riqueza do país nas mãos de uns poucos. Sem dúvida Rick Turner[43] estava pensando nisso quando declarou, em seu artigo "The Relevance of Contemporary Radical Thought" [A relevância do pensamento radical contemporâneo], que "qualquer governo negro será provavelmente socialista".

Falemos agora daqueles que há mais tempo gozam da confiança do mundo negro — os liberais, que incluem grupos radicais e esquerdistas. O maior erro que o mundo negro já cometeu foi presumir que qualquer pessoa que se opusesse ao Apartheid era uma aliada. Há muito tempo o mundo negro vem concentrando toda a sua raiva apenas no partido do governo, e não na estrutura global de poder. Num certo sentido, até o vocabulário político do qual os negros se servem é uma herança dos liberais. Assim, é compreensível que as alianças com esse setor tenham se dado com tanta facilidade.

---

43 Rick Turner (1941-1978), ativista marxista branco anti-apartheid, foi assassinado pelas forças de segurança meses depois do assassinato de seu amigo Steve Biko. [N.E.B.]

Quem são os liberais na África do Sul? Aquele estranho grupo de não conformistas que explicam sua participação em termos negativos; aquele grupo de pessoas bem-intencionadas que têm uma porção de nomes: liberais, esquerdistas etc. São os que alegam não serem responsáveis pelo racismo dos brancos e pela "atitude desumana do país em relação ao negro". São as pessoas que declaram sentir a opressão com a mesma intensidade que os negros e que, por esse motivo, também deveriam se envolver na luta do negro por um lugar ao sol. Em resumo, são as pessoas que dizem que têm a alma negra dentro de uma pele branca.

Os liberais começaram a agir com a máxima eficiência. Estabeleceram como dogma político o princípio de que todos os grupos que se opusessem ao *status quo* teriam de ser *necessariamente* não raciais em sua estrutura. Afirmavam que aqueles que defendiam um princípio de não racismo não podiam de modo algum adotar o que consideravam diretrizes políticas racistas. Chegaram até mesmo a definir para as pessoas negras o objetivo pelo qual deveriam lutar.

Com esse tipo de influência atrás deles, a maioria dos líderes negros tendia a dar demasiada importância aos conselhos dos liberais. Na verdade, durante muito tempo a tarefa da liderança era "acalmar o povo" enquanto se dedicava a uma negociação infrutífera com o *status quo*. Toda a sua ação política era na realidade um curso programado da arte da persuasão suave, por meio de protestos e boicotes limitados, e o resto poderia ser deixado por conta da consciência perturbada do imparcial povo inglês.

É claro que essa situação não podia perdurar. Uma nova espécie de líderes negros começava a ter uma visão pessimista do envolvimento dos liberais numa luta que eles consideravam essencialmente sua, quando os movimentos políticos dos negros eram banidos ou então perseguidos até a extinção. De novo o campo ficava livre para que os liberais continuassem o trabalho de "lutar pelos direitos dos negros".

Nunca ocorreu aos liberais que a integração, na qual insistiam, vendo-a como um modo eficaz de se opor ao Apartheid, era inviável na África do Sul. Só podia ser artificial, porque estava sendo impingida a dois partidos cuja formação inteira fora orientada para apoiar a mentira de que uma raça era superior e as outras inferiores. É imprescindível que haja uma reforma em todo o sistema da África do Sul para podermos esperar que brancos e negros se deem as mãos em oposição a um inimigo *comum*. Da maneira como estão as coisas, tanto os negros quanto os brancos participam de um círculo integrado organizado às pressas, levando consigo as sementes que destruirão esse mesmo círculo — seus complexos de inferioridade e superioridade.

O mito da integração proposta pela ideologia liberal precisa ser derrubado e morto, porque leva as pessoas a acreditarem que algo está sendo feito. Na realidade, porém, os círculos artificialmente integrados são um soporífero para os negros e fornecem uma certa satisfação para os brancos de consciência culpada. O mito se baseia na premissa falsa de que, já que neste país é muito difícil reunir pessoas de raças diferentes, então o simples fato de se conseguir essa reunião é em si mesmo um grande passo para a libertação total dos negros. Nada poderia ser mais enganador.

Quantas pessoas brancas estão lutando pela mudança que elas querem para a África do Sul motivadas por uma preocupação verdadeira e não por um sentimento de culpa? Obviamente é uma suposição cruel imaginar que não existam brancos sinceros; entretanto, os métodos adotados por alguns grupos muitas vezes sugerem a falta de um compromisso real. A essência da política é dirigir-se ao grupo que exerce o poder. A maioria dos grupos dissidentes tem consciência da força que está nas mãos da estrutura branca de poder. Eles conseguem citar depressa as estatísticas que mostram como o orçamento para a defesa é grande. Têm conhecimento da eficácia com que a polícia e o Exército são capazes de controlar multidões de negros que protestam — seja de modo pacífico ou não. Sabem até que ponto a polícia de segurança se infiltrou no mundo negro. Por isso estão inteiramente convencidos da impotência do povo negro. Por que, então, persistem em falar aos negros? Já que têm consciência de que o problema deste país é o racismo branco, por que não se dirigem ao mundo branco? Por que teimam em falar aos negros?

Num esforço de responder a essas perguntas, chegamos à penosa conclusão de que o liberal está de fato acalmando a própria consciência ou, na melhor das hipóteses, quer provar sua identificação com o negro, mas apenas até onde isso não provoque uma ruptura de seus laços com parentes do outro lado da fronteira racial. Sendo branco, ele possui um passaporte natural para o conjunto de privilégios exclusivos dos brancos, do qual não hesita em extrair aquilo que lhe convém. No entanto, uma vez que se identifica com os negros, ele se movimenta dentro de seus círculos brancos — praias, restaurantes e cinemas só para brancos — com a consciência menos pesada, sentindo que não é como os outros. Mas no fundo de sua mente existe o constante pensamento de que tudo está bem para ele assim como está e que, por isso, não deve se preocupar com mudanças. Embora não vote nos nacionalistas (que, seja como for, agora são a maioria), se sente seguro sob a proteção oferecida por eles e, inconscientemente, repele a ideia de mudança.

As limitações que acompanham o envolvimento dos liberais na luta do negro têm sido as maiores responsáveis pela falta de progresso. Devido ao complexo de inferioridade, os negros tendem a levar a sério o que os liberais têm a dizer. Ao mesmo tempo, a arrogância em assumir "o monopólio da inteligência e do julgamento moral" faz com que esses autonomeados curadores dos interesses negros continuem a estabelecer o padrão e o ritmo para a realização das aspirações dos negros.

Não estou zombando dos liberais e do envolvimento deles. Nem estou sugerindo que são eles os principais responsáveis pela má situação do negro. Apenas tento ilustrar que, num sistema que obriga um grupo a gozar de privilégios e viver à custa do suor do outro, é impossível uma total identificação com o grupo oprimido. A sociedade branca, como um todo, tem uma dívida tão grande para com os negros que nem mesmo um único membro deve contar com o perdão face à condenação total que com certeza virá do mundo negro. Não que os brancos gozem de privilégios apenas quando apoiam o partido governante. Na verdade eles já nasceram com privilégios e são alimentados e educados dentro de um sistema de impiedosa exploração da energia do negro. O liberal branco de 20 anos de idade que espera ser recebido de braços abertos certamente está superestimando a capacidade de perdão das pessoas negras. Por mais que as motivações de um liberal sejam genuínas, ele precisa aceitar que, embora não tenha escolhido nascer com privilégios, os negros têm de suspeitar de seus motivos.

O liberal deve lutar por si mesmo e para si mesmo. Se é um liberal autêntico, precisa entender que também não passa de um oprimido e que tem de lutar pela própria liberdade, e não pela liberdade daqueles vagos "eles" com quem na verdade não pode dizer que se identifica.

O que tentei mostrar é que na África do Sul o poder político sempre esteve com a sociedade branca. Os brancos são culpados não apenas por estarem na ofensiva, mas porque, com algumas manobras hábeis, vêm conseguindo controlar as reações dos negros frente às provocações. Assim, além de darem pontapés no negro, também dizem a ele como reagir. Há muito tempo o negro ouve com paciência os conselhos sobre a melhor maneira de enfrentar as agressões. Com uma dolorosa lentidão, ele agora começa a dar mostras de que é seu direito e seu dever reagir ao pontapé *do modo que achar melhor*.

CONSCIÊNCIA NEGRA

"Nós, mestiços, neste momento específico da evolução histórica, conseguimos apreender de maneira consciente e em todas as suas dimensões a noção de nossa singularidade, a noção exata de quem somos, do que significamos e de que estamos prontos para assumir as responsabilidades provenientes desta tomada de consciência em todos os níveis e em todos os campos. A peculiaridade de nosso lugar no mundo não pode ser confundida com a de nenhuma outra pessoa. A peculiaridade de nossos problemas, que não devem ser reduzidos a formas subordinadas de nenhum outro problema. A particularidade de nossa história, cheia de desgraças terríveis que não pertencem a nenhuma outra história. A especificidade de nossa cultura, que tencionamos viver e fazer viver de um modo ainda mais real." (Aimé Césaire, 1956, em sua carta de demissão do Partido Comunista Francês.)

Mais ou menos na mesma época em que Césaire escrevia essas palavras, surgia na África do Sul um grupo de jovens negros zangados que começavam a "apreender a noção de (sua) singularidade" e que estavam ansiosos por definir quem eram e o que significavam. Eram os elementos que tinham se desapontado com a direção imposta ao Congresso Nacional Africano pelo grupo da "velha guarda" que pertencia à liderança. Esses jovens questionavam vários aspectos, entre eles a atitude de "ir devagar" adotada pela liderança e a facilidade com que essa mesma liderança aceitava coalizões com organizações que não eram dirigidas por negros. A "Carta do Povo", adotada em 1955, em Kliptown, era uma prova desse questionamento. Num certo sentido, esses eram os primeiros sinais verdadeiros de que os negros na África do Sul começavam a se conscientizar da necessidade de agir sozinhos e de desenvolver uma filosofia baseada nos negros e dirigida por eles. Em outras palavras, lentamente a Consciência Negra ia se manifestando.

Pode-se dizer que, na frente política mais ampla, os negros na África do Sul não têm demonstrado nenhum sinal evidente de um novo modo de pensar desde que seus partidos políticos foram banidos, nem foi dada uma verdadeira oportunidade para que os sinais de desapontamento em relação ao mundo branco se cristalizassem numa abordagem positiva. Por outro lado, os estudantes negros iniciaram uma reavaliação das alianças entre negros e brancos. O surgimento da SASO e a política rígida de não envolvimento com o mundo branco levaram a novas linhas de pensamento. Tratava-se de um desafio à velha tradição sul-africana de que a simples oposição ao Apartheid era uma qualidade suficiente para que os brancos fossem aceitos pelo mundo negro. Apesar dos protestos e das acusações de racismo por parte de estudantes brancos liberais, os estudantes negros permaneceram firmes em sua recusa ao princípio de alianças profanas entre negros e brancos. Um representante da Confederação Nacional dos Estudantes da África do Sul (NAFSAS - National Federation of South African Students), um novo grupo de centro-direita, recebeu uma amostra desse novo modo de pensar quando um estudante negro lhe disse: "Nós mesmos vamos nos liderar, seja para o mar, para a montanha ou para o deserto; não nos envolveremos com estudantes brancos".

A importância da posição da SASO não se encontra na organização por si mesma — pois ela tem as limitações naturais de ser um organismo de estudantes cujos quadros se alteram com frequência. Sua importância reside antes na brecha que essa nova abordagem criou no pensamento tradicional, fazendo com que os negros abrissem os olhos e refletissem. Ela anunciou uma nova era, em que os negros começam a cuidar dos próprios interesses e a ver mais claramente a magnitude de sua responsabilidade.

O chamado para a Consciência Negra é o apelo mais positivo que surgiu de qualquer grupo do mundo negro durante muito tempo. É algo maior que uma rejeição reacionária dos brancos. Em última instância, constitui a compreensão dos negros de que, para se saírem bem nesse jogo de poder político, eles precisam utilizar o conceito de poder grupal e dotá-lo de um sólido fundamento. Uma vez que se trata de um grupo deserdado e empobrecido histórica, política, social e economicamente, dispõe da mais consistente fundamentação para, a partir dela, agir. A filosofia da Consciência Negra, portanto, exprime o orgulho grupal e a determinação dos negros em se erguer e conseguir a autorrealização desejada. Na essência desse modo de pensar está a compreensão de que a mente do oprimido é a arma mais poderosa nas mãos do opressor. Uma vez que ela seja manipulada e controlada com eficácia pelo opressor, a ponto de o oprimido acreditar que ele é responsabilidade do homem branco, então nada que ele faça amedrontará realmente os poderosos senhores. Por isso, pensar segundo a linha da Consciência Negra faz com que o negro se considere um ser completo em si mesmo e não como a extensão de uma vassoura ou uma alavanca a mais de qualquer máquina. Ao final desse processo, ele não mais permitirá que tentem rebaixá-lo como ser humano. Quando chegar a esse ponto, saberemos que a pessoa real que está dentro do negro está começando a transparecer.

Venho falando da Consciência Negra como se alcançá-la fosse uma tarefa fácil. Mas embora neste momento possa ser uma afirmação exagerada, a verdade é que vários grupos negros aos poucos se tornam cada vez mais conscientes de si mesmos. Gradualmente, estão começando a se libertar das noções que os aprisionaram e que são a consequência do controle de suas atitudes pelos brancos. Devagar estão rejeitando o "argumento de moralidade" que os impedia de agir sozinhos e agora aprendem que a exclusão dos brancos das instituições negras pode lhes trazer muitos benefícios.

Claro que não nos surpreende o fato de que os brancos não têm muita consciência dessas forças que estão surgindo, uma vez que tal consciência é essencialmente um processo de introversão. Está se tornando uma prática comum neste país as pessoas consultarem os jornais para verificar o que dizem os "líderes negros" — expressão que para eles significa os líderes das várias instituições do Apartheid. Embora muitas vezes alguns indivíduos se aproveitem desses organismos para dizer algumas verdades, eles certamente não podem servir de parâmetro para se conhecer a opinião dos negros sobre qualquer assunto.

O crescimento da conscientização entre os negros sul-africanos muitas vezes é atribuído à influência do movimento negro dos Estados Unidos. Para mim, contudo, tal desenvolvimento parece ser consequência da independência conquistada em tão pouco tempo por tantos países africanos. Na verdade, lembro que quando eu estava no curso secundário, o dr. Hastings Kamuzu Banda ainda militava e era o herói de um amigo meu[44]. Ha-

---

44 Hastings Kamuzu Banda (1898-1997) foi o líder da independência de Malawi, mas imediatamente depois se tornou ditador do país e, durante trinta anos, exerceu o poder

via uma declaração sua muito citada: "Este é um país dos negros; qualquer branco que não goste dele deve fazer a mala e ir embora". Naquele estágio, o mito da invencibilidade do branco já fora desnudado. Num momento em que companheiros africanos falavam desse modo, como poderíamos ainda alimentar ideias de uma servidão contínua? Sabíamos que o branco não tinha nenhum direito de estar lá; queríamos eliminá-lo de nossa mesa, tirar dela todos os enfeites que ele colocava, decorá-la no verdadeiro estilo africano, nos acomodar e então convidá-lo a se juntar a nós sob nossas próprias condições, se ele quisesse. Era o que Banda estava dizendo. O fato de que muitas vezes se usa uma terminologia americana para exprimir nossos pensamentos acontece simplesmente porque todas as ideias novas parecem receber muita publicidade nos Estados Unidos.

Para se adquirir uma consciência de nacionalidade e difundi-la na África do Sul, é preciso lutar contra alguns fatores. Primeiro, há os tradicionais complexos, depois o vácuo existente no passado do nativo e, por fim, a questão da dependência negro-branco. Os tradicionais complexos (inferior-superior, negro-branco) são criações propositais do colonialista. Por meio do trabalho dos missionários e do estilo de educação adotado, os negros foram convencidos a ver o homem branco como uma espécie de Deus, de cuja palavra não se podia duvidar. Como diz Fanon: "O colonialismo não se satisfaz apenas em manter um povo em suas garras e esvaziar a mente do nativo de toda forma e conteúdo; por uma espécie de lógica pervertida, concentra-se no passado do povo oprimido e o distorce, desfigura e destrói"[45]. No final de tudo, os negros não têm nada em que se apoiar, nada que os anime no momento presente e muito a temer no futuro.

A atitude de alguns camponeses africanos que são contra a educação muitas vezes é mal compreendida, até mesmo pelo intelectual africano. No entanto, as razões apresentadas por essas pessoas refletem a consciência da dignidade e do valor que possuem. Consideram a educação a maneira mais rápida de destruir a essência da cultura africana. Queixam-se com amargura da destruição do padrão de vida, do desrespeito aos costumes e do fato

---

de maneira bem autoritária. Era um anticomunista, aliado dos Estados Unidos e caso raro de governante africano que manteve relações cordiais com o regime do Apartheid da África do Sul. Talvez por isso Biko pareça falar dele com cauteloso distanciamento: "quando eu estava no ensino secundário", "Banda ainda militava" e "era herói de um amigo meu". [N.E.B.]

45 Trecho de Os Condenados da Terra (Les Damnés de la Terre, 1961). [N.E.B.]

de que aqueles que não seguem a tradição caçoam constantemente dos outros, uma vez que tenham frequentado uma escola. Na tradição africana, a falta de respeito pelos mais velhos é um pecado capital e imperdoável. No entanto, como se pode impedir que a criança perca o respeito pelo pai, se os professores brancos sabichões ensinam a ela que não deve levar em conta os ensinamentos de sua família? Como pode um africano manter o respeito por sua tradição, quando na escola toda a sua cultura é sintetizada numa única palavra: barbarismo?

Para acentuar ainda mais o peso da educação de inspiração branca, a história inteira do povo negro é apresentada como uma longa lamentação de sucessivas derrotas. Por mais estranho que pareça, agora todo mundo aceita que a história da África do Sul começa em 1652. Sem dúvida, essa noção só serve para sustentar a mentira reiterada de que os negros chegaram a este país quase na mesma época que os brancos. Desse modo, se quisermos nos ajudar no processo de conscientização como negros, temos de valorizar nossa história. Precisamos reescrevê-la e contar sobre os heróis que formaram o núcleo da resistência contra os invasores brancos. Há mais fatos a revelar e a enfatizar nas tentativas bem-sucedidas de construção nacional por parte de pessoas como Shaka, Moshoeshoe e Hintsa[46].

Nossa cultura tem de ser definida em termos concretos. Devemos relacionar o passado com o presente e demonstrar uma evolução histórica do africano moderno. É preciso rejeitar as tentativas dos poderes estabelecidos de projetar uma imagem truncada de nossa cultura. Essa não é a totalidade de nossa cultura.

Deliberadamente eles paralisaram nossa cultura no estágio tribal para perpetuar o mito de que os africanos eram quase canibais, sem ambições autênticas na vida e preocupados apenas com sexo e bebida. Na verdade, o vício generalizado que muitas vezes se encontra nas cidades africanas segregadas é consequência da interferência do homem branco na evolução natural da verdadeira cultura nativa. "Onde quer que exista colonização, a cultura nativa começa a apodrecer, e no meio das ruínas vê-se o nascimen-

---

[46] O rei Shaka kaSenzangakhona (1787-1828) foi um grande estrategista militar que transformou o Reino Zulu em um dos mais poderosos do sul da África. Moshoeshoe I (1776-1870) foi o primeiro rei do Lesoto e reinou por quase cinquenta anos. Hintsa ka Khawuta (1780-1835) foi rei do Reino Xhossa e seu exército foi o maior da região (Steve Biko, e também Nelson Mandela, Desmond Tutu e Miriam Makeba fazem parte do povo xhossa). [N.E.B.]

to de algo que é condenado a existir dentro dos limites permitidos pela cultura europeia"[47]. É através da evolução de nossa cultura genuína que nossa identidade poderá ser redescoberta na totalidade.

É necessário restituir ao povo negro a ênfase que dávamos aos relacionamentos humanos; salientar para eles que na era pré-Van Riebeeck tínhamos muita consideração pelas pessoas, por sua propriedade e pela vida em geral, a fim de minimizar o domínio da tecnologia sobre o homem e de reduzir o materialismo que lentamente penetra no caráter do africano.

"Haverá alguma maneira de meu povo usufruir dos benefícios da tecnologia sem ser devorado pelo materialismo e sem perder a dimensão espiritual de sua vida?", pergunta o presidente Kaunda e, a seguir, falando de uma típica comunidade tribal africana, afirma:

> Essas pessoas que dependem da natureza e com ela vivem no mais íntimo relacionamento têm consciência da atuação dessas forças: o pulsar de suas vidas se harmoniza com o pulsar do Universo. Podem ser pessoas simples e iletradas, e seus horizontes podem ser bastante estreitos, mas acredito que habitam um mundo mais amplo que o do ocidental sofisticado, que ampliou seus sentidos físicos por meio de artifícios inventados, muitas vezes pagando o preço de eliminar a dimensão do espiritual.

Os negros da África do Sul, a fim de dar os passos necessários na nova direção que estão concebendo, precisam considerar com muito cuidado como usar em seu favor o poder econômico que possuem. Na situação de hoje, o dinheiro proveniente do mundo negro tende a fluir apenas para a sociedade branca. Os negros compram nos supermercados dos brancos,

---

47 ["Ainsi donc, la situation culturelle dans les pays coloniaux est tragique. Partout où la colonisation fait irruption, la culture indigène commence à s'étioler. Et, parmi ses ruines, prend naissance non pas une culture, mais une sorte de sous-culture qui n'a aucune chance de s'épanouir en culture véritable. Le résultat est la création dans de vastes territoires de zones de vide culturel ou, ce qui revient au même, de perversion culturelle ou de sous-produits culturels."] "Portanto, a situação cultural nos países coloniais é trágica. Onde quer que ocorra a colonização, a cultura nativa começa a definhar. E, entre as suas ruínas, não nasce uma cultura, mas uma espécie de subcultura que não tem hipótese de florescer numa verdadeira cultura. O resultado é a criação, em vastos territórios, de zonas de vácuo cultural ou, o que dá no mesmo, de degeneração cultural ou de subprodutos culturais." Trecho de "Culture et colonisation", discurso de Aimé Césaire no Primeiro Congresso de Escritores Negros, realizado em Paris, em 1956. [N.E.B.]

nas quitandas dos brancos, nas lojas de bebidas e nas farmácias dos brancos e, por fim, os que podem usam bancos cujos proprietários são brancos. Nem é preciso dizer que eles vão para o trabalho nos trens de propriedade do governo ou em ônibus de propriedade de brancos. Dessa forma, se usarmos o pouco que temos para melhorar nossa sorte, o resultado só pode ser uma conscientização maior do poder que temos como grupo. A campanha "Compre dos Negros", promovida por alguns indivíduos na área de Joanesburgo, não deve ser ridicularizada.

Dizem muitas vezes que os adeptos da Consciência Negra estão se encerrando num mundo fechado, preferindo chorar um no ombro do outro e, assim, eliminando qualquer diálogo útil com o resto do mundo. Entretanto, sinto que os povos negros do mundo, ao rejeitarem o legado do colonialismo e da dominação branca e ao construírem em torno de si mesmos seus próprios valores, padrões e perspectivas de vida, finalmente estabeleceram uma base sólida de cooperação mútua significativa na batalha mais ampla do Terceiro Mundo contra as nações ricas. Cabe aqui citar as palavras de Fanon: "Adquirir autoconsciência não é fechar a porta à comunicação [...]. A consciência da nacionalidade, que não é nacionalismo, é o único fator que nos dará uma dimensão internacional"[48]. Esse é um sinal animador, pois está claro que a luta pelo poder entre negros e brancos na África do Sul não é mais que um microcosmo do confronto global entre o Terceiro Mundo e as ricas nações brancas do planeta, que com o passar dos anos se manifesta cada vez com maior intensidade.

Assim, nos dias de hoje não podemos deixar de receber com satisfação o desenvolvimento de uma perspectiva positiva no mundo negro. As feridas infligidas a ele e os insultos da opressão, acumulados através dos anos, inevitavelmente provocariam uma reação dos negros. Agora, quando pessoas como Barnett Potter[49] afirmam com aparente satisfação e com um sentimento sádico de triunfo que o erro do negro se encontra em seus genes — enquanto o restante da sociedade branca responde "amém" —, podemos ouvi-los sem nenhum tipo de raiva revanchista. Temos força de vontade suficiente para atravessar este tempo de provação. Através dos anos, obtivemos grande superioridade moral sobre o homem branco.

---

48 De *Os Condenados da Terra* (1961). [N.E.B.]
49 Jornalista inglês radicado na África do Sul, autor de um livro racista chamado *The Fault, Black Man...* lançado em 1970. [N.E.B.]

Vamos observar enquanto o tempo destrói seus castelos de cartas e saberemos, então, que todas essas brincadeiras não passavam de tentativas desesperadas de pessoas medíocres e assustadas que queriam se convencer de sua capacidade de controlar indefinidamente a mente e o corpo dos nativos africanos.

12. O MEDO: UM FATOR DECISIVO NA POLÍTICA SUL-AFRICANA

No julgamento da BPC/SASO, o juiz Boshoff fez a seguinte afirmação: "[...] Biko, sob o pseudônimo de 'Frank Talk', escreveu um artigo com o título 'O medo: um importante fator na política sul-africana', em que de fato condenou a sociedade branca... A reivindicação dos brancos pelo monopólio do conforto e da segurança havia sido sempre tão exclusiva que os negros viam nos brancos o maior obstáculo em sua caminhada em direção à paz, à prosperidade e a uma sociedade sadia".

Esse comentário foi feito no final de 1976, enquanto Steve escreveu o artigo em questão em 1971. Naquela ocasião, a teoria da Consciência Negra ainda estava sendo desenvolvida por meio de discussões e escritos. Neste artigo Steve tentava provar que, desde que o branco chegou como colonizador na África Austral, ele criou e depois preservou para si uma posição especial, privilegiada. Essa posição foi criada e conservada pela violência e pelo medo, mas o uso desses métodos era em si mesmo consequência do medo que o branco tinha da população negra.

ESCREVO O QUE EU QUERO
O MEDO: UM FATOR DECISIVO NA POLÍTICA SUL-AFRICANA

Na África do Sul, parece que buscar uma lógica nas atitudes do governo branco é pura perda de tempo. Mesmo que não houvesse nenhum outro exemplo, a usurpação constante da liberdade das pessoas negras por si só já denota um total desprezo por esse setor da comunidade.

Sempre parti do princípio de que as pessoas negras em nenhum momento deveriam se surpreender com as atrocidades do governo. A meu ver, elas são uma consequência lógica da condição de minoria colonizadora que os brancos ocupam, tendo, assim, o direito de ser os senhores supremos. Se eles puderam ser cruéis o bastante para intimidar os nativos pela força bruta e se instalar como governantes perpétuos numa terra estrangeira, então qualquer outra atitude que tenham contra esse mesmo povo negro se torna lógica em relação à crueldade inicial. Esperar justiça por parte deles, em qualquer momento, é muita ingenuidade. É quase um dever para com eles próprios e para com seu "eleitorado" mostrar que ainda dominam os negros. Só há um modo de mostrar essa dominação: quebrando sem piedade a espinha dorsal da resistência do povo negro, por mais insignificante que ela seja.

Basta olhar para a enorme força de segurança que a África do Sul possui. As pessoas que nela trabalham sempre têm de relatar a seus senhores algo que justifique seus empregos. Não basta dizer: "Estive em Pondoland[50], e os nativos se comportam bem. Estão calmos e parecem satisfeitos". Não é o suficiente, pois os malfeitores têm consciência da crueldade de seu sistema e, portanto, não esperam que os nativos estejam satisfeitos. Dessa forma, os rapazes da segurança são enviados de volta a Pondoland para descobrir quem é o porta-voz que declara que as pessoas estão satisfeitas e para surrá-lo até fazê-lo admitir que está insatisfeito. Nesse momento, ele é banido ou encaminhado a julgamento por ter violado alguma lei. Em alguns processos o Estado constrói sua acusação em evidências tão infantis que tenho a impressão de que ele é bem capaz de prender um grupo de crianças brincando de esconde-esconde e acusá-las de alta traição.

É nesse contexto que devemos encarar os inúmeros julgamentos políticos neste país. É como se o Estado achasse que algo estava perigosamente errado, caso no período de um ano não fosse realizado nenhum julgamento

---

50 Pondoland é uma região no leste da África do Sul, na costa do Oceano Índico. No início dos anos 1960, a população local, em sua maioria camponeses, revoltou-se contra o Apartheid e contra o líder imposto pelo regime. Apesar de ser um movimento pacífico, a repressão sobre ele foi brutal e seguiu assim por vários anos. [N.E.B.]

político importante. Parece que alguém seria acusado por seu superior por não realizar o seu trabalho. O mais estranho é que as pessoas são presas por quase nada, para serem julgadas por violação das leis mais odiosas, como por exemplo o Decreto sobre Terrorismo[51].

É também nesse contexto que precisamos avaliar a recente pena de banimento e prisão domiciliar imposta ao sr. Mewa Ramgobin[52]. Nenhum tipo de argumento, da parte de quem quer que seja, me convencerá de que Ramgobin tinha preparado algo sinistro. Para todos os que o conheciam, Mewa era a última pessoa que poderia significar uma séria ameaça a alguém — muito menos para um Estado poderoso com um Exército de cerca de 10 mil homens, entre forças de segurança e informantes. Mas, como foi dito, a lógica é uma palavra que essa gente não conhece.

Aimé Césaire disse uma vez: "Quando ligo meu rádio, quando ouço que os negros foram linchados nos Estados Unidos, digo que mentiram para nós: Hitler não morreu. Quando ligo meu rádio e ouço que na África o trabalho forçado foi instituído e regulamentado por leis, digo que certamente mentiram para nós: Hitler não morreu"[53].

Para que o quadro esteja completo, talvez devamos acrescentar apenas o seguinte: "Quando ligo meu rádio, quando ouço que alguém foi espancado e torturado na floresta de Pondoland[54], digo que mentiram para nós: Hitler não morreu. Quando ligo meu rádio, quando ouço que alguém na cadeia escorregou num pedaço de sabão, caiu e morreu, digo que mentiram para nós: Hitler não morreu, e é provável que se encontre em Pretória".

Procurar casos de crueldade dirigida contra os que caíram em desgraça com a Polícia de Segurança talvez seja procurar longe demais. Não é

---

51 O Decreto sobre Terrorismo entrou em vigor em 1967 e definia terrorismo de maneira bem ampla: "qualquer ato cometido com a intenção de pôr em perigo a lei e a ordem ou incitar ou conspirar na prática de tal ato". Previa que se um oficial tivesse "motivo para acreditar" que alguém era "terrorista" ou que ocultava informações sobre atos terroristas, poderia fazer com que essa pessoa fosse presa sem mandado e levada para interrogatório. A detenção duraria até que o oficial estivesse seguro de que o preso havia "respondido satisfatoriamente a todas as perguntas". Ou seja, a pessoa poderia ficar presa por tempo indeterminado. Cerca de oitenta pessoas foram mortas depois de serem detidas sob esse decreto, entre elas o próprio Steve Biko. [N.E.B.]

52 Ver nota 23.

53 De um discurso de Aimé Césaire feito em 1945. [N.E.B.]

54 Em Pondoland, a Polícia de Segurança costumava levar suas vítimas para florestas, para lá torturá-las e matá-las. [N.E.B.]

preciso tentar provar que os negros na África do Sul têm de lutar para sobreviver. Isso se revela por si mesmo em muitos outros aspectos de nossas vidas. Só a existência numa cidade segregada já torna um milagre alguém atingir a idade adulta. Vemos aí uma situação de carência absoluta, na qual um negro mata outro para sobreviver. É esse o fundamento do vandalismo, do assassinato, estupro e pilhagem que continuam a ocorrer, enquanto a verdadeira causa do mal — a sociedade branca — toma sol em praias exclusivas ou relaxa em seus lares burgueses.

Enquanto alguns negros que se dão ao trabalho de abrir a boca, num fraco protesto contra o que está ocorrendo, são periodicamente intimidados com visitas da Polícia de Segurança e eventuais ordens de banimento e prisões domiciliares, o restante da comunidade negra vive mergulhado num medo total da polícia. Em nenhum momento um negro comum pode ter certeza absoluta de que não está infringindo uma lei. Há tantas leis que governam a vida e o comportamento dos negros que às vezes sentimos que basta o policial folhear ao acaso o código para que encontre uma lei na qual pode enquadrar uma vítima.

A filosofia por trás da ação da polícia neste país parece ser: "Atormentá-los! Atormentá-los!". E precisamos acrescentar que essas palavras são interpretadas de um modo bem extravagante. Assim, até mesmo jovens policiais de trânsito, pessoas em geral conhecidas por seus bons modos, de vez em quando acham correto dar tapas em negros adultos. Algumas vezes parece óbvio, aqui, que o grande plano é manter os negros completamente intimidados e perpetuar a imagem da "super-raça" do branco, se não em termos intelectuais, ao menos quanto à força. Os brancos, agindo por intermédio de sua vanguarda — a Polícia Sul-Africana —, chegaram a perceber a verdade da famosa regra: "Se não consegue fazer com que alguém o respeite, faça com que tenha medo de você".

Sem dúvida os negros não podem respeitar os brancos, ao menos não neste país. Em tudo o que é feito em nome do branco há uma aura tão evidente de imoralidade e crueldade nua que nenhum negro, por mais intimidado que seja, jamais poderá ser obrigado a respeitar a sociedade branca. No entanto, apesar de seu evidente desprezo pelos valores cultivados pelos brancos e apesar do preço que é pago pelo conforto e pela segurança dos brancos, acredito que os negros foram intimidados com sucesso pelo tipo de brutalidade que emana desse setor da comunidade.

É esse medo que corrói a alma do povo negro da África do Sul — um medo alimentado deliberadamente pelo sistema, por meio de uma multidão de funcionários do governo, sejam eles empregados do correio, policiais, funcionários do Departamento de Investigações Criminais, soldados uniformizados, membros da Polícia de Segurança ou até um eventual fazendeiro ou comerciante branco que gosta de atirar. É um medo tão determinante nas atitudes dos negros que os impede de se comportarem como gente — quanto mais como gente livre. O medo transparece claramente em sua postura, desde a atitude de um empregado para com seu patrão até a atitude de um negro que está sendo atendido por um branco numa loja. Como essas pessoas podem estar preparadas para resistir a uma opressão global exercida contra elas se nas situações individuais não conseguem fazer com que sua condição de seres humanos seja respeitada? Essa é uma pergunta que muitas vezes ocorre a visitantes de outros continentes, sensíveis o bastante para perceberem que nem tudo vai bem na terra do sol e do leite.

Entretanto, esse é um tipo perigoso de medo, porque é apenas superficial. Ele esconde uma raiva imensa que muitas vezes ameaça irromper. E, debaixo dessa raiva, acha-se um ódio claro contra um grupo que não merece absolutamente nenhum respeito. Ao contrário das antigas colônias francesas ou espanholas, onde as oportunidades de assimilação fizeram com que os negros pudessem ao menos aspirar ser brancos, na África do Sul a branquitude sempre foi associada à brutalidade e à intimidação da polícia, às batidas policiais na madrugada à procura de transgressões à lei do passe, a uma intimidação geral dentro e fora das cidades segregadas — motivos suficientes para que nenhum negro aspire realmente a ser branco. A reivindicação dos brancos pelo monopólio do conforto e da segurança foi sempre tão exclusiva que os negros veem nos brancos o maior obstáculo em sua caminhada em direção à paz, à prosperidade e a uma sociedade sadia. A associação da branquitude com todos esses aspectos negativos faz com que tenha sido tão maculada que é impossível reconhecê-la. Na melhor das hipóteses, os negros a veem como um fator que justifica o desprezo deles, o ódio, a vontade de vê-la destruída e substituída por uma aspiração que tenha um maior conteúdo humano. Na pior das hipóteses, eles invejam a sociedade branca pelo conforto que ela usurpou, e no centro dessa inveja se encontra o desejo — ou melhor, a determinação secreta — presente no mais profundo da mente da maioria dos negros que pensam assim — de chutar os brancos para fora daquelas cadeiras de jardim confortáveis (que podem ser vistas quando se passa de ônibus, fora das cidades) e reivindicá--las para si mesmos. Dia a dia, mais nos convencemos de que Aimé Césaire não podia estar certo quando disse: "Nenhuma raça possui o monopólio da verdade, da inteligência e da força, e há lugar para todos nós no ponto de encontro da vitória".

Talvez algumas pessoas se surpreendam por eu falar dos brancos em geral, quando na verdade apenas um setor específico — isto é, o governo — põe em prática essa vendeta injustificada contra os negros.

Há brancos que vão negar que tenham qualquer responsabilidade pelo tratamento desumano dispensado aos negros pelo país. Essas são as pessoas governadas pela lógica durante quatro anos e meio, mas pelo medo na época da eleição. O Partido Nacional talvez tenha muito mais votos de ingleses que imaginamos. Todos os brancos, coletivamente, reconhecem nele um forte baluarte contra o tão falado *swart gevaar*[55]. Não devemos subestimar o medo profundo que a sociedade branca nutre em relação ao negro. Os brancos sabem — até demais — exatamente o que eles vêm fazendo contra o negro e, logicamente, encontram motivos para que ele esteja zangado. Entretanto, a insegurança deles não é maior que sua ambição desmedida pelo poder e pela riqueza, e por isso se preparam para reagir contra essa raiva em vez de dissipá-la por meio da abertura e do jogo limpo. Esta interação entre o medo e a reação estabelece assim um círculo vicioso, que intensifica tanto o medo quanto a reação. É isso o que torna totalmente impossível uma coalizão significativa entre negros e brancos. É isso também o que faz os brancos agirem como grupo e, por isso, se tornarem culpados como grupo.

De qualquer modo, mesmo que entre os brancos houvesse diferenças fundamentais quanto ao modo de ver os negros, apenas o fato de os brancos descontentes continuarem a desfrutar dos benefícios do sistema já bastaria por si só para condená-los no tribunal de Nuremberg. Ouçamos o que Karl Jaspers[56] escreveu sobre o conceito de culpa metafísica:

---

55 *Swart gevaar*: em africâner, "perigo negro". O termo se tornou conhecido a partir dos anos 1920, com a ascensão do Partido Nacional, de extrema direita. Ainda que fosse dirigido por africâneres, o Partido Nacional, com sua defesa da supremacia branca contra a população negra, ganhou a simpatia de boa parte da comunidade de origem britânica. [N.E.B.]

56 Karl Jaspers (1883-1969), filósofo e psiquiatra alemão. [N.E.B.]

Existe entre os homens, porque são homens, uma solidariedade pela qual cada um tem uma parcela de responsabilidade por toda a injustiça e por todo o mal cometido no mundo, e em especial pelos crimes cometidos na sua presença ou os que ele não pode ignorar. Se eu não fizer o possível para impedi-los, então serei cúmplice deles. Se eu não arrisquei a vida para impedir o assassinato de outros homens, se eu permaneci em silêncio, irei me sentir culpado, num sentido que não pode ser entendido de modo adequado nem juridicamente, nem politicamente, nem moralmente [...] O fato de eu ainda estar vivo depois de esses atos serem praticados pesa em mim como uma culpa que não pode ser expiada. Em algum lugar, no centro das relações humanas, um mandamento absoluto se impõe: no caso de um ataque criminoso ou de condições de vida que ameacem o bem-estar físico, aceite a vida para todos juntos ou para ninguém.[57]

Assim, se os brancos em geral não gostam do que acontece com os negros, eles têm nas mãos o poder para fazer com que isso pare imediatamente. Nós, por outro lado, temos todas as razões para juntá-los e culpá-los em conjunto.

Não há dúvida de que os negros também são culpados por permitirem que essa situação exista. Ou, para irmos mais a fundo na questão, podemos salientar que há policiais negros e agentes do Serviço Especial que são negros. Referindo-me primeiro ao último ponto, preciso declarar categoricamente que não existe e nem pode existir um policial negro. Qualquer negro que apoie ativamente o sistema perdeu o direito de ser considerado parte do mundo negro: vendeu sua alma por trinta moedas de prata e, então, descobre que na verdade não é aceito por essa sociedade branca à qual queria se juntar. Esses são lacaios incolores dos brancos, que vivem num mundo marginal de infelicidade. São uma extensão do inimigo em nossas fileiras. Por outro lado, o resto do mundo negro continua reprimido exclusivamente devido à sua impotência.

A impotência gera uma raça de mendigos que sorriem para o inimigo e, por outro lado, o xingam na inviolabilidade de seus banheiros; que gritam "Baas" voluntariamente durante o dia e nos ônibus, ao voltarem para casa, chamam o branco de cachorro. Mais uma vez, o conceito de medo está no âmago desse comportamento ambivalente dos negros subjugados.

Esse conceito de medo agora adquiriu uma dimensão diferente. Mui-

---
57 *Die Schuldfrage* [A questão da culpa], de 1946. [N.E.B.]

tas vezes ouvimos alguém dizer sobre uma prisão ou um banimento: "Onde há fumaça, há fogo"; ou, se a pessoa costuma dizer o que pensa: "Não me surpreende. Ele estava pedindo por isso". Num certo sentido, isso é quase divinizar a Polícia de Segurança; eles não podem errar; se foram capazes de desbaratar a conspiração de Rivônia[58], o que poderá fazer com que tenham medo de alguém a ponto de bani-lo? A menos que haja alguma coisa... algo que não sabemos? Esse tipo de lógica, que pode ser encontrada em graus variados entre os africâneres, os ingleses e as comunidades negras, é perigosa porque não enfoca a questão central e reforça uma ação irracional por parte da Polícia de Segurança.

A verdade nisso tudo é que o governo e suas forças de segurança também são governados pelo medo, apesar de seu imenso poder. Do mesmo modo que qualquer indivíduo que vive morto de medo, ocasionalmente eles recorrem a ações irracionais na esperança de que uma demonstração de força, mais que o uso adequado da inteligência, possa amedrontar satisfatoriamente os que resistem a eles. Essa é a base das operações de segurança na África do Sul, na maioria das ocasiões. Se eles sabem que há uns três missionários que são perigosos para seus interesses, mas cuja identidade é desconhecida, preferem deportar uns oitenta missionários e esperar que os três estejam entre eles, em vez de usar o cérebro e descobrir quem são esses três. Essa foi também a base para a prisão de umas 5 mil pessoas durante os chamados reides "Poqo"[59], em 1963. E, é claro, as leis

---

58 No dia 11 de julho de 1963, a polícia sul-africana invadiu o sítio Liliesleaf em Rivônia (um subúrbio de Joanesburgo). No sítio vivia um conhecido artista plástico e designer chamado Arthur Goldreich, junto com a mulher, Hazel, e dois filhos pequenos. Secretamente, Goldreich era militante do Partido Comunista (Hazel também) e membro da uMkhonto we Sizwe, o braço armado do Congresso Nacional Africano, que tinha no sítio seu quartel-general. Goldreich, de origem judia, havia feito parte da Palmach, grupo de elite das forças paramilitares israelenses e participado da guerra na Palestina em 1948, e agora repartia seu conhecimento da luta de guerrilha com seus camaradas africanos. A polícia prendeu no sítio dezenove dos principais dirigentes do CNA e do Partido Comunista.
Mandela, fundador e chefe da uMkhonto we Sizwe, vivia no sítio disfarçado de jardineiro e cozinheiro, mas não foi capturado dessa vez porque já estava preso, condenado a cinco anos de prisão por incitar greves. Mesmo assim, a polícia encontrou em Liliesleaf diversos documentos que o comprometiam, e Mandela foi posto junto aos outros presos num longo julgamento que condenou oito deles à prisão perpétua. Apesar de alguns dos presos, entre eles Goldreich, conseguirem fugir durante o julgamento, o caso Rivônia foi um golpe devastador no CNA. [N.E.B.]
59 Poqo ("puro", em xhossa) era o braço armado do Congresso Pan-Africanista. Foi criado

que asseguram o poder da Polícia de Segurança são tão vagas e amplas que permitem todos esses absurdos. Portanto, conclui-se que o sistema sul-africano de segurança é orientado para a força, em vez de para a inteligência. Podemos acrescentar ainda que, neste país, esse tipo de mentalidade se estende desde a segurança nacional até o estilo de rúgbi que os brancos adotam. Tornou-se o seu estilo de vida.

Assim, ninguém se surpreenderá se for muito difícil aceitar que "há lugar para todos nós no ponto de encontro da vitória". O sistema tripartite de medo — em que os brancos temem os negros, os negros temem os brancos e o governo tem medo dos negros e procura diminuir o temor dos brancos — torna difícil um entendimento entre os dois segmentos da comunidade. O fato de viverem separados acrescenta ao problema uma dimensão diferente e talvez mais séria: faz com que as aspirações dos dois grupos sejam diametralmente opostas. A estratégia que os brancos vêm usando até agora é quebrar a resistência dos negros de maneira sistemática, até eles aceitarem as migalhas da mesa dos brancos. Mas nós já mostramos que rejeitamos, sem sombra de dúvida, essa estratégia e, assim, o palco agora se acha pronto para um interessante desenrolar dos acontecimentos.

Frank Talk

---

em 1961 e praticamente destruído pela repressão policial em 1963, quando foi presa não só a quase totalidade de seus militantes, mas também simpatizantes ou suspeitos de alguma ligação com o grupo. Ressurgiu em 1968 como Azanian People's Liberation Army (APLA). [N.E.B.]

13. VAMOS FALAR SOBRE OS BANTUSTÕES

O conceito de "bantustões", ou "pátrias" africanas independentes/autônomas, é a pedra fundamental da política do governo nacionalista para os "nativos". O governo se baseia na teoria de que a África do Sul é formada por muitos grupos étnicos e que a coexistência pacífica só pode ser alcançada dando a cada grupo a possibilidade de se desenvolver a seu modo, em sua própria área. Introduzida na prática no início dos anos 1960, essa política tentou voltar atrás no tempo e "repatriar", devolvendo a suas supostas "pátrias" povos em grande parte já desurbanizados. Mas é apenas agora, com a concessão da chamada "independência" de dois "stões", Transkei e Boputatsuana[60]*, que a crueldade cínica*

---

[60] Boputatsuana (Bophuthatswana, também conhecida como Bop) foi o segundo bantustão que ganhou a suposta independência dada pelo regime do Apartheid, em 1977. Era o lugar onde deveria viver o povo tsuana. O "país" era na verdade uma espécie de arquipélago de enclaves espalhados pelo território sul-africano. Até ser reincorporado à África do Sul em 1994, Boputatsuana foi governado pelo presidente Lucas Mangope (1923-2018), um fiel servidor do regime do Apartheid. Tanto que, quando Mangope foi deposto por um golpe militar em 1984, as Forças Armadas sul-africanas invadiram o país e o recolocaram no poder. P. W. Botha (1916-2006), o presidente da África do Sul na época, justificou a invasão: "o governo sul-africano se opõe por princípio a tomada ou manutenção do poder pela violência". Em Boputatsuana, em 1979, foi criado o Sun City, o mais luxuoso casino e resort da África. A presença de negros era rigidamente restrita no local. O proprietário, Sol Kerzner, um rico empresário branco (evidente) de Joanesburgo, pôde ali oferecer à elite branca sul-africana atrações, como shows de topless, que eram proibidas na África do Sul. Kerzner também contratou várias das maiores estrelas do show business para se apresentarem no cassino, entre elas os Beach Boys, Frank Sinatra, Elton John e até

da política é totalmente desvelada. O ministro de Relações Plurais (*eufemismo para Administração Bantu*), Connie Mulder[61], recentemente disse que não existem cidadãos negros na África do Sul: *e ainda é a intenção dos nacionalistas de "repatriar" à força a essas "pátrias" todos os negros que ainda vivem naqueles 87% da África do Sul considerados como pertencentes aos brancos. Mesmo se um programa maciço de ajuda fosse despejado nessas áreas empobrecidas e não consolidadas, jamais poderiam aguentar o peso da população forçada a morar nelas.*

Mas a pior maldade está na tentativa de retirar a cidadania sul-africana de homens como Steve, que sempre trabalharam para a unificação de um dos potencialmente grandes países do mundo. Pois o modo de pensar verdadeiro que está por trás dessa política é a ideia do velho Império Romano de "dividir para conquistar"; e é a oposição resoluta e militante do Movimento da Consciência Negra à política "baasskap" (controle dos negros pelos brancos) dos africâners que levou à sua perseguição e tentativa de esmagamento pelo governo nacionalista. Assim, a prisão indiscriminada de líderes da Convenção do Povo Negro (CPN) na segunda metade de 1976 foi causada para prevenir os grandes protestos que aquela organização estava preparando contra a declaração do Transkei como um país "independente".

Este capítulo deve ser lido juntamente com o Capítulo 16.

Ray Charles. Em 1984, o Queen violou o boicote cultural que havia sido decretado pela ONU e fez uma série de shows no Sun City, o que provocou grande indignação e a banda chegou a ser multada pela União de Músicos Britânicos. Esses episódios inspiraram o guitarrista norte-americano Steven Van Zandt a compor "Sun City", uma música anti-apartheid que foi gravada com a participação de nomes como Miles Davis, Bob Dylan, Lou Reed, Run-DMC, Gil Scott-Heron, Keith Richards, Kurtis Blow, Ringo Starr e Joey Ramone. O refrão era um compromisso: "I ain't gonna play Sun City!" [Eu não vou tocar em Sun City!]. Seu videoclipe intercala cenas dos músicos com cenas da brutalidade policial sul-africana. Apesar de boicotada pela maior parte das rádios norte-americanas, a música se tornou um megahit mundial. [N.E.B.]

61 O ministro Cornelius "Connie" Mulder (1925-1988) era uma estrela em ascensão na política sul-africana dos anos 1970: acumulava dois ministérios (além desse da Administração Bantu, era também o Ministro da Informação, que dirigia a censura e a distribuição de verbas públicas para meios de comunicação) e surgia como favorito à sucessão do primeiro-ministro B.J. Vorster. Mas em 1977 aconteceu o que foi batizado como Muldergate, um grande escândalo envolvendo uma campanha secreta que desviou dezenas de milhões de dólares para propaganda e lobby dentro e fora da África do Sul. Não apenas Mulder teve que renunciar, como também o próprio Vorster. [N.E.B.]

ESCREVO O QUE EU QUERO
VAMOS FALAR SOBRE OS BANTUSTÕES

Já se completaram agora quase dez anos desde que a ideia do bantustão foi introduzida na prática pelo governo nacionalista como uma medida duradoura para a solução do "problema dos nativos". Sem dúvida a ideia de uma segregação territorial na África do Sul é antiga. Foi em 1913 que Sauer[62], um membro supostamente liberal do ministério do governo daquela época, sugeriu pela primeira vez que partes do país fossem reservadas para atender às aspirações da população nativa. Nos muitos anos que se seguiram, o percentual reservado para os nativos sofreu grandes variações, até que em 1936 estabeleceu-se a parcela atual de treze por cento.

Os nacionalistas, sob a "competente" orientação de seu teórico Verwoerd[63], converteram a política patente de discriminação e segregação desumanas na política do eufemístico "desenvolvimento em separado", que "garantia" o eventual crescimento até atingir a soberania completa de oito bantustões ou pátrias, que seriam Estados autônomos para servir às várias "nações" que compõem a população nativa da África do Sul.

A princípio, a ideia do desenvolvimento em separado foi inteiramente rejeitada por toda a população, inclusive por elementos do grupo africâner. Foi desaprovada pelos liberais, pelos progressistas, pelo Partido Unido, e, naturalmente, também pelos negros. Foi naturalmente considerada pelos negros como uma grande fraude, feita de propósito para diminuir o entusiasmo com que tinham começado a entrar na luta política mais ampla por seus direitos no país em que tinham nascido. Aqueles que participaram dessa ideia foram condenados por todos como traidores e capachos dos brancos, e ninguém os levou a sério. Ficou claro que haviam deliberadamente entrado num conluio maldoso com o inimigo.

Nas fileiras dos brancos a ideia também foi muito criticada e considerada extremamente imoral. No entanto, quando os elementos *verligte*[64] do

---

62 Jacobus Wilhelmus Sauer (1850-1913). [N.E.B.]
63 Hendrick Verwoerd (1901-1966), chamado de "pai do Apartheid", foi o líder e principal estrategista do Partido Nacional, além do primeiro-ministro da África do Sul de 1958 até ser assassinado em 1966 por Dimitri Tsafendas, um imigrante moçambicano de origem grega e negra. [N.E.B.]
64 *Verligte*: liberal; em oposição a *verkrampte*: conservador. [N.E.O.]

setor africâner começaram a mostrar interesse por essa ideologia, muita gente resolveu prestar mais atenção em seu significado. Tal atitude foi incentivada especialmente pelo ataque dos *verligte* contra o que chamavam de "Apartheid mesquinho". Como repercussão típica da política oposicionista neste país, esses *verligte* receberam grande apoio da imprensa inglesa apenas devido à sua pequena diferença em relação à linha nacionalista ferrenha. Durante o processo, muitos encontraram mérito no ponto de vista *verligte* de desenvolvimento separado, basicamente porque diversos jornais haviam mudado sua política numa tentativa de apaziguar o movimento *verligte*.

Com tal contexto em mente, tornou-se necessário que nós, negros, reapresentássemos em termos muito fortes os argumentos contrários à ideia dos bantustões. Existem dois pontos de vista em relação aos bantustões. O primeiro é o da total aceitação, na esperança de que qualquer exigência feita pelos negros por meio de uma negociação pacífica irá levar o sistema da estrutura de poder branco a fazer maiores concessões. O segundo é o de que, enquanto estratégia, a filosofia dos bantustões pode ser aproveitada para a obtenção de nossos objetivos globais. Ambos os pontos de vista são perigosamente limitados. O primeiro exige pouca atenção, pois é evidente que se trata de uma traição e só pode ser aceito por pessoas que já venderam sua alma ao branco. O segundo gera muita confusão, parte da qual é, na verdade, uma aceitação inconsciente da ideia do bantustão em si pelas massas, que não conseguem perceber as nuanças do debate em torno dessa chamada estratégia.

Por que somos contra a ideia do bantustão? Os negros rejeitam tal abordagem por muitas razões, mas nenhuma é tão importante quanto o fato de que ela não passa de uma solução apresentada pelas mesmas pessoas que criaram o problema. Numa terra que por direito é nossa, encontramos pessoas que vêm nos dizer onde ficar e que poderes vamos ter, sem sequer nos consultar. Fazem com que a ideia toda pareça ser a nosso favor, enquanto trabalham contra nossa existência; o exame superficial de alguns aspectos dessa política mostra isso muito claramente.

Geograficamente, ou seja, quanto à distribuição das terras, os bantustões representam uma fraude gigantesca que não pode receber apoio moral de ninguém. Vemos que 20 por cento da população detém o controle de 87 por cento da terra, enquanto 80 por cento "controlam" apenas 13 por cento. Para tornar essa situação ainda mais ridícula, nem uma única das chamadas "nações bantustãs" possui um território contínuo. Todas elas são formadas por pedacinhos dispersos da terra mais improdutiva. Em cada área, as regiões mais produtivas são ilhas controladas por brancos, nas quais se situam fazendas ou outros tipos de indústria de brancos.

Quanto ao aspecto econômico, os negros receberam um tratamento injusto. De modo geral, as áreas onde se localizam os bantustões são as menos desenvolvidas do país, muitas vezes inteiramente impróprias, seja para a agricultura, seja para a criação de gado. Nenhum bantustão tem acesso ao mar[65], e em todos o direito sobre os minérios é estritamente reservado ao governo da África do Sul. Em outras palavras, os direitos dos bantustões se limitam à profundidade de 6 pés abaixo da superfície da terra.

Soma-se a essas observações o fato de que os orçamentos operacionais concedidos aos bantustões para projetos de desenvolvimento são mantidos num nível muito baixo. Em todos os bantustões o controle da indústria e de seu crescimento está encerrado nas mãos da cooperativa de investimentos bantu, que, embora criada sem fins lucrativos, é famosa pela exploração dos africanos que desejam tornar-se comerciantes e industriais em todos os bantustões. Essas chamadas indústrias da fronteira, que estão começando a surgir nos limites dos bantustões, são orientadas para a exploração da força de trabalho dentro dos bantustões. A maioria é subsidiada pelo governo, e seus produtos são isentos de impostos. Apesar dessas vantagens, sempre pagam salários baixos que correspondem a cerca de um terço do que normalmente pagariam nas áreas urbanas. Além disso, é importante notar que essas indústrias localizadas em regiões de fronteira muitas vezes estão fora dos limites geográficos dentro dos quais a maioria dos acordos de Conselhos Industriais operam; e uma vez que os operários negros não possuem sindicatos para defender seus direitos, eles ficam virtualmente à mercê de empregadores que não têm nenhuma obrigação de lhes pagar salários de acordo com os índices vigentes nas outras partes do país.

Do ponto de vista político, os bantustões são a maior fraude jamais inventada por políticos brancos (com a possível exceção da nova política federal do Partido Unido). As mesmas pessoas que são culpadas pela sujeição e pela opressão dos negros querem que acreditemos que agora podem conceber meios para os negros saírem dessa situação. A verdade é que as intenções de tal política são outras. Os motivos reais da implantação dos bantustões são os seguintes:

---

65   Biko se refere ao fato de que nenhum bantustão tinha um porto marítimo. [N.E.B.]

1. Criar um falso sentimento de esperança entre os negros, de modo a desencorajar qualquer outra tentativa de eles definirem suas aspirações de maneira coletiva.
2. Oferecer uma direção nova, mas falsa, para a luta do povo negro. Dificultando a obtenção até mesmo dos 13 por cento da terra, os poderes estabelecidos dividem nossas "lutas" em oito lutas diferentes por oito liberdades falsas há muito tempo estipuladas. Como consequência, esperam que esqueçamos os 87 por cento da terra que estão nas mãos dos brancos.
3. Enganar o mundo exterior, levando as pessoas a acreditarem que existe alguma validade na teoria de múltiplas nações, de modo que a África do Sul pode agora voltar ao esporte, ao comércio, à política internacionais com a consciência tranquila.
4. Incentivar ao máximo a competição e a hostilidade entre as tribos, o que certamente ocorrerá, de tal modo que a força e a resistência coletivas do povo negro possam ser fragmentadas.

Assim, a questão que surge imediatamente é saber se os líderes dos bantustões não percebem a improdutividade e a fraude implícitas nesse projeto. Temos alguns homens nesses bantustões que seriam excelentes líderes, se não tivessem decidido colocar seu destino na mão dos opressores. Alguns deles argumentam que não estão desistindo, mas continuando com a luta a partir de dentro. Não há nenhum modo de se atestar a veracidade dessas pretensões. Talvez não seja sequer necessário comprová-las, em especial porque, não importa como se encare a questão, a verdade é que a participação no estabelecimento dos bantustões engana a população negra de maneira bastante perigosa. Concentremo-nos aqui nos méritos e nos deméritos de se usar o próprio sistema para lutar contra ele e deixemos de lado esses líderes dos bantustões que acreditam sinceramente na política do Apartheid. Afinal, como disse certa vez um escritor, não existe nenhuma maneira de evitar que imbecis se dediquem a causas inúteis.

Hoje, na África do Sul, a participação de alguns elementos na política dos bantustões levou parte do povo negro e também observadores políticos do mundo inteiro a reconsiderarem os bantustões, acreditando que algo pode ser obtido por meio de uma utilização sistemática da alternativa dos bantustões. Segundo o argumento deles, todas as outras formas de protesto, de discordância e oposição estão proibidas para os negros, e então podemos desmascarar o blefe do governo aceitando o que é oferecido, para conseguirmos nossos objetivos. O que a maioria das pessoas não enxerga é que o inimigo sabe muito bem o que nós queremos e que a teoria dos bantustões foi concebida exatamente para impedir que obtenhamos aquilo que queremos. Os autores do sistema são aqueles que melhor o conhecem, e eles não dão qualquer concessão que possamos exigir, de acordo com um plano preestabelecido por eles. Quando criaram essas plataformas fantoche, esses telefones de mentira, eles sabiam que alguns oportunistas poderiam querer usá-los para promover a causa dos negros e, por isso, fizeram todos os arranjos necessários para conseguir controlar esses "nativos ambiciosos".

Matanzima e Buthelezi podem gritar até arrebentar os pulmões, tentando falar com Pretória por esse telefone de mentira. Ninguém está ouvindo em Pretória, porque o telefone é um brinquedo. As verdadeiras linhas diretas entre Pretória e a Zululândia, entre Pretória e o Transkei estão muito ocupadas dia e noite, com Torlage e Abrahams[66] contando para o sistema deles todos os passos que Matanzima e Buthelezi provavelmente darão daqui a três meses e qual a melhor maneira de o sistema responder a tais passos.

O mais doloroso é que Matanzima e Buthelezi, talvez mais que qualquer um, têm uma percepção clara das limitações que os cercam. Pode até ser verdade que eles sejam extremamente dedicados ao progresso do povo negro e talvez à sua libertação. Com bastante frequência manifestam um espírito de luta característico de uma coragem e uma determinação verdadeiras. Mas, se alguém quer lutar contra o inimigo, entre os dois revólveres oferecidos por ele não aceitará o que está descarregado, para depois desafiá-lo a um duelo.

Os líderes dos bantustões inconscientemente estão ajudando e sendo cúmplices na total sujeição do povo negro deste país. Dando a impressão, como estão fazendo agora, de que estão agindo, eles estão confun-

---

[66] O regime do Apartheid criou o cargo de "comissário-geral" para encarregados de fazer a interlocução entre Pretória e os "governos" dos bantustões. No linguajar oficial, o comissário-geral deveria "fornecer orientação e conselhos", "promover o desenvolvimento", "esclarecer a população" etc. Mas, na prática, eram apenas mais alguns dos tantos burocratas brancos a vigiar para que nada saísse fora dos planos do regime. P.H. Torlage era, à época, o comissário em Kwazulu, e Hans Abraham o encarregado do Transkei. [N.E.B.]

dindo os negros a tal ponto que acreditam que alguma coisa importante está para acontecer. Como consequência, os negros estão sentados nas laterais do campo, aplaudindo entusiasmados enquanto Matanzima e Mangope jogam. A situação está confusa também devido ao modo com que a imprensa dos brancos exagera as possibilidades abertas a esses líderes. Sem dúvida essa mesma imprensa sabe muito bem que é vantajoso para os brancos desviar a atenção dos negros. A imprensa dos brancos conhece muito bem as limitações da teoria dos bantustões; que está longe de ser aquilo que os negros querem, mas continua a exaltar a imagem de Matanzima e de Buthelezi a fim de atrelá-los ao caminho que já escolheram e de fazer com que as massas acríticas acreditem que uma grande vitória está prestes a ser conquistada. Além disso, ao divulgar amplamente os pronunciamentos dos líderes dos bantustões e atribuindo conotações bastante liberais a esses pronunciamentos, a imprensa dos brancos confundiu o mundo exterior, levando-o a pensar que na África do Sul não apenas existe liberdade de expressão, como os líderes dos bantustões estão conspirando ativamente para derrubar o governo branco, sem que o governo faça nada.

Assim, para a África do Sul branca é extremamente importante ter alguém como Buthelezi falando e dando a impressão que tem dado. Isso resolve muitos problemas de consciência que a África do Sul tem há tanto tempo. Afirma-se por aí que Buthelezi e a imprensa dos brancos são os melhores embaixadores que a África do Sul já teve.

Para mim, como uma pessoa negra, é muito doloroso ver um homem que poderia facilmente ter sido meu líder tratado tão mal pelo mundo branco cruel e explorador. Torna-se evidente que tudo o que fizermos dentro do contexto dos bantustões provavelmente será explorado pelo mundo branco para o seu próprio engrandecimento. Quando um negro concorda com o governo, é um nativo exemplar, que valoriza a condição de ser guiado pelos brancos. Quando usa as plataformas dos bantustões para atacar aquilo de que não gosta, representa o tipo de líder militante negro que, na África do Sul, pode falar livremente e se opor ao sistema. Absolve o país da acusação de ser um Estado policial. Os escritórios de propaganda da África do Sul em todo o mundo têm longos relatórios sobre as atividades e os pronunciamentos dos líderes dos bantustões, para enfatizar o grau de imparcialidade e equidade que se encontra neste país.

Não, o negro tem de aprender a recusar o papel de fantoche num jogo de brancos. Esse tipo de política exige que tomemos nossas próprias iniciativas e que saibamos agir de acordo com o nosso próprio ritmo, e não segundo o ritmo criado para nós pelo sistema. Nenhum líder de bantustão pode me dizer que está agindo por sua própria iniciativa ao seguir a política dos bantustões. Neste estágio de nossa história, não podemos permitir que nossa luta seja tribalizada através da criação de políticos zulus, xhosas e tswanas pelo sistema.

Esses casulos tribais chamados "pátrias" não são nada mais que campos de concentração sofisticados, onde as pessoas negras têm permissão para "sofrer pacificamente". As pessoas negras precisam pressionar constantemente os líderes dos bantustões, para que saiam do impasse político criado pelo sistema.

Acima de tudo, nós, negros, deveríamos ter sempre em mente que a África do Sul é a nossa terra e que ela nos pertence integralmente. É preciso destruir a arrogância que faz com que os brancos venham de longe, da Holanda até aqui, para transformar nosso país numa espécie de Bálcãs, deslocando-nos de um lugar para outro. Abusam de nossa bondade, e nossa hospitalidade é voltada contra nós. Os brancos, que ao chegarem a este país eram apenas nossas visitas, agora nos empurraram para um canto que equivale a treze por cento de nossas terras e agem como maus anfitriões no restante do país. Temos de corrigir esta situação.

Abaixo os bantustões!!!

Frank Talk

14. A CONSCIÊNCIA NEGRA E A BUSCA DE UMA VERDADEIRA HUMANIDADE

Historicamente, a "Teologia Negra" é um produto norte-americano, proveniente da situação dos negros nos Estados Unidos. Seu expoente mais representativo era o dr. James H. Cone, professor de teologia no Seminário Teológico da União, em Nova York, e autor de Black Theology and Black Power *[Teologia Negra e Poder Negro] (Seabury, 1969) e de* God of the Oppressed *[Deus dos oprimidos] (Seabury, 1975; SPCK, 1977).*

Em meados de 1970, o UCM nomeou Sabelo Stanley Ntwasa como secretário itinerante para o ano de 1971, com o encargo específico de incentivar a reflexão e a produção de textos sobre a Teologia Negra. O livro Black Theology: The South African Voice *[Teologia Negra: a voz da África do Sul], editado por Basil Moore (C. Hurst and Co., London, 1973), é o resultado dos esforços feitos naquele ano, e o trabalho que se segue, escrito por Steve, é talvez a contribuição mais eloquente para o livro — na opinião de quem aqui escreve, o melhor escrito que ele produziu.*

A CONSCIÊNCIA NEGRA E A BUSCA DE UMA VERDADEIRA HUMANIDADE

Talvez seja conveniente começar examinando por que é preciso pensarmos coletivamente sobre um problema que nunca criamos. Ao fazer isso, não quero me ocupar desnecessariamente com as pessoas brancas da África do Sul, mas, para conseguir as respostas certas, precisamos fazer as perguntas certas; temos de descobrir o que deu errado — onde e quando; e precisamos verificar se nossa situação é uma criação deliberada de Deus ou uma invenção artificial da verdade por indivíduos ávidos pelo poder, cuja motivação é a autoridade, a segurança, a riqueza e o conforto. Em outras palavras, a abordagem da Consciência Negra seria irrelevante numa sociedade igualitária, sem distinção de cor e sem exploração. Ela é relevante aqui porque acreditamos que a situação anômala é uma criação deliberada do homem.

Não há dúvida de que a questão da cor na política da África do Sul foi introduzida originalmente por razões econômicas. Os líderes da comunidade branca tinham de criar algum tipo de barreira entre os negros e os brancos, de modo que os brancos pudessem gozar de privilégios à custa dos negros e ainda se sentirem livres para dar uma justificativa moral para a evidente exploração que incomodava até as mais empedernidas consciências dos brancos. No entanto, diz a tradição que, sempre que um grupo de pessoas experimenta os agradáveis frutos da riqueza, da segurança e do prestígio, começa a achar mais confortável acreditar numa mentira óbvia e aceitar como normal que só ele tenha direito ao privilégio. Para acreditar seriamente nisso, o grupo precisa se convencer da veracidade de todos os argumentos que sustentam essa mentira. Portanto, não é de estranhar que na África do Sul, depois de séculos de exploração, as pessoas brancas em geral tenham chegado a acreditar na inferioridade do negro, a tal ponto que o problema racial, que começou como consequência da ganância econômica demonstrada pelos brancos, agora transformou-se num problema sério em si mesmo. As pessoas brancas agora desprezam as pessoas negras não porque precisam reforçar a atitude e, assim, justificar sua posição privilegiada, mas porque de fato acreditam que o negro é inferior e mau. Esse é o fundamento sobre o qual os brancos atuam na África do Sul e é isso o que faz com que a sociedade sul-africana seja racista.

O racismo que encontramos não existe apenas numa base individual; ele também é institucionalizado para que pareça ser o modo de vida sul-africano. Embora ultimamente tenha havido uma tentativa frágil de encobrir os elementos abertamente racistas no sistema, ainda é verdade que esse mesmo sistema é sustentado pela existência de atitudes antinegro na sociedade. Para dar uma vida ainda mais longa à mentira, é necessário que se negue aos negros qualquer oportunidade de provar acidentalmente que são iguais aos brancos. Por essa razão, há reserva de emprego, falta de treinamento em tarefas especializadas e um círculo restrito de possibilidades profissionais para negros. Absurdamente, o sistema retruca afirmando que os negros são inferiores porque entre eles não há economistas, não há engenheiros etc., embora os negros tenham sido impossibilitados de adquirir esses conhecimentos.

Para dar autenticidade à sua mentira e demonstrar a retidão de suas pretensões, os brancos vêm desenvolvendo esquemas detalhados para "resolver" a questão racial neste país. Desse modo, foi criado um pseudoparlamento para os "mestiços", e vários "Estados bantus" estão em vias de serem estabelecidos. Estes são tão independentes e afortunados que não precisam gastar nem sequer um centavo em sua defesa, pois não têm nada a temer da parte da África do Sul branca, que sempre virá socorrê-los em caso de necessidade. É impossível não ver a arrogância dos brancos e seu desprezo pelos negros, mesmo em seus esquemas de dominação modernos e bem planejados.

A estrutura de poder branco vem obtendo sucesso total em conseguir unir os brancos em torno da defesa do *status quo*. Jogando de modo habilidoso com o espantalho imaginário — o *swart gevaar* —, conseguiu convencer até os liberais obstinados de que há algo a temer na ideia de o negro assumir seu lugar legítimo no leme do barco sul-africano. Assim, após anos de silêncio, podemos ouvir a voz familiar de Alan Paton dizendo, lá longe, como se fosse de Londres: "Talvez valha a pena tentar-se o Apartheid". "À custa de quem, dr. Paton?", pergunta um inteligente jornalista negro[67]. Por isso os brancos em geral se apoiam mutuamente — embora se permitam algumas desavenças moderadas — quanto aos detalhes dos esquemas de dominação. Não há dúvida de que não questionam a validade dos valores brancos. Não enxergam nenhuma anomalia no fato de estarem discutindo sozinhos sobre o futuro de 17 milhões de negros — numa terra que é o quintal natural do povo negro. Quaisquer propostas de mudança provenientes do mundo negro são encaradas com a maior indignação. Até mesmo a assim chamada oposição, o Partido Unido, tem a ousadia de dizer aos mestiços que eles estão querendo demais. Um jor-

---

67 Alan Paton (1903-1988) foi um célebre escritor branco sul-africano, autor de diversos best-sellers internacionais e um dos fundadores do Partido Liberal (em 1953), de oposição comedida ao Apartheid. [N.E.B.]

nalista de um jornal liberal como o *Sunday Times*, de Joanesburgo, descreve um estudante negro — que está apenas dizendo a verdade — como um jovem militante impaciente.

Não basta aos brancos estar na ofensiva. Acham-se de tal modo mergulhados no preconceito que não acreditam que os negros possam formular os próprios pensamentos sem a orientação e a tutela dos brancos. Assim, até mesmo os brancos que veem muitos erros no sistema tomam para si a responsabilidade de controlar a reação dos negros à provocação. Ninguém está sugerindo que não é responsabilidade dos brancos liberais se opor a tudo o que há de errado. No entanto, parece coincidência demais que os liberais — poucos como são — não apenas estejam determinando o *modus operandi* dos negros que se opõem ao sistema, como também se achem em sua liderança, apesar de envolvidos com o sistema. Para nós, seu papel define a abrangência da estrutura do poder branco: embora os brancos sejam o nosso problema, são outros brancos que querem nos dizer como lidar com esse problema. Eles fazem isso procurando desviar nossa atenção de inúmeras maneiras. Dizem-nos que a situação é mais a de uma luta de classes que uma luta racial. Eles que procurem Van Tonder no Free State[68] e digam isso a ele. Nós acreditamos que sabemos qual é o problema e vamos continuar fiéis às nossas conclusões.

Quero aprofundar um pouco mais essa discussão porque está na hora de acabar com essa falsa coalizão política entre negros e brancos uma vez que está fundamentada numa análise errônea de nossa situação. Quero acabar com ela por outra razão: porque, no momento, constitui o maior obstáculo à nossa união. Ela acena aos negros ávidos por liberdade com promessas de um grande futuro, para o qual ninguém nesses grupos parece trabalhar com muito afinco.

Os brancos liberais apontam o Apartheid como o problema fundamental da África do Sul. Argumentam que, para lutarmos contra ele, é necessário que formemos grupos não raciais. Entre esses dois extremos, eles proclamam, encontra-se a terra do leite e do mel pela qual estamos trabalhando. Alguns grandes filósofos consideram a *tese*, a *antítese* e a *síntese* os pontos cardeais em torno dos quais gira qualquer revolução social.

---

68 Biko provavelmente se refere a Robert van Tonder (1923-1999), líder nacionalista africâner. O Free State, ou Orange Free State, é uma província da África do Sul onde, por muitas décadas, os extremistas africâneres sonharam reviver a antiga república boer de mesmo nome. [N.E.B.]

Para os *liberais*, a *tese* é o Apartheid, a *antítese* é o não racismo, mas a *síntese* é muito mal definida. Querem dizer aos negros que encontram na integração a solução ideal. A Consciência Negra, no entanto, define a situação de maneira diferente: a tese na verdade é um forte racismo por parte do branco e, portanto, sua antítese precisa ser, *ipso facto*, uma forte solidariedade entre negros, a quem esse racismo branco pretende espoliar. A partir dessas duas situações, então, podemos ter a esperança de chegar a algum tipo de equilíbrio — uma verdadeira humanidade, onde a política de poder não tenha lugar. Tal análise define a diferença entre a velha e a nova abordagem. O fracasso dos liberais se encontra no fato de que sua *antítese* já é uma versão diluída da verdade, cuja proximidade da tese vai anular o equilíbrio pretendido. Isso explica o malogro das comissões do Spro-Cas[69] que não conseguiram nenhum progresso, porque já estão procurando uma "alternativa" aceitável para os brancos. Todos os que integram as comissões sabem o que está certo, mas todos eles procuram o modo mais conveniente de se esquivar da responsabilidade de dizer o que está certo.

Enxergar essa diferença é bem mais importante para os negros que para os brancos. Precisamos aprender a aceitar que nenhum grupo, por melhores intenções que tenha, poderá um dia entregar o poder aos vencidos numa bandeja. Precisamos aceitar que os limites dos tiranos são determinados pela resistência daqueles a quem oprimem. Enquanto, de chapéu na mão, nos dirigirmos ao branquelo mendigando nossa emancipação, estaremos lhe dando mais autorização para que continue com seu sistema racista e opressor. Precisamos nos conscientizar de que nossa situação resulta de um ato deliberado da parte dos brancos, e não de um engano, e que nem milhares de sermões morais podem persuadir o branco a "corrigir" esse estado de coisas. O sistema não concede nada a não ser que

---

69 Spro-Cas (Study Project on Christianity in an Apartheid Society [Projeto de Estudo sobre o Cristianismo em uma Sociedade de Apartheid] foi criado em 1968, com apoio de organizações ecumênicas progressistas como o Christian Institute, liderado por Beyers Naudé. O Spro-Cas tinha como objetivo inicial desenvolver grupos (comissões) que estudassem os diversos aspectos da vida sob o Apartheid e depois publicar os estudos resultantes. A organização era liderada por um liberal, Peter Randall (1935-2024), que, no processo, foi rumando cada vez mais para a esquerda. Pode-se dizer que Biko faz uma espécie de crítica interna ao Spro-Cas, porque ele fazia parte do mesmo grupo, e era o Spro-Cas que publicava a maior parte de seus textos. A sede da organização, em Durban, ficava no mesmo prédio em que a sede da SASO, liderada por Biko. Depois, por influência do próprio Biko, a Spro-Cas passou a ser mais ativista. [N.E.B.]

seja exigido, porque formula até seu método de ação com base no fato de que o ignorante aprenderá, a criança se transformará em adulto e, portanto, as exigências começarão a ser feitas. O sistema se prepara para resistir às reivindicações da maneira que lhe parecer adequada. Quando alguém se recusa a fazer essas exigências e prefere ir a uma mesa-redonda mendigando sua libertação, está atraindo o desprezo daqueles que têm poder sobre ele. Por esse motivo precisamos rejeitar as táticas de mendigos que estamos sendo forçados a usar por aqueles que querem apaziguar nossos senhores cruéis. É aqui que a mensagem e o grito da SASO, "Negro, você está por conta própria!"[70], se torna relevante.

O conceito de integração, cujos méritos são tantas vezes elogiados nos círculos de brancos liberais, está cheio de suposições não questionadas que seguem os valores brancos. É um conceito que há muito tempo foi definido pelos brancos e que os negros nunca examinaram. Baseia-se na suposição de que o sistema caminha muito bem, exceto por um certo grau de má administração exercida por conservadores irracionais da cúpula. Até mesmo os que argumentam em favor da integração muitas vezes se esquecem de esconder essa suposição sob sua pretensa capa de harmonia. Dizem uns aos outros que, não fosse pela reserva de empregos, haveria um excelente mercado a ser explorado. Esquecem que estão se referindo a seres humanos. Consideram os negros apenas alavancas adicionais para algumas máquinas industriais complicadas. É esta a integração do homem branco — uma integração baseada nos valores de exploração, em que o negro competirá com o negro, um utilizando o outro como a escada que o conduzirá aos valores brancos. É uma integração na qual o negro terá que provar a si mesmo em termos desses valores antes de merecer a aceitação e a assimilação final, e na qual os pobres se tornarão mais pobres, e os ricos mais ricos, num país em que os pobres sempre foram negros. Não queremos ser lembrados de que somos nós, o povo nativo, que somos pobres e explorados na terra em que nascemos. Estes são conceitos que a abordagem da Consciência Negra quer arrancar da mente dos negros, antes que nossa sociedade seja conduzida ao caos por pessoas irresponsáveis provenientes do contexto cultural da Coca-Cola e do hambúrguer.

A Consciência Negra é uma atitude da mente e um modo de vida, o melhor chamado que, em muito tempo, vimos brotar do mundo negro. Sua

---

70 "Black man, you are on your own!", no original. [N.E.B.]

essência é a conscientização por parte do negro da necessidade de se unir a seus irmãos em torno da causa de sua opressão — a negritude de sua pele — e de trabalharem como um grupo para se libertarem dos grilhões que os prendem a uma servidão perpétua. Baseia-se num autoexame que os levou finalmente a acreditar que, ao tentarem fugir de si mesmos e imitar o branco, estão insultando a inteligência de quem quer que os criou negros. A filosofia da Consciência Negra, portanto, expressa um orgulho grupal e a determinação dos negros de se levantarem e conseguirem a autorrealização desejada. A liberdade é a capacidade de autodefinição de cada um, tendo como limitação de suas potencialidades apenas a própria relação com Deus e com o ambiente natural, e não o poder exercido por terceiros. O negro quer, portanto, explorar por conta própria o ambiente em que vive e testar suas potencialidades — em outras palavras, conquistar a liberdade por quaisquer meios que considerar adequados. Na essência desse pensamento está a compreensão dos negros de que a arma mais poderosa nas mãos do opressor é a mente do oprimido. Se dentro de nosso coração estivermos livres, nenhuma corrente feita pelo homem poderá nos manter na escravidão; mas se nossa mente for manipulada e controlada pelo opressor a ponto de fazer com que o oprimido acredite que ele é uma responsabilidade do homem branco, então não haverá nada que o oprimido possa fazer para amedrontar seus poderosos senhores. Por isso, pensar segundo a linha da Consciência Negra faz com que o negro se veja como um ser completo em si mesmo. Torna-o menos dependente e mais livre para expressar sua dignidade humana. Ao final do processo, ele não poderá tolerar quaisquer tentativas de diminuir o significado de sua dignidade humana.

Para que a Consciência Negra possa ser usada de modo vantajoso como uma filosofia a ser aplicada a pessoas que estão numa situação como a nossa, é necessário observar alguns aspectos. Como pessoas existindo numa luta contínua pela verdade, precisamos examinar e questionar velhos conceitos, valores e sistemas. Tendo encontrado as respostas certas, iremos então trabalhar para que todas as pessoas sejam conscientizadas, a fim de que tenhamos a possibilidade de caminhar no sentido de pôr em prática essas respostas. Nesse processo, precisamos desenvolver nossos próprios esquemas, nossos modelos e estratégias, adequados para cada necessidade e situação, mantendo sempre em mente nossos valores e crenças fundamentais.

Em todos os aspectos do relacionamento entre negros e brancos, agora e no passado, vemos uma tendência constante por parte dos brancos de descrever o negro como alguém que tem um *status* inferior. Nossa cultura, nossa história, na verdade todos os aspectos da vida do negro foram danificados até quase perderem sua forma no grande choque entre os valores nativos e a cultura anglo-bôer.

Os missionários foram os primeiros que se relacionaram com os negros da África do Sul de um modo humano. Pertenciam à vanguarda do movimento de colonização para "civilizar e educar" os selvagens e apresentar-lhes a mensagem cristã. A religião que trouxeram era completamente estranha para o povo negro nativo. A religião africana em sua essência não era radicalmente diferente do cristianismo. Nós também acreditávamos num só Deus, tínhamos a nossa comunidade de santos por meio da qual nos relacionávamos com nosso Deus e não considerávamos que era compatível com nosso modo de vida prestar a Deus um culto separado dos vários aspectos de nossa vida. Por isso o culto não era uma função especializada que se expressava uma vez por semana num prédio especial, mas aparecia em nossas guerras, ao bebermos cerveja, em nossas danças, em nossos costumes em geral. Sempre que os africanos bebiam, primeiro se relacionavam com Deus derramando um pouco da cerveja como símbolo de sua gratidão. Quando algo ia mal em casa ofereciam a Deus um sacrifício para apaziguá-lo e para reparar seus pecados. Não havia inferno em nossa religião. Acreditávamos na bondade inerente do homem e, assim, tínhamos certeza de que todas as pessoas, ao morrerem, se juntavam à comunidade dos santos — portanto, mereciam nosso respeito.

Foram os missionários que confundiram as pessoas com sua nova religião. Assustaram o nosso povo com suas histórias sobre o inferno. Descreveram o Deus deles como um Deus exigente que queria ser adorado, "senão...". As pessoas tinham que pôr de lado suas roupas e seus costumes para serem aceitas na nova religião. Sabendo que os africanos são um povo religioso, os missionários incrementaram sua campanha de terror sobre as emoções das pessoas, com seus relatos detalhados a respeito do fogo eterno, do arrancar de cabelos e do ranger de dentes. Por alguma lógica estranha e distorcida, argumentavam que a religião deles era científica e a nossa uma superstição — apesar da discrepância biológica que está na base da religião deles. Para o povo nativo, essa religião fria e cruel era estranha e provocava frequentes discussões entre os convertidos e os "pagãos", porque os primeiros, tendo assimilado os falsos valores da sociedade branca, foram ensinados a ridicularizar e a desprezar aqueles que defendiam a verdade de sua religião nativa. Depois, com a aceitação da religião ocidental, nossos valores culturais foram por água abaixo!

Embora eu não deseje questionar a verdade fundamental que está no centro da mensagem cristã, há um forte argumento em favor de um reexame do cristianismo. Tem provado ser uma religião muito adaptável que não procura acrescentar nada às ordens existentes, mas sim — como qualquer verdade universal — encontrar um modo de ser aplicada a uma situação específica. Mais que ninguém, os missionários sabiam que nem tudo o que faziam era essencial à propagação da mensagem. Mas a intenção básica ia muito além da mera propagação da palavra. Sua arrogância e seu monopólio sobre a verdade, sobre a beleza e o julgamento moral os fizeram desprezar os hábitos e as tradições dos nativos e procurar infundir seus próprios valores nessas sociedades.

Aqui temos, então, o argumento em favor da Teologia Negra. Como não quero discutir a Teologia Negra a fundo, basta que eu diga que ela procura relacionar mais uma vez Deus e Cristo com o negro e seus problemas cotidianos. Ela pretende descrever o Cristo como um Deus lutador, e não como um Deus passivo que permite que uma mentira permaneça sem ser questionada. Ela enfrenta problemas existenciais e não tem a pretensão de ser uma teologia de absolutos. Procura trazer Deus de volta para o negro e para a verdade e a realidade de sua situação. Esse é um aspecto importante da Consciência Negra, pois na África do Sul existe um grande número de pessoas negras cristãs que ainda se encontram atoladas em meio à confusão, uma consequência da abordagem dos missionários. Portanto, todos os sacerdotes e ministros religiosos negros têm o dever de salvar o cristianismo, adotando a abordarem da Teologia Negra e, assim, unindo o negro outra vez a seu Deus.

Também é preciso examinar atentamente o sistema de educação para os negros. No tempo dos missionários, essa mesma situação tensa já existia. Sob o pretexto de cuidarem da higiene, de adquirirem bons modos e outros conceitos vagos, as crianças eram ensinadas a desprezar a educação que recebiam em casa e a questionar os valores e os hábitos de sua sociedade. O resultado foi o que se esperava: as crianças passaram a encarar a vida de um modo diferente dos pais e perderam o respeito por eles. Ora, na sociedade africana, a falta de respeito pelos pais é um pecado grave. No entanto, como se pode impedir que a criança perca esse respeito quando seus professores brancos, que sabem tudo, a ensinam a desconsiderar os ensinamentos da família? Quem pode resistir e conservar o respeito pela tradição, se na escola todo o seu ambiente cultural é sintetizado numa só palavra: barbarismo?

Podemos, assim, ver a lógica de colocar os missionários na linha de frente do processo de colonização. Uma pessoa que consegue fazer um grupo de indivíduos aceitar um conceito estranho, no qual ela mesma é um perito, transforma esses indivíduos em estudantes perpétuos, cujo progresso nesse campo só pode ser avaliado por ele; o estudante precisa sempre se dirigir a ele para obter orientação e promoção. Ao serem obrigados a aceitar a cultura anglo-bôer, os negros permitiram que eles mesmos fossem colocados à mercê do branco e que tivessem o branco como seu eterno supervisor. Só o branco pode nos dizer até que ponto estamos nos saindo bem, e instintivamente cada um de nós se esforça para agradar esse senhor poderoso que sabe tudo. É isso que a Consciência Negra procura arrancar pela raiz.

Segundo um escritor negro, o colonialismo nunca se satisfaz em ter o nativo em suas garras, mas, por uma estranha lógica, precisa se voltar para o seu passado e desfigurá-lo e distorcê-lo[71]. Por esse motivo é muito desanimador ler a história do negro neste país. Ela é apresentada apenas como uma longa sequência de derrotas. Os xhosas eram ladrões que iniciavam uma guerra por causa de propriedades roubadas; os bôeres nunca provocavam os xhosas, mas organizavam somente "expedições punitivas" para ensinar uma lição aos ladrões. Heróis como Makana[72], que foram essencialmente revolucionários, são apresentados como desordeiros supersticiosos que mentiam ao povo dizendo que as balas se transformavam em água. Grandes construtores da nação, como Shaka, são apresentados

---

71 O escritor a quem Biko se refere aqui é Frantz Fanon. O trecho específico está no capítulo "Cultura Nacional" de *Os Condenados da Terra*. [N.E.B.]

72 Makana, ou Makhanda (1780-1820), foi um médico tradicional do povo xhossa que, depois de uma inicial simpatia pela religião dos missionários, passou a ver esse cristianismo como uma ferramenta de dominação e então liderou seu povo na resistência contra os europeus. Para incentivar seus guerreiros, numa batalha decisiva contra a colônia inglesa em Cabo, em 1818, disse que as balas dos inimigos iriam se transformar em água. [N.E.B.]

como tiranos cruéis que frequentemente atacavam tribos menores sem nenhuma razão, mas por um propósito sádico. Não apenas não há nenhuma objetividade na história que nos é ensinada, mas há muitas vezes uma terrível distorção de fatos, que enojam até um estudante desinformado.

Por isso, precisamos prestar muita atenção à nossa história se nós, como negros, quisermos nos ajudar mutuamente a nos conscientizarmos. Precisamos reescrever nossa história e apresentar nela os heróis que formaram o núcleo de nossa resistência aos invasores brancos. Mais fatos têm de ser revelados, assim como é preciso enfatizar as tentativas bem-sucedidas de construir uma nação, feita por homens como Shaka, Moshoeshoe e Hintsa. Diversos pontos requerem uma pesquisa minuciosa, para que possamos desvendar alguns elos perdidos importantes. Seríamos ingênuos demais se esperássemos que nossos conquistadores escrevessem sobre nós uma história não tendenciosa, mas precisamos destruir o mito de que ela começou em 1652, ano em que Van Riebeeck chegou ao Cabo.

Nossa cultura precisa ser definida em termos concretos. Temos de relacionar o passado com o presente e demonstrar a evolução histórica do negro moderno. Existe uma tendência de considerar nossa cultura uma coisa estática, que foi detida em 1652 e desde então nunca se desenvolveu. O conceito de "voltar para o sertão" sugere que não temos nada de que nos gabar além de leões, sexo e bebida. Aceitamos o fato de que, quando uma civilização se estabelece, ela devora a cultura nativa e deixa atrás de si uma cultura bastarda que só pode se desenvolver no ritmo permitido pela cultura dominante. Mas também precisamos nos conscientizar de que os princípios básicos de nossa cultura conseguiram em grande parte resistir ao processo de abastardamento e que, mesmo agora, ainda podemos provar que apreciamos um homem por si mesmo. Nossa sociedade é autenticamente centrada no homem, e sua tradição sagrada é a partilha. Temos de continuar rejeitando o modo frio e individualista de encarar a vida que é a pedra fundamental da cultura anglo-bôer. É necessário devolver ao negro sua tradição de valorizar as relações humanas, de respeitar as pessoas, suas propriedades, a vida em geral. Com isso, visamos reduzir o triunfo da tecnologia sobre o homem e o espírito materialista que lentamente se insinua em nossa sociedade.

Estas são características essenciais de nossa cultura negra, às quais precisamos nos agarrar. Acima de tudo, a cultura negra implica a nossa liberdade de inovar sem recorrer aos valores brancos. Essa inovação faz parte do desenvolvimento natural de qualquer cultura. E uma cultura, em essência, é a resposta conjunta de uma sociedade aos vários problemas da vida. Todos os dias experimentamos novos problemas, e tudo o que fizermos aumenta a riqueza de nossa herança cultural, desde que tenha o homem como seu centro. A introdução de um teatro e de uma arte dramática negra é uma dessas inovações importantes que precisamos estimular e desenvolver. Sabemos que nosso amor pela música e pelo ritmo ainda hoje é importante.

Fazendo parte de uma sociedade exploradora, na qual muitas vezes somos o objeto direto da exploração, precisamos desenvolver uma estratégia em relação à nossa situação econômica. Temos consciência de que os negros ainda são colonizados, mesmo dentro das fronteiras da África do Sul. Sua mão de obra barata tem ajudado a fazer da África do Sul aquilo que é hoje. Nosso dinheiro, que vem das cidades segregadas, faz uma viagem só de ida para as lojas e para os bancos dos brancos, e a única coisa que fazemos durante toda a nossa vida é pagar para os brancos, seja com nosso trabalho, seja com nosso dinheiro. As tendências capitalistas de exploração, unidas à evidente arrogância do racismo branco, conspiram contra nós. Por esse motivo agora sai muito caro ser pobre na África do Sul. São os pobres que vivem mais longe da cidade e por isso têm de gastar mais dinheiro com o transporte para ir trabalhar para os brancos; são os pobres que usam combustíveis dispendiosos e impróprios, como a parafina e o carvão, porque o branco se recusa a instalar eletricidade nas áreas dos negros; são os pobres que são governados por muitas leis restritivas mal definidas e que, por isso, têm de gastar mais dinheiro em multas por causa de transgressões "técnicas"; são os pobres que não têm hospitais e assim têm de procurar médicos particulares, que cobram honorários exorbitantes; são os pobres que usam estradas não asfaltadas, têm de andar longas distâncias e, por isso, têm de gastar muito com mercadorias como sapatos, que sofrem muitos estragos; são os pobres que precisam pagar pelos livros dos filhos, enquanto os brancos os recebem gratuitamente. Não é necessário dizer que são os negros que são pobres.

Portanto, temos de estudar de novo como usar melhor o nosso poder econômico, por menor que pareça ser. Precisamos examinar seriamente as possibilidades de criar cooperativas de negócios cujos lucros sejam reinvestidos em programas de desenvolvimento comunitário. Deveríamos pensar em medidas como a campanha "compre de negros", que certa vez foi sugerida em Joanesburgo, e estabelecer nossos próprios bancos em benefício da comunidade. O nível de organização entre os negros só é baixo porque permitimos que seja assim. Agora que sabemos que estamos por nossa própria conta, temos obrigação estrita de atender a essas necessidades.

O último passo da Consciência Negra é a ampliação da base de nossa atuação. Um dos princípios básicos da Consciência Negra é a totalidade do envolvimento. Isso significa que todos os negros precisam se posicionar como uma grande unidade e nenhuma fragmentação ou desvio da corrente principal de acontecimentos pode ser tolerada. Por isso, precisamos resistir às tentativas dos protagonistas da teoria dos bantustões de fragmentar nossa abordagem. Somos oprimidos, não como indivíduos, não como zulus, xhosas, vendas ou indianos. Somos oprimidos porque somos negros. Precisamos usar esse mesmo conceito para nos unir e para dar uma resposta como um grupo coeso. Precisamos nos agarrar uns aos outros com uma tenacidade que vai espantar os que praticam o mal.

O fato de estarmos preparados para assumir nós mesmos as armas da luta nos levará a sair da crise. Precisamos eliminar completamente de nosso vocabulário o conceito de medo. A verdade tem que triunfar no fim sobre o mal, e o branco sempre alimentou sua ganância com esse medo básico que se manifesta na comunidade negra. Os agentes da Divisão Especial não farão com que a mentira se transforme em verdade, e precisamos ignorá-los. Para uma mudança significativa da situação, temos de arregaçar as mangas, estar preparados para perder nosso conforto e nossa segurança, nossos empregos e posições de prestígio, além de perder nossas famílias: assim como é verdade que "liderança e segurança são basicamente incompatíveis", uma luta sem baixas não é luta. Temos de tomar consciência do grito profético dos estudantes negros: "Negro, você está por conta própria!".

Alguns vão nos acusar de racistas, mas se utilizam exatamente dos valores que rejeitamos. Não temos o poder de dominar ninguém. Apenas respondemos à provocação do modo mais realista possível. O racismo não implica apenas a exclusão de uma raça por outra — ele sempre pressupõe que a exclusão se faz para fins de dominação. Os negros têm tido suficiente experiência como objetos de racismo para não quererem inverter as posições. Embora possa ser relevante falar agora a respeito do negro em relação ao branco, não podemos deixar que esta seja a nossa preocupação, pois pode ser um exercício negativo. À medida que avançarmos em direção à realização de nossos objetivos, falaremos mais sobre nós mesmos e nossa luta e menos sobre os brancos.

Saímos em busca de uma verdadeira humanidade e em algum lugar no horizonte distante podemos ver o prêmio a brilhar. Vamos caminhar para a frente com coragem e determinação, extraindo nossa força da difícil condição que partilhamos e de nossa fraternidade. Com o tempo, conseguiremos dar à África do Sul o maior presente possível: um rosto mais humano.

15. O QUE É CONSCIÊNCIA NEGRA?[73]

Este é um extrato do testemunho dado por Steve no julgamento da BPC/SASO, na primeira semana de maio de 1976. Nos trechos do julgamento publicados neste livro, o advogado é David Soggot, assistente da defesa. O interrogatório da acusação foi feito por L. Attwell, assistente da promotoria. O processo foi conduzido pelo juiz Boshoff.

O acontecimento que deu origem a esse processo foi o comício pró-Frelimo (Frente de Libertação de Moçambique), em Currie's Fountain, Durban, em setembro de 1974, organizado por elementos da BPC e da SASO para celebrar o reconhecimento da Frelimo como o governo de fato de Moçambique. Apesar de o próprio governo da África do Sul ter reconhecido a Frelimo, quando o comício foi anunciado, um comerciante branco declarou publicamente que, se fosse realizado, ele e outros compareceriam para acabar com a manifestação, e, em vez de se dirigir ao comerciante branco, o ministro da Justiça proibiu o comício. Na mesma ocasião, foi permitido que um comício organizado por portugueses em Joanesburgo, para protestar contra a Frelimo, fosse realizado sem nenhuma oposição do governo.

---

73 Este capítulo e o próximo são transcrições de relatórios oficiais de audiências em tribunal e foram traduzidos exatamente como se encontraram no original, com repetições, interrupções etc. [N.T.]

A proibição do Comício de Curries Fountain foi seguida da prisão de líderes da Consciência Negra em Durban e em todo o país e sua detenção sem julgamento, tendo permanecido incomunicáveis durante muitos meses em Pretória. Por fim, foram apresentadas acusações contra treze deles (embora quatro tenham sido depois liberados, alguns antes do início do julgamento, outros durante os primeiros estágios). Os dois companheiros mais próximos de Steve eram Aubrey Mokoape e Strini Moodley. A acusação foi formulada em termos tão abrangentes que se tornou evidente que o que estava sendo julgado era o próprio Movimento da Consciência Negra. Na verdade, pode-se dizer que esse julgamento teve para o movimento o mesmo significado que o famoso Julgamento da Traição teve para a Aliança do Congresso na década de 1950.

O processo se arrastou durante a maior parte do ano de 1975 e por todo o ano de 1976. No final, os nove que restaram foram considerados culpados por uma ou mais transgressões do Decreto sobre Terrorismo, o que significava uma sentença mínima de cinco anos. Todos cumpriram pena de cinco ou seis anos em Robben Island.

A última parte deste capítulo, "A importância da linguagem", foi incluída por dois motivos: primeiro, como um exemplo do comportamento de Steve durante um interrogatório hostil; e, segundo, para demonstrar sua clara compreensão da diferença entre a utilização da língua por negros e por brancos. O incidente mencionado envolvia o sr. Mthuli Shezi[74], então organizador da BPC. Segundo testemunhas oculares, num confronto com um funcionário branco da estrada de ferro, que estava molestando mulheres negras na estação de Germiston, ele foi jogado sobre os trilhos pelo funcionário e morto pelo trem que estava chegando.

Soggot: Bem, acho que isso nos traz ao segundo GSC[75] em 1971?
Biko: Sim.
Soggot: Não pretendo fazê-lo recordar tudo isso agora, mas apenas quero dirigir sua atenção para alguns aspectos das resoluções tomadas nesse GSC. Se olhar para o parágrafo 1: "A SASO é uma organização de estudantes negros...". Encontrou o trecho?
Biko: Sim.

---

74 Mthuli ka Shezi (1947-1972) era, além de ativista político, um dramaturgo. Foi um dos fundadores do movimento da Consciência Negra e, pouco antes de seu assassinato, havia sido eleito vice-presidente da Black People Convention. [N.E.B.]
75 General Students' Council [Conselho Geral dos Estudantes] da SASO. [N.E.O.]

Soggot: Quer, por favor, apenas ler esse parágrafo 1?
Biko: "A SASO é uma organização de estudantes negros que trabalha pela libertação do negro: em primeiro lugar da opressão psicológica efetuada por ele mesmo por intermédio de um complexo de inferioridade e, em segundo, da opressão física proveniente do fato de viver numa sociedade branca racista."
Soggot: Agora, quanto ao conceito de Consciência Negra, há qualquer ligação com o que acabou de ler?
Biko: Sim, há.
Soggot: Quer dar ao meritíssimo uma breve explicação a respeito dessa ligação?
Biko: Acredito que, basicamente, a Consciência Negra se refere ao negro e à sua situação, e acho que o negro neste país é submetido a duas forças. Em primeiro lugar, ele é oprimido por um mundo exterior por meio de mecanismos institucionalizados, por meio de leis que o impedem de fazer certas coisas, por pesadas condições de trabalho, salários baixos, condições de vida muito difíceis, uma educação inferior. Todos esses são fatores externos a ele. Em segundo lugar, e o que consideramos mais importante, o negro desenvolveu dentro de si um certo estado de alienação. Ele rejeita a si mesmo exatamente porque ele liga o significado de branco com tudo o que é bom. Em outras palavras, ele associa o que é bom, ele considera o que é bom equivalente a branco. Isso provém de sua vida e provém de seu desenvolvimento desde a infância. Quando a gente vai para a escola, por exemplo, a escola não é igual à escola branca e, *ipso facto*, a conclusão a que se chega é que a educação que recebemos lá não pode ser a mesma que a recebida pelas crianças brancas. As crianças negras em geral têm uniformes velhos, se é que os têm, ou simplesmente não usam uniforme na escola, enquanto as brancas sempre têm uniforme. A gente verifica, por exemplo, que na escola branca a organização dos esportes (essas são coisas que notamos quando somos crianças) é absolutamente completa e revela um bom treinamento, uma boa educação. O branco pode ter numa escola quinze times de rúgbi. Nós podemos conseguir da nossa três times. Cada um dos times brancos tem uniforme para cada uma das crianças que joga. Nós temos que partilhar nossos uniformes entre os nossos três times. Agora isso é parte da raiz de autonegação que nossas crianças recebem, mesmo enquanto estão crescendo. As casas são diferentes, as ruas

são diferentes, a iluminação é diferente, e assim a gente tem a tendência de começar a achar que há qualquer coisa incompleta na nossa condição humana e que o complemento vem junto da branquitude. Isso continua até a vida adulta, quando o negro tem de viver e trabalhar.

Soggot: Como o senhor vê isso continuando até a vida adulta? Pode nos dar exemplos?

Biko: Da vida adulta?

Soggot: Sim.

Biko: Citaria em especial um caso que me tocou, quando eu falava, em Durban, com um operário indiano que dirigia uma caminhonete para uma tinturaria. Ele estava descrevendo para mim um dia comum de sua vida, como ele vivia, e o modo como me descreveu foi: "Eu não trabalho mais para viver, eu vivo para trabalhar". E, quando ele continuou a argumentar, vi que o que dizia era verdade. Contou que tinha de acordar às quatro horas, ou quatro e meia, e andar a pé uma longa distância para chegar na hora de pegar o ônibus que o levava à cidade. Trabalhava lá o dia inteiro, o patrão mandava que atendesse a tantos chamados, e no fim do dia tinha de fazer o mesmo percurso de volta. Chegava em casa às oito e meia, nove horas, cansado demais para fazer qualquer outra coisa a não ser dormir, para chegar na hora para trabalhar de novo no dia seguinte.

Soggot: Até que ponto o senhor acredita que esse exemplo seja típico, ou atípico, de um operário negro vivendo numa área urbana?

Biko: Levando em conta alguma variação em termos de horário etc., e a situação de trabalho, esse é um exemplo bastante típico, exatamente porque as cidades segregadas são localizadas a grandes distâncias das áreas em que as pessoas negras trabalham, as condições de transporte são terríveis, os trens estão sempre superlotados, os meios de transporte que os negros usam estão superlotados, toda a situação é perigosa, e quando o cara chega ao trabalho ele realmente passou por um mau pedaço. Ele começa a trabalhar, e não há tranquilidade também no trabalho. O patrão o pressiona para arrancar dele até seu último esforço, a fim de aumentar a produção. É essa a experiência comum do negro. Quando volta para casa depois do trabalho, tendo viajado sob as mesmas condições, a única coisa que pode fazer é despejar sua raiva sobre a família, que é a última defesa que ele tem.

Soggot: Existem outros fatores que possa citar a fim de ilustrar, de explicar por que existe esse sentimento de inferioridade, tal como vocês o percebem?

Biko: Eu diria... acho que falei um pouco a respeito da educação, mas acho que preciso dar mais detalhes sobre isso. Sendo um estudante negro, novamente a gente está exposto à competição com estudantes brancos em campos nos quais a gente está completamente despreparado. Somos provenientes de um ambiente essencialmente camponês e operário, não temos nenhum tipo de contato diário com uma sociedade altamente tecnológica, somos estrangeiros nesse campo. Quando se tem, enquanto criança negra, de escrever um trabalho para o JMB[76], por exemplo, os temas dados correspondem muito bem à experiência dos brancos, mas você, sendo um estudante negro, é obrigado a lidar com uma coisa que lhe é estranha — não somente estranha, mas superior, num certo sentido. Devido à capacidade que a cultura branca tem de resolver tantos problemas no campo da medicina, ou mesmo em vários campos, você tende a considerá-la uma cultura superior à sua, você tende a desprezar a cultura do operário. Isso incute no negro um sentimento de ódio por si mesmo, o que vejo como um dos principais fatores que determinam seu modo de se relacionar consigo mesmo e com a vida.

E, naturalmente, para acomodar os problemas existentes, o negro desenvolve uma atitude de duas caras. Posso citar um exemplo típico. Havia um homem que trabalhava num de nossos projetos na Província Oriental do Cabo, fazendo a instalação elétrica; era um homem branco com um assistente negro. Ele tinha de ficar em cima do teto e o negro estava embaixo; e eles estavam trabalhando juntos, puxando os fios para cima e os conduítes para baixo e assim por diante. Mas o tempo todo tinha insulto, insultos e mais insultos por parte do branco: "Puxa isso aqui, seu idiota", esse tipo de coisa. É claro que isso me incomodou. Conheço o homem branco muito bem, ele fala direito comigo, de modo que à tarde nós o convidamos para o chá; eu pergunto para ele: "Por que você fala assim com este homem?" e ele me diz, na frente do cara: "Este é o único tipo de linguagem que ele entende, esse aí é um sujeito preguiçoso". E o negro sorriu. Perguntei a ele se era verdade, e ele disse: "Não, mas já estou acostumado com ele". Aí eu me senti mal. Pensei por um momento: não entendo a sociedade negra. Depois de umas duas horas voltei até esse cara e perguntei: "Você acha mesmo isso?". O homem mudou, ficou mui-

---

76 Joint Matriculation Board (Conselho Misto para Matrículas), o organismo administrativo para a educação secundária. [N.E.O.]

to amargo, me disse que queria largar aquilo a qualquer momento, mas o que é que ele podia fazer? Não tem nenhuma qualificação, não tem nenhuma garantia de conseguir outro emprego, seu emprego é para ele um tipo de segurança: ele não tem economias, se não trabalhar hoje não terá com que viver amanhã; ele tem que trabalhar, tem que aguentar. E se ele tem que aguentar, ele não ousa mostrar qualquer tipo de impertinência para com seu patrão. Então, acho que esse caso resume a atitude de duas caras do negro frente a toda essa questão da existência neste país.

Soggot: O uso da palavra "negro" na literatura e como parte da cultura ocidental, isso tem aparecido?

Biko: Desculpe, não entendi.

Soggot: O uso da palavra "negro", o que é que "negro" significa e como é usado na linguagem?

Juiz Boshoff: É um termo abrangente?

Biko: Se eu estou entendendo direito, acho que a referência à expressão "negro" na literatura comum normalmente é feita em associação também com aspectos negativos. Em outras palavras, fala-se do mercado negro, fala-se da ovelha negra da família, fala-se de... O senhor sabe, tudo o que se considera ruim também é considerado negro.

Soggot: Nós entendemos isso; agora, naquele contexto... [*O tribunal intervém*]

Juiz Boshoff: Mas a palavra "negro", lá, não tem nada a ver com o homem negro. Será que não é apenas um modo de dizer, usado através dos anos, porque em geral a escuridão, a noite, era um mistério para o homem primitivo? Quero dizer que incluo os brancos quando falo do homem primitivo, e quando ele fala a respeito de forças escuras está se referindo a forças que não pode explicar, e se refere à magia, à magia negra; não é esse o motivo?

Biko: Esse é sem dúvida o motivo, mas acho que foi criado através da história e por meio de referências comuns. Todas as atitudes que são relacionadas exatamente com esse tipo de associação — isso também tem a ver com o negro, e o negro vê que se diz isso da magia, do mercado negro, justamente porque, como ele, são coisas inferiores, coisas não desejadas, coisas rejeitadas pela sociedade. E, naturalmente, é típico (frente a essa lógica) que a brancura combina com os anjos, combina com Deus, com a beleza, sabe como é. Acho que isso ajuda a criar esse tipo de sensação de autocensura dentro do negro.

Soggot: Quando se usa uma frase como "Negro é lindo", então esse tipo de frase combina com os princípios da Consciência Negra?

Biko: Combina sim.

Soggot: Qual é a ideia que está por trás de um *slogan* como esse?

Biko: Acho que a intenção é que esse slogan sirva — e ele está servindo — para um aspecto muito importante em nossa tentativa de alcançar a humanidade. A gente está enfrentando as raízes mais profundas da opinião do negro sobre si mesmo. Quando a gente diz: "Negro é lindo", o que na verdade a gente está dizendo para ele é: "Cara, você está bem do jeito que você é, comece a olhar para si mesmo como um ser humano". Agora, na vida africana, especialmente, isso tem também certas conotações; as conotações sobre o modo como as mulheres se preparam para serem vistas pela sociedade, em outras palavras, o modo como sonham, o modo como se maquiam etc., que tende a ser uma negação do seu estado verdadeiro e, de certo modo, uma fuga da sua cor. Elas usam cremes para clarear a pele, usam coisas para alisar o cabelo etc. Acho que de certo modo elas acreditam que seu estado natural, que é um estado negro, não é sinônimo de beleza. Assim, só podem chegar perto da beleza se a pele delas for a mais clara possível, se os lábios ficarem bem vermelhos e suas unhas bem cor-de-rosa. De modo que, num certo sentido, a expressão "Negro é lindo" desafia precisamente essa crença que faz com que alguém negue a si mesmo.

Juiz Boshoff: Sr. Biko, por que então vocês implicam com a palavra "negro"? O que quero dizer é que, na verdade, negro é uma referência inocente à qual se chegou através dos anos, do mesmo modo que branco. A neve é considerada branca e é considerada a forma mais pura de água, por isso simboliza a pureza. De modo que branco, nesse caso, não tem nada a ver com o homem branco.

Biko: Está certo.

Juiz Boshoff: Mas então por que vocês se referem a si mesmos como "negros"? Por que não pessoas "marrons"? Quero dizer que vocês são mais marrons do que negros.

Biko: Do mesmo modo como eu acho que as pessoas brancas são mais cor de rosa e amarelas ou pálidas do que brancas.

Juiz Boshoff: Isso mesmo... Mas então, por que é que não usam a palavra "marrom"?

Biko: Não, eu acho que na verdade, historicamente, nós fomos definidos como pessoas negras, e quando rejeitamos a expressão "não brancos" e assumimos o direito de nos chamarmos a nós mesmos daquilo que achamos que somos, temos diante de nós muitas alternativas à nossa disposição, começando com "nativos", passando por "africanos", até "kaffirs", "bantus", "não brancos" etc., e nós escolhemos essa expressão exatamente porque consideramos que é a mais adequada.

Juiz Boshoff: Sim, mas então vocês meteram os pés pelas mãos, vocês usam a palavra "negro", que há séculos tem realmente uma conotação de forças escuras.

Biko: Isso é verdade. Justamente porque essa palavra tem sido usada nesse contexto, nosso objetivo é escolhê-la como referência para nós e elevá-la a uma posição em que podemos olhar para nós mesmos de modo positivo. Porque não importa: se resolvemos ser chamados de "marrons", ainda vamos encontrar referências a negros num sentido inferior, tanto na literatura como em discursos de brancos racistas ou de pessoas brancas de nossa sociedade.

Juiz Boshoff: Mas vocês ainda dizem "magia negra" quando se referem à feitiçaria.

Biko: Ah, sim, dizemos magia negra, sim.

Juiz Boshoff: E vocês a usam num sentido bom ou num sentido ruim?

Biko: Nós não a rejeitamos, nós a consideramos parte do mistério de nossa herança cultural. Sentimos, por nós mesmos, que ela ainda não foi suficientemente analisada com os instrumentos científicos que temos agora à disposição.

Juiz Boshoff: Mas eu não estou perguntando a você sobre feitiçaria, estou me referindo à expressão. Vocês se referem a ela como magia negra?

Biko: Sim, nós nos referimos a ela como magia negra.

Juiz Boshoff: Mas então por que vocês usam "negra" aqui, em que sentido vocês usam "negro"?

Biko: Bem, nós entendemos que, quando falamos de magia negra neste país, é diferente de Londres, por exemplo, onde as pessoas falam de magia negra e se supõe que seja feitiçaria, mas não há nenhuma conotação que indique que ela vem da sociedade negra. No entanto, quando se fala de feitiçaria, de superstição, neste país, automaticamente as pessoas pensam no negro. Os brancos não são supersticiosos, os brancos não têm bruxas nem curandeiros[77]. Somos nós que temos isso.

---

77 No original, "witch-doctors", literalmente "medicos-feiticeiros". [N.T.]

Soggot: Não tenho tanta certeza de que ele está certo nisso... [*Risos*]
Juiz Boshoff: É, nós temos muita feitiçaria.
Biko: Bem, certamente não é o nosso tipo de feitiçaria, nós temos muitos casos, tenho certeza... [*O tribunal intervém*]
Juiz Boshoff: Bem, quantos brancos consultam curandeiros?
Biko: O senhor quer dizer nossos curandeiros?
Juiz Boshoff: Sim.
Biko: Bem, isso está certo, eles consultam sim. Mas os curandeiros e a feitiçaria são nossos.
Juiz Boshoff: E vocês acham ruim, quer dizer, o fato de que o branco culpa o negro pela feitiçaria, ou vocês não acham ruim?
Biko: Bem, em certos casos sim. Acho que a tendência é haver uma certa conotação depreciativa quando falam dos negros como criaturas supersticiosas, num certo ponto de nossa história, especialmente na época de sir George Grey, quando ele falou a respeito do suicídio dos xhosas[78]. A culpa disso é atribuída à feitiçaria, à superstição e num certo sentido... [*O tribunal intervém*]
Juiz Boshoff: Mas, agora, isso não faz muito mal a vocês? A feitiçaria, quero dizer. Quando faço meu circuito como juiz itinerante e tenho casos de assassinato perto de Sekukuneland ou até mesmo perto de Tzaneen, sempre temos casos de feitiçaria e fazem as coisas mais terríveis. Quando uma criança morre, eles acham que alguém deve ter enfeitiçado a criança e eles vão e matam algumas pessoas. Vocês não podem justificar esses atos, podem?
Biko: Não, nós não justificamos. Não aceitamos a superstição, não aceitamos a feitiçaria, mas tudo o que estamos dizendo é que há certas coisas dentro do campo global da magia negra que podem ser investigadas de um modo útil. Quero dizer que eu a rejeitaria tanto quanto o senhor, porque eu mesmo não acredito nela, mas eu não preciso desprezar as pes-

---

78 George Grey (1812-1898) foi governador da Colônia do Cabo entre 1854 e 1861. Nesse período, a situação do povo xhossa se deteriorou pelos ataques dos ingleses, mas também pela seca, praga nas plantações e doenças que atacaram o gado. Em 1856, uma jovem mulher xhossa disse ter tido a visão de que se o seu povo destruísse suas próprias plantações e matasse todo o seu gado, os antepassados voltariam trazendo sementes e gados sadios, e um furacão iria levar os ingleses para fora da África do Sul. Calcula-se que entre 200 a 400 mil cabeças de gado foram mortas. O resultado foi uma fome catastrófica que matou dezenas de milhares de nativos e levou a maior parte dos sobreviventes à procurar trabalho na colônia inglesa. O episódio ficou conhecido como Grande Matança de Gado ou Suicídio da Nação Xhossa. [N.E.B.]

soas que acreditam nela, como a maioria de nossa sociedade parece fazer. Compreendo que tive contato com muito mais literatura e outras... culturas do mundo, eu diria, de modo que decidi que não há lugar para isso em minhas crenças. Mas ainda posso falar com compreensão com a pessoa que acredita nisso. Não a rejeito como sendo um bárbaro.

Juiz Boshoff: No entanto, suponho que a feitiçaria seja depreciada porque as pessoas fazem coisas irresponsáveis e ferem as outras.

Biko: Isso está certo, sim.

Soggot: Não é verdade que sua preocupação não é tanto com a reestruturação da palavra "negro" no mundo da linguística, mas sim em alterar a reação dos negros em relação à própria negritude?

Biko: Eu certamente me preocupo com o homem, com o homem negro.

Soggot: E eu acho que o senhor estava falando sobre a sua maneira de compreender o sentimento de inferioridade e o ódio por si mesmo e tudo isso, do próprio negro?

Biko: Sim.

Soggot: No mundo da língua, qual é a posição do negro, como ele se sente?

Biko: Bem, acho que essa é uma outra área em que tive experiências, digamos, de dificuldades. Aqui na África do Sul temos uma sociedade que reconhece duas línguas principais, o inglês e o africâner, como as línguas oficiais. Essas são as línguas que devem ser usadas na escola, quero dizer, na universidade, ou no aprendizado de qualquer disciplina, quando se estuda como negro. Infelizmente, os livros que lemos estão em inglês, e o inglês é uma segunda língua para a gente. A gente provavelmente aprendeu em uma língua nativa, especialmente durante esses tempos de educação bantu até a sexta série; a gente tem que enfrentar o problema da língua para o JC e o *matric*[79] e, antes de aprender o inglês bem, a gente precisa usá-lo para aprender as disciplinas na universidade. Em consequência, a gente nunca consegue compreender completamente tudo o que está num livro; certamente se compreende o parágrafo (estou pensando numa pessoa comum, não estou falando de casos excepcionais), a gente entende o parágrafo, mas não é bem capaz de reproduzir um argumento que estava num certo livro, exatamente porque não se conseguiu entender certas palavras que estavam ali. Isso faz com que,

---

79 JC é o Junior Certificate (Certificado Júnior), exame oficial de conclusão do primeiro grau, e *matric* é o exame oficial de conclusão do segundo grau. [N.E.O.]

como negros, em geral não saibamos falar tão bem, e isso faz com que sejamos mais introvertidos. A gente sente as coisas mais do que fala sobre elas e isso se aplica ao africâner também — embora muito mais ao inglês. O africâner é uma língua desenvolvida essencialmente aqui, e acho que, em muitos casos, suas particularidades têm mais a ver com as línguas africanas; por outro lado, o inglês é uma língua completamente estrangeira, e por isso as pessoas acham difícil progredir além de um determinado ponto em sua compreensão.

Soggot: E em que medida a questão da língua se relaciona com o negro, ou mais especificamente com o estudante negro, e seu sentimento de inferioridade?

Biko: Um caso que é um exemplo disso ocorreu novamente durante os velhos tempos da NUSAS, em que os estudantes seriam algo que a gente, como negro, tinha experimentado em nossa vida cotidiana, mas nossa capacidade de falar não era tão boa quanto a deles. Além disso, havia entre os estudantes brancos um certo número que estava cursando M. A.[80], recebendo *honours*[81], o senhor sabe, em certos assuntos, e que sabiam falar muito bem, eram muito inteligentes. A gente pode ser inteligente, mas não sabe falar tão bem, e é forçado a aceitar um papel subserviente dizendo "sim" para tudo o que eles dizem quando estão falando de coisas que nós experimentamos e eles não, porque a gente não consegue se expressar tão bem. Num certo sentido, situações como essa infundem num grande número de estudantes um sentimento de incapacidade. Tendemos a achar que não é só uma questão de língua, que tem algo a ver com a inteligência, que num certo sentido tendemos a achar que aquele cara é mentalmente mais bem-dotado que você.

Juiz Boshoff: Mas por que é que o senhor diz isso? O inglês não é a língua oficial da SASO?

Biko: É, sim.

Juiz Boshoff: Bem, então sua queixa é contra a língua, mas essa é exatamente a língua que está usando.

Biko: Não, não, não estou me queixando da língua. Estou apenas explicando como é que a língua pode ajudar a desenvolver um complexo de inferioridade. Não me queixo da língua. O caso em questão é que

---

80 *Master of Arts*: licenciatura em letras. [N.T.]
81 *Honours*: literalmente "honras", reconhecimento acadêmico conferido aos estudantes que mais se distinguem. [N.T.]

temos aproximadamente umas dez línguas, não podemos falar todas as dez línguas numa só reunião; precisamos escolher uma língua comum. Infelizmente, no entanto, no processo de aprendizado o que acontece é que você não entende suficientemente bem, e quando você está atuando lado a lado com pessoas que falam melhor que você, tende a achar que é porque eles são mais inteligentes, que eles sabem dizer essas coisas melhor que você.

Juiz Boshoff: Mas sua língua tem muitos idiomatismos. Então não é mais fácil para vocês falarem o africâner, já que é mais parecido com a língua de vocês, que tem muitos idiomatismos?

Biko: De fato isso é verdade. Mas infelizmente o africâner tem certas conotações históricas que provocam mesmo uma rejeição por parte do negro, e essas conotações são políticas. Não estou argumentando a favor ou contra, mas elas existem.

Soggot: O ponto que o senhor está apresentando, portanto, conforme entendi, é que no aspecto da língua o negro se sente um pouco como um estrangeiro.

Biko: Está certo.

Soggot: É isso que está querendo dizer ao meritíssimo juiz?

Biko: Sim.

Soggot: O senhor não está se queixando da língua, assim como a gente não se queixa a respeito do francês quando está em Paris?

Biko: Certo.

Soggot: Mas trata-se de um assunto que é preciso dominar. É isso o que está dizendo?

Biko: Correto, é isso, sim.

Soggot: Sr. Biko, falando ainda sobre a questão da inferioridade, se é que posso introduzir este ponto de um certo modo, o artigo "Escrevo o Que Eu Quero", por Frank Talk, Aditamento 8 à Acusação — "O medo: um fator decisivo na política sul-africana" — quem escreveu isso?[82]

Biko: Fui eu que escrevi.

Juiz Boshoff: O senhor diz que foi o senhor quem escreveu?

Biko: Eu escrevi isso.

Juiz Boshoff: Trata-se do Aditamento 8? Isso foi escrito por Frank Talk?

Biko: Está certo.

---

82 Vide o Capítulo 12. [N.E.O.]

Juiz Boshoff: Não é o número 9 que é Frank Talk?
Biko: Não, não, ele nunca foi Frank Talk, eu é que era Frank Talk.
[*Risadas*]
Soggot: Meritíssimo, a acusação alegou que ele compilou e/ou escreveu o artigo, mas na verdade nunca nem mesmo se sugeriu que o número 9 tenha escrito isso: Aditamento 9, Enfoque — "Asiáticos de Uganda e a lição para nós"?
Biko: Sim.
Soggot: Quem escreveu isso?
Biko: Eu escrevi.
Juiz Boshoff: Deixe-me ver isso de novo. Qual é?
Soggot: Meritíssimo, Aditamento 9. Na página 11 de "Escrevo o Que Eu Quero", o senhor diz: "Só a vida numa cidade segregada já faz com que seja um milagre conseguir atingir a idade adulta". O que quer dizer com isso?
Biko: Refiro-me ao nível de violência nas cidades segregadas, que tende a introduzir uma certa incerteza a respeito daquilo que o amanhã vai trazer. Se eu levar um tipo de vida diferente e passar uma noite em sua casa, de algum modo sinto que não estou exposto ao que eu chamaria de elementos... o senhor sabe, eu não estou exposto aos maus elementos da sociedade. Quando se está numa cidade segregada, muitas vezes é perigoso cruzar de uma rua para outra e, no entanto, conforme você vai crescendo, é essencial que os garotos sejam mandados para fazer serviços dentro e em volta da cidade segregada. Eles encontram esses problemas; estupros e assassinatos são aspectos muito comuns de nossa vida nas cidades segregadas.
Soggot: E qual é a situação de noite?
Biko: É especialmente durante a noite... quero dizer... Durante os poucos dias que passei em Mabopane, onde eu fico... [*O sr. Soggot* intervém]
Soggot: Isso fica perto de Pretória?
Biko: Perto de Pretória, eu vi dois casos de graves assaltos, um caiu na nossa porta, e não há nenhum relacionamento entre as pessoas assaltadas e a pessoa que está assaltando. A gente vê um velho sendo assaltado por vários jovens aparentemente sem nenhum motivo, a não ser, claro, que por ser final de mês ele possa ter algum dinheiro consigo. Isso não me surpreende, é uma experiência comum, mas assim mesmo nunca aprendi a aceitá-la, porque é um lembrete amargo do tipo de violência que está lá na nossa sociedade. Assim, quando afirmo que é um milagre se che-

gar à idade adulta, ou o que quer que eu tenha dito, o significado exato é precisamente esse: a gente escapa de todas essas possíveis áreas com armadilhas onde a gente poderia morrer sem nenhuma explicação. Não é porque você está bem guardado, não é porque você é bem protegido, é apenas um milagre, acontece.

Juiz Boshoff: Seria interessante saber qual atitude você tomaria nesse caso. Isso não justificaria o controle do afluxo de pessoas para essas áreas? As dificuldades não se dariam porque há um grande número de pessoas se infiltrando nessas regiões, inclusive os maus elementos, sobre os quais não se tem nenhum controle? Para lhe dar um exemplo, há alguns anos eu era o advogado dos negros aqui quando eles queriam mudar de lugar a cidade segregada negra de Newclare. Naquela época, acho que havia naquela cidade 37 mil pessoas que não tinham o direito de estar lá, que simplesmente entraram na cidade segregada, e elas estavam lá ilegalmente. Esse tipo de coisa não é a causa desse tipo de crime que se encontra numa cidade segregada?

Biko: Se olharmos para a situação de modo superficial, meritíssimo, acho que sim. Mas há uma razão muito mais fundamental: é a falta de uma vida em abundância para as pessoas que vivem lá. Com uma vida em abundância, é possível ter disciplina, as pessoas conseguem as coisas que querem. E como aqui não existe uma sociedade que oferece esse tipo de vida ao povo, eles têm de introduzir medidas como o controle de movimentações. A gente poderia dizer, é claro, que se você aplica leis de controle de movimentações, você reduz os crimes, e naturalmente isso está certo.

Juiz Boshoff: Veja... Pode continuar, mas há outro ponto que quero observar agora. O controle de movimentações geralmente garante que as pessoas que estão lá na cidade segregada tenham emprego, certo?

Biko: Certo.

Juiz Boshoff: Por outro lado, os que estão lá ilegalmente são pessoas sem emprego e provavelmente têm de roubar para poder viver. Ou seja, de outro modo elas não sabem como sobreviver.

Biko: Não quero discutir demais a questão do controle de movimentações... [*O tribunal intervém*]

Juiz Boshoff: Não, não, só estou lhe perguntando como uma questão de interesse, porque vejo que eles aqui afirmam que o controle de movimentações é uma das razões pelas quais o negro é oprimido.

Biko: Sim, porque acho que a verdadeira questão em relação ao controle de movimentações é que, se esse controle é necessário, deve ser aplicado igualmente a todas as pessoas. Bem, acho inconcebível que numa sociedade seja necessário esse controle de movimentações, mas nos locais em que ele for aplicado, tem de ser aplicado sem nenhuma referência à cor; tem de ser aplicado a todo mundo. Não pode acontecer de um cara branco ter liberdade para se mudar para a Cidade do Cabo no dia seguinte, para Durban ou qualquer outro lugar sem ser fichado, e eu ter de passar por uma burocracia complicada para me mudar de uma área para outra.

Juiz Boshoff: Mas entre os brancos não existe essa situação, no sentido de que em geral as pessoas brancas têm emprego garantido. Não é assim? Infelizmente, não se pode dizer o mesmo em relação ao negro. Então, quando negros entram numa área já superpovoada, verifica-se que o crime vem junto a isso?

Biko: Do mesmo modo, meritíssimo, existem grandes setores da população negra que têm pleno emprego no lugar para onde vão. Quando eu tive de me empregar em Durban, precisei passar por todo esse sistema de controle de movimentações. Em primeiro lugar, eu tinha um emprego, não tinha um competidor, eu era necessário e iam me ajudar a construir uma casa. Mas de um jeito ou de outro fizeram com que fosse difícil eu me mudar. Em segundo lugar, e isso é parte das queixas contra esse controle, trata-se de um sistema muito degradante.

Juiz Boshoff: Bem, o que em geral causa dificuldades é o modo de aplicar a lei?

Biko: Exatamente. Em alguns casos fazem você ficar nu diante de alguns médicos que supostamente estão tirando pus de você, porque você pode estar trazendo sífilis para a cidade. O modo como é feito é desumano. Três indivíduos são alinhados diante do médico, todos nus, e ele só tem de olhar para eles. Só posso sentir que estou sendo tratado como um animal. Quando você entra no quarto onde isso é feito, em Durban, há um grande aviso que diz: "Cuidado — nativos em estado de nudez". Bem, a gente tem de sentir que... o senhor sabe. Não é apenas a aplicação de uma lei boa, de algum modo parece haver uma certa violação calculada. O senhor sabe, eles estão tentando nos colocar em nosso lugar. Quero dizer que é esse o problema. Não queremos argumentar sempre contra a lei como tal. Algumas vezes a aplicação conta muito, e a quem é aplicada. Se for aplicada igualmente, então tudo bem.

Soggot: Sejam quais forem as causas, o que o senhor quer dizer é que existe uma insegurança em relação à vida física das pessoas nas cidades segregadas. Será que isso tem algum efeito no negro quanto ao seu sentimento de confiança ou de inferioridade, ou seja lá o que for?
Biko: O senhor se refere à insegurança nas cidades segregadas?
Soggot: A insegurança física.
Biko: Sim, acho que tem, sim. Acho que contribui para um sentimento de... bem, ajuda a aumentar o sentimento de insegurança, que é parte de um sentimento de imperfeição. Você não é um ser humano completo, você não pode ir embora quando quer, o senhor sabe, esse tipo de sentimento. O próprio conceito nos aprisiona.
Soggot: Agora, sr. Biko, volto ao tema deste interrogatório, ou seja, à conscientização. Mas quero fazer uma pequena digressão: alguma vez esteve envolvido na observação de fato de pessoas, de conversas de pessoas comuns?
Biko: Sim... [*O sr. Soggot intervém*]
Soggot: Isso foi na rua ou... [*Pausa*]
Biko: O senhor se refere a algum tipo de pesquisa?
Soggot: Correto.
Biko: Sim.
Soggot: Poderia contar ao meritíssimo, em síntese, o que foi isso?
Biko: Meritíssimo, essa foi uma pesquisa realizada em 1972, creio que o objetivo era a alfabetização. O método específico que usávamos enfatizava o ensino por sílabas. Nesse método não se ensina as letras isoladas do alfabeto, mas as sílabas, e começando sempre por palavras que tenham algum significado especial para o aluno, o que chamávamos de palavras geradoras[83]. Assim, a introdução do trabalho consistia em uma pesquisa na área específica onde a gente ia trabalhar, o que nos levaria a vários segmentos da comunidade, a lugares em que a comunidade se reúne e conversa à vontade. Nosso papel então era especialmente passivo, a gente estava lá só para ouvir as coisas de que as pessoas estão falando, e também as palavras que estão sendo usadas, sendo os temas importantes; lá também usamos gravuras para ilustrar os temas sobre os quais estavam falando. Bem, eu estava envolvido nisso com um homem chamado Jerry Modisane e Barney Pityana[84]... [*O sr. Soggot intervém*]

---

83 A semelhança com o método Paulo Freire não é coincidência: ele era uma referência fundamental de Steve Biko. [N.E.B.]
84 Ambos também foram presidentes da SASO. [N.E.B.]

Soggot: Isso foi em Durban?
Biko: Sim, em Durban.
Soggot: Para quem faziam essa pesquisa?
Biko: Nós a estávamos fazendo para nós mesmos. Tinham me pedido para participar de um programa de alfabetização que havia sido preparado pela SASO.
Soggot: Bem, seja como for, o senhor ficava ouvindo as pessoas, certo?
Biko: Certo.
Soggot: Em que circunstâncias?
Biko: Bem, nós escolhemos as circunstâncias disponíveis. Nesse caso específico, escutamos as mulheres nas filas enquanto esperavam para ser atendidas por um médico ou uma enfermeira numa clínica; algumas delas tinham bebês nos braços ou nas costas. Escutamos as pessoas nos botequins; andei por diversos botecos comprando cerveja. E também ouvimos as pessoas nos ônibus e nos trens.
Soggot: O que as pessoas falavam, se é que diziam alguma coisa, a respeito de suas condições de vida? E sobre os brancos, se é que o assunto a respeito dos brancos ou do governo dos brancos veio à tona?
Biko: Quando se observa tais situações, a primeira coisa que se nota é a repetição constante do que eu chamaria de fala de protesto contra a situação de opressão à qual o negro é submetido. Algumas vezes o assunto é geral, outras vezes é específico, mas sempre continha o que eu chamaria de uma condenação global da sociedade branca. Muitas vezes com uma linguagem muito, muito forte, parte da qual não seria admissível num tribunal. Eu me lembro, por exemplo, de uma viagem de ônibus em que, na maioria das vezes, o assunto surgia conforme os lugares por que passávamos a caminho da cidade. Quando se sai de Umlazi, passa-se por um lugar onde existe um albergue chamado Gliblands[85]; é um albergue para homens negros adultos. Bem, há certas restrições em albergues assim, como, por exemplo, a proibição de se levar mulheres para lá etc. Mas cada vez que passamos por lá de manhã é claro que há uma fila de mulheres saindo do albergue, e as pessoas começam a falar sobre isso, o senhor sabe... [*O sr. Biko faz uma citação numa língua bantu*[86]] [...] insinuando que esses homens solteiros têm uma porção

---

85 É provável que Biko se refira a um lugar que na verdade se chama Glebelands Hostel. [N.E.B.]
86 Isto é, africana (cf. p.157 , "testemunha faz uma citação em língua xhosa").

151

de mulheres, e daí para a frente o tema vai se ampliando quase que automaticamente: por que eles não têm permissão, onde é que o branco acha que esses caras vão conseguir ter relações sexuais, esse tipo de coisa. A partir daí então a coisa estoura. Em seguida o ônibus passa por dentro da área industrial chamada Jacobs; a gente passa pela parte sul de Jacobs e há uma fila constante de pessoas entrando e saindo de fábricas. A conversa passa a girar em torno de problemas trabalhistas etc. Não consigo me lembrar especificamente do que era dito, mas eles começam de novo a partir daí, e sempre no centro desse tema se encontra a condenação da sociedade branca em geral. O senhor sabe, quando as pessoas falam nas cidades segregadas, elas não falam a respeito do governo, não falam sobre a assembleia da província ou sobre a câmara de vereadores; falam a respeito dos brancos, e aqui, naturalmente, há outra conotação, referindo-se a estruturas óbvias, mas para elas são só "os brancos". E como eu digo, a linguagem muitas vezes é forte, o senhor sabe, muitas vezes a ponto de não ser admissível no tribunal, já que na verdade são palavrões.

Soggot: O senhor mesmo já viveu em Ginsberg Location, em Kingwilliamstown, não foi?

Biko: Vivi, sim.

Soggot: E essa é uma localidade rural bastante pobre?

Biko: É. É uma pequena cidade segregada de umas mil casas, um lugar muito pobre.

Soggot: De modo que o senhor conhece bem a vida lá, certo?

Biko: Conheço, sim.

Soggot: O eco desse tipo de sentimento ocorria enquanto você estava vivendo ali?

Biko: Ah, sim, era muito comum.

Soggot: E vocês falam em opressão psicológica e física?... Em seus pensamentos cotidianos, as pessoas fazem referência a qualquer opressão, de qualquer forma ou tipo?

Biko: Sim, muitas vezes.

Soggot: Agora, sr. Biko, quando vai conscientizar as pessoas, o objetivo é levar a elas as ideias da Consciência Negra?

Biko: Sim, é isso mesmo.

Soggot: Pode nos dizer se, quando conscientiza as pessoas, o senhor de

---

Provavelmente aqui a língua era zulu, já que o lugar era Durban. [N.E.O.]

algum modo se refere, relaciona o que diz, com as condições de vida delas e com os vários aspectos que contou ao meritíssimo, como a questão da fome e do trabalho etc.?

Biko: Está certo, nós fazemos referência à situação do negro e às condições em que ele vive. Tentamos fazer com que o negro, ao se conscientizar, enfrente seus problemas de modo realista, tente encontrar soluções para os seus problemas, procure desenvolver o que poderíamos chamar de percepção, uma percepção física de sua situação, para ter condições de analisá-la e encontrar respostas para si mesmo. O objetivo atrás de tudo isso é realmente dar algum tipo de esperança. Acho que o tema central a respeito da sociedade negra é que ela tem elementos de uma sociedade derrotada, as pessoas muitas vezes têm a aparência de quem desistiu de lutar. Como o homem que me dizia que agora vive para trabalhar; ele se entregou a essa ideia. Bem, é basicamente contra esse sentimento de derrota que estamos lutando. As pessoas não devem simplesmente se entregar aos sofrimentos da vida, precisam desenvolver uma esperança, têm de desenvolver algum tipo de segurança a fim de estarem juntas para encarar seus problemas, e as pessoas precisam deste modo fortalecer sua dignidade humana. É esse o ponto-chave da conscientização e da Consciência Negra.

Soggot: A pergunta que eu quero lhe fazer é a seguinte: essas pessoas não chegaram a se acostumar e a aceitar suas, como o senhor diz, condições existenciais, suas queixas, a insegurança, a falta de alimentação ou a alimentação inadequada etc.?

Biko: Acho que isso é apresentar a situação de um modo muito fraco. Acredito que é possível adaptar-se a uma determinada situação difícil, exatamente porque a gente tem de viver nessa situação e tem de viver com ela todos os dias. Mas adaptar-se não significa esquecimento. A gente vai para a fábrica todos os dias, mas nunca aceita isso, nunca aceitou e continua assim durante toda a vida. Mas se adapta, no sentido de que é impossível continuar a viver num estado de conflito consigo mesmo. De certo modo a gente aceita, do jeito que o homem que trabalhava com o eletricista dizia para mim, o senhor sabe: "Ora, ele fala desse jeito". Essa é a explicação dele. Esse é o seu modo de se adaptar à situação, sem pensar, mas bem no fundo de si mesmo ele sente a situação. Ele não pode continuar a responder todos os dias para ele: "Não me chame de garoto, não grite comigo, não me diga palavrões", porque existe também o fator do emprego que ele precisa manter. Ele se adaptou, mas não esquece, não aceita a situação, e acho que isso é importante.

Soggot: A outra pergunta que está relacionada é: Quando num documento da BPC ou da SASO — vamos chegar na BPC mais tarde, mas vamos tomar isso como exemplo — você se refere aos brancos ou ao governo branco como opressores, isso não modifica os sentimentos das pessoas ou suas atitudes em relação ao governo branco ou aos brancos?

Biko: Não, acho que apenas serve para estabelecer uma base comum para uma discussão. O que está contido nessa expressão em geral é o que o próprio negro normalmente diz a respeito do problema todo, com termos até mais fortes. Mas quando falamos sobre problemas comuns, ou os problemas que o negro enfrenta, o que se está fazendo é simplesmente estabelecer um ponto de partida para aquilo de que se está falando, e em geral o objetivo para a BPC ou a SASO é aumentar o número de membros, especialmente para a BPC.

A IMPORTÂNCIA DA LINGUAGEM

Attwell: E esse tipo de linguagem[87]? O senhor considera que isso é explosivo do ponto de vista racial?

Biko: Não. Acho que se isso for colocado de novo... se for colocado em zulu, o senhor veria que é o que qualquer velho... Se pegarmos um velho da aldeia e pedirmos que fale sobre Mthuli, em seu enterro, certamente ele dirá o mesmo tipo de coisas. Se contarmos que Mthuli Shezi morreu porque um funcionário da estação o empurrou para cima dos trilhos, em alguma estação como acreditamos; e se dissermos que a briga começou quando Mthuli Shezi estava protegendo os direitos das mulheres na estação, que tinham sido molestadas por esse homem, como acreditamos; se pedirmos a qualquer velho para falar, com esse tipo de contexto, esse é precisamente o tipo de coisas que ele diria. Não necessariamente as mesmas palavras, mas palavras como "soldado" e outras vão entrar aí e uma condenação daquele tipo de homem, daquele tipo de mentalidade, que é o que está sendo condenado aqui. Não necessariamente o homem específico que o empurrou, mas o tipo de sociedade que dá esse tipo de mentalidade para um ho-

---

87 O interrogatório gira em torno de um documento que foi distribuído no enterro de Mthuli ka Shezi. [N.E.B.]

mem, para fazer com que ele sinta que pode livremente empurrar alguém para cima dos trilhos. É preciso condenar a sociedade inteira, pois aquele homem não fomentou sozinho esse tipo de sentimento contra os negros. Tal sentimento tem suas raízes numa sociedade que tem uma determinada história e um determinado relacionamento com os negros, de modo que ele sente, de alguma forma, que está certo ao fazer isso. Ele pode até sentir na sua própria mente pequena que ele está representando o seu povo corretamente ao empurrar essa pessoa para cima dos trilhos. Agora, quando nós falamos a respeito dele, temos, portanto, que refletir sobre a sociedade, e essa sociedade é uma sociedade branca. Acho que até um velho seria capaz de fazer essa associação, mesmo no interior da sociedade negra.

Attwell: A questão é que essas palavras não estão em zulu ou em qualquer outra língua, mas em inglês, certo?

Biko: Mas elas são compreendidas por pessoas que têm suas raízes nesse tipo de cultura: zulu, xhossa etc. Não importa em que língua sejam expressas, se em inglês, em africâner ou em qualquer outra, mas elas são compreendidas por pessoas que têm suas raízes em uma cultura determinada.

Attwell: O senhor diria que...

Biko: Eles não param para considerar uma palavra em si, o que ela significa, mas ouvem o parágrafo inteiro. E compreendem o sentido do conjunto. Não fazem uma análise do inglês, ouvem palavras negras quando alguém fala.

Attwell: E só o inglês que tem esta peculiaridade de dar um significado específico à palavra?

Biko: Não conheço outras línguas. Conheço um pouco de africâner, um pouco de inglês, um pouco de xhosa; o zulu e todas as outras línguas têm um ponto em comum: atribuir às situações não um significado analítico, mas um certo tipo de significado emocional. O inglês, por outro lado, tende a ser analítico. Você tem de usar uma palavra precisa, o senhor sabe, para transmitir um significado preciso. E eu acho que é esse o problema que estamos tendo, um problema de compreensão, quando olhamos para esses documentos.

Attwell: Mas esse não é um dos perigos que a BPC enfrentou? Representar o seu significado preciso por meio desta língua? Isso mostra que eles adotaram voluntariamente o inglês como sua língua oficial?

Biko: Estou dizendo que tanto os que redigiram este documento quanto aqueles a quem se destina não terão nenhuma dúvida em relação à sua comunicação. O senhor, que está no meio, que é um inglês e que considera uma a uma as palavras que conhece, o senhor pode ter problemas. Mas a pessoa que o redigiu e a pessoa que o apreende em meio a uma multidão não têm nenhum problema. Elas se entendem, sabem do que estão falando. O senhor poderá não entender, porque procura o significado preciso das palavras.

Attwell: Está sugerindo que, se eu traduzisse o documento para o africâner, palavra por palavra, literalmente, eu não teria a mesma impressão que tenho dele?

Biko: Literalmente?

Attwell: Literalmente, palavra por palavra, idêntico, em africâner.

Biko: Bem, não sei. Vamos pensar em termos de zulu e de xhossa, então neste caso vou ser perito. Mas de qualquer forma, tenho uma vaga impressão de que mesmo em africâner não seria possível transmitir o mesmo significado, traduzindo palavra por palavra.

Attwell: Por que a BPC escolheu o inglês para transmitir o seu significado?

Biko: Trata-se de uma comunicação com uma porção de pessoas que falam várias línguas, está certo, mas pelo menos todas elas sabem inglês. Não com certa sofisticação, mas até um certo ponto.

Attwell: E elas vão necessariamente traduzir isso na própria língua, para ver se...

Biko: Não é preciso traduzir isso na sua língua porque os seus valores como pessoa — fale ou não inglês —, seus valores são afetados por sua cultura, de modo que o seu entendimento — você entende um documento em termos da sua estrutura geral, que você tem, em termos de sua própria compreensão, e o que eu estou lhe dizendo é que nem uma única pessoa negra considera isso em termos do significado preciso de cada palavra. Depois que isso for lido, por exemplo, se perguntarmos a uma pessoa negra como é que os brancos... como é que esse documento descreve os brancos, ela não vai se lembrar das palavras exatas. Terá só uma vaga ideia. É só isso que estou tentando lhe dizer a respeito do significado da linguagem.

Attwell: Muito bem, então ela lê esse documento e a única coisa que permanece nela é uma impressão vaga ou geral?

Biko: Quanto às palavras precisas, o significado está lá.

Attwell: Qual é o significado disto?
Biko: Bem...
Attwell: Na BPC J. 2. Olhe para J. 1 e J. 2.
Biko: Trata-se de uma descrição da sociedade branca e, especificamente desse homem, quanto ao papel que ele estava desempenhando. Ele está no meio. De um lado, ele está retratando os direitos das mulheres; de outro, ele os está retratando dentro do contexto de uma sociedade particularmente violenta, está certo, que é a sociedade branca. E o que acontece é que ele morre. Bem, de uma maneira simbólica, ele morre como um soldado, um soldado que morre lutando por uma causa. Sua causa era proteger os direitos das mulheres; é isso basicamente que o documento está dizendo. Não importa o que os indivíduos estejam dizendo, é isso que o homem para quem estão falando vai entender.
Attwell: Eu concordaria com o senhor que aqui ele foi transformado num símbolo da comunidade negra e que esse funcionário branco, seja quem for, foi transformado num símbolo do sistema branco?
Biko: Já expliquei o porquê.
Attwell: E que impressão a pessoa que ler isso vai ter do sistema branco? Seja ele um zulu, um xhosa, um indiano ou qualquer outra coisa?
Biko: É a velha história de sempre, o senhor sabe. Trata-se de novo daquilo que ele conhece, certo? Agora, no enterro, é claro que o centro das atenções é o homem que está sendo enterrado. Se o senhor for a qualquer enterro de negros, será sempre do mesmo jeito. Procuramos trazer à luz as coisas boas a respeito da pessoa que morreu, estamos lhe prestando nossa última homenagem. Em seguida, falamos sobre o modo como ele morreu. O senhor sabe, esse é o comportamento comum em qualquer enterro entre os negros. Os enterros só são realizados nesse contexto. O homem, quem ele é, em que acreditou etc., o que representa? E o que fez com que ele morresse? Normalmente dizemos... em xhossa, por exemplo, haverá alguém para falar a respeito da vida daquela pessoa... [*a testemunha faz uma citação em língua xhossa*]. Haverá alguém para falar sobre a doença da pessoa... [*a testemunha novamente faz uma citação em xhossa*]. Isso é feito em qualquer enterro, de modo que, como orador, você terá de encontrar... Se eu for chamado a falar no enterro de alguém, preciso fazer todo o esforço para pesquisar a vida dessa pessoa e destacar tudo o que houver de bom nela. De modo que isso é muito lógico, e além disso é um enterro africano.

Attwell: Quero apresentar à sua consideração o seguinte: eles puseram em evidência tudo o que havia de bom no sr. Shezi, todo o bem que possa ter existido, e deixaram de lado qualquer ponto fraco que ele possa ter tido. O que acha disso?

Biko: Isso se faz.

Attwell: E puseram em evidência todas as possíveis coisas más e desagradáveis que puderam apresentar a respeito dos brancos, ignorando todo o bem que possa ou não existir. O senhor concorda comigo?

Biko: Acho que eles não acabaram de mostrar todo o mal.

Attwell: Ainda não acabaram de mostrar todo o mal?

Biko: Não, não.

Attwell: O senhor teria ido mais longe?

Biko: A gente poderia ter ido mais longe, se quisesse.

Attwell: O senhor teria ido mais longe?

Biko: De quem está falando?

Attwell: Do senhor.

Biko: Não necessariamente eu, mas estou dizendo que qualquer um poderia ir mais longe, se quisesse. Se a intenção fosse tentar descrever a sociedade branca como má e usar isso para despertar a ira de todo mundo que estava lá, a gente poderia ter produzido toda uma ladainha de maldades, se quisesse. Isso mostra apenas a impessoalidade da morte, no sentido de que alguém, devido à mentalidade que adquiriu de uma sociedade que não tem nenhum respeito pelos negros, matou Shezi. Poderia ter sido impedido. É só isso que esta coisa está dizendo.

Attwell: Se eu o estou entendendo bem então, o senhor considera que uma das maneiras possíveis de descrever ou provocar a hostilidade racial seria enumerar uma grande quantidade de coisas que os brancos fazem contra vocês?

Biko: Eu disse que se a intenção realmente for fazer com que esse tipo de sentimento venha à tona entre os negros, você pode novamente usar a concepção que eles têm da linguagem, você tem de usar uma linguagem muito viva. Tome um simples acontecimento, não o descreva agora em termos concretos, mas jogue com a maldade dos vários aspectos do acontecimento: é possível transmitir muitos desses para os negros e eles poderão ficar zangados. Isso é necessariamente o bastante para fazer qualquer um ficar zangado na sociedade negra. Isso é realmente considerado uma descrição das circunstâncias em que o homem morreu. Pois bem, precisamos culpar aquele cara que o empurrou, certo? E precisamos explicar também que não se trata de um ódio pessoal por Shezi. Aquele homem está revelando uma mentalidade que tomou emprestada de sua sociedade. Mas se tivéssemos de fazer com que a sociedade ficasse zangada naquele enterro, haveria uma série de coisas que poderíamos usar, e nós as descreveríamos com palavras precisas, calculadas, para provocar a emoção do negro, fazer as pessoas ficarem zangadas. Não é difícil fazer as pessoas ficarem zangadas, quando se quer. Portanto, essa não era a intenção aqui. A intenção era apenas descrever as circunstâncias em que o homem morreu. Só isso.

Attwell: O senhor diz que não é difícil fazer com que o negro fique zangado?

Biko: Se a gente quiser, basta descrever o que houver para dizer numa linda linguagem floreada, concentrando-se nos detalhes, e certamente se pode.

Attwell: O que mais o senhor acha que o homem que redigiu este documento deveria ter feito? Se essa fosse a intenção dele?

Biko: Tudo isto é um comentário imparcial sobre a evidência dos fatos, pelo menos sobre a situação concreta, sobre o que aconteceu naquele enterro, quero dizer, naquela estação. Um comentário imparcial.

Attwell: O senhor considera isto um comentário imparcial?

Biko: Um comentário completamente imparcial.

16. A JUSTIÇA DE NOSSA FORÇA

Se o Movimento da Consciência Negra, como foi dito na introdução do capítulo 13, era implacavelmente contra a política dos africâneres de "dividir para conquistar", política que criou os bantustões, qual era a concepção do movimento sobre o futuro da África do Sul? "Uma Azânia, uma Nação" era o lema da BPC, sendo Azânia o nome adotado pelos negros para a África do Sul, assim como Zimbábue para a Rodésia, e Namíbia para a África do Sudoeste. Nestes trechos do testemunho prestado por Steve no julgamento, em resposta a perguntas capciosas feitas pelo sr. Soggot, o advogado da defesa, ele define o que isso significa em termos de "uma pessoa, um voto", do lugar dos brancos numa sociedade aberta, das modificações necessárias a uma sociedade igualitária — de acordo com os critérios da cultura e da experiência africana — e, finalmente, de como alcançar o objetivo de uma única sociedade aberta e igualitária. A apologia que Steve faz dos métodos pacíficos se baseava na avaliação realista do movimento em relação ao poder contra o qual se opunha, mas também se apoiava no próprio otimismo inesgotável quanto ao poder da persuasão se a causa fosse justa. Ao menos naquele momento, maio de 1976, ele ainda acreditava que "este governo não se firmou necessariamente numa direção do tipo de Hitler". É preciso acrescentar que Steve sempre reconheceu a relevância de uma estratégia de luta de guerrilha, embora achasse também que por si só ela não seria suficiente.

Um efeito interessante do testemunho de Steve, e em particular de sua coragem durante um interrogatório hostil, me foi relatado pelo sr. Ben Khoapa. Steve prestou seu depoimento e foi interrogado durante toda a primeira semana de maio de 1976. Os autos processuais foram divulgados na íntegra pelo jornal Rand Daily Mail[88]. *Da noite para o dia Steve tornou-se alvo dos brindes em todos os botequins de Soweto. Manifestava-se enfim a autêntica voz do povo, alguém que não tinha receio de dizer abertamente o que todos os negros pensam, mas têm medo demais para poder dizer. Para citar um exemplo, em resposta à pergunta do advogado da acusação, "O que o senhor pensa de africanos que trabalham para a Polícia de Segurança?", ele foi taxativo: "São traidores". E isso num tribunal cercado por membros armados da Polícia de Segurança, negros e brancos!*

Será que o exemplo da coragem deste único homem inspirou os meninos e as meninas de Soweto a enfrentarem a morte, como fizeram com tanta bravura apenas seis semanas mais tarde?[89] *Não queremos sugerir que Steve foi o "responsável" pela insurreição espontânea do dia 16 de junho de 1976, mas a proximidade desses dois acontecimentos talvez não seja apenas uma coincidência fortuita. A coragem é contagiosa.*

Soggot: Sr. Biko, veja por favor a Resolução 42, na página 249. No parágrafo 2 há uma referência à definição de pessoa negra. Não quero incomodá-lo com isso, mas gostaria que tratasse do que se encontra no parágrafo 3: "A SASO acredita...". Poderia, por favor, ler a alínea (a)?

---

88 O tradicional jornal *The Rand Daily Mail* (fundado em 1902, em Joanesburgo) foi um dos poucos casos de publicação crítica contra o Apartheid. Denunciou as condições em que vivia a população negra, a violência policial, as condições nas prisões políticas e foi o jornal que revelou o escândalo Muldergate, em 1979. Também foi o jornal que expôs a verdade a respeito do assassinato de Steve Biko. Depois de décadas resistindo à censura, sabotagens governamentais e falta de anunciantes, o jornal deixou de ser publicado em 1985. [N.E.B.]

89 Na manhã do dia 16 de junho de 1976, uma multidão de crianças (as estimativas variam de três a vinte mil delas) saiu em passeata em Soweto para protestar contra uma nova lei que tornava obrigatório o ensino em africâner nas escolas. Não apenas era uma língua que poucas daquelas crianças falavam, como o africâner era desprezada pelos negros como a "língua do opressor", ligada ao Partido Nacional, que implantou o Apartheid. Era uma passeata absolutamente pacífica, mas a polícia respondeu com bombas de gás lacrimogêneo e tiros, que mataram centenas de estudantes. Imagens como a fotografia do corpo sem vida do menino Hector Pieterson, morto aos 12 anos, indignaram o mundo e provocaram o recrudescimento da luta contra o Apartheid. [N.E.B.]

Biko: Pois não. "A SASO acredita: (a) Que a África do Sul é um país no qual negros e brancos vivem e continuarão a viver juntos."

Soggot: O que isso significa?

Biko: Bem, significa que nós aceitamos que a sociedade sul-africana atual é uma sociedade pluralista, para o desenvolvimento da qual todos os segmentos da sociedade contribuíram. Em outras palavras, estamos falando tanto dos grupos negros quanto dos brancos. Não temos nenhuma intenção de... sem dúvida nos consideramos pessoas que estão aqui e vão ficar aqui. E enfatizamos que não temos absolutamente nenhuma intenção de ver os brancos deixarem este país.

Soggot: Deixarem?

Biko: Sim.

Soggot: D-e-i-x-a-r-e-m?

Biko: Exatamente. Queremos que fiquem aqui lado a lado conosco, mantendo uma sociedade para a qual todos vão contribuir proporcionalmente.

Soggot: Eu gostaria de saber... neste contexto... poderia olhar para SASO G. 1, Resolução 45? Na página 206.

Biko: Certo.

Soggot: Poderia ler a partir de "este país pertence..."?

Biko: "Portanto queremos declarar explicitamente que este país pertence aos negros e somente a eles". Os brancos que vivem no nosso... que vivem neste país têm que viver segundo os termos estabelecidos pelos negros e sob a condição de que respeitem o povo negro. Isto não deve ser encarado como um sentimento antibranco. Significa apenas que, considerando que na Europa os negros vivem segundo os termos estabelecidos pelos europeus, os brancos aqui serão submetidos às mesmas condições. "Queremos, além disso, declarar que em nossa opinião sempre será..."

Soggot: Poderia explicar o que a SASO queria dizer com essa resolução?

Biko: Bem, preciso explicar que eu não estava nessa reunião específica, mas a partir da leitura deste documento me parece que quer dizer que este país é essencialmente um país na África, um continente que naturalmente é sempre habitado pelos negros e que os brancos... Entende-se que há brancos aqui e que eles podem morar neste país ou podem deixar o país, dependendo do relacionamento que tiverem com os negros e da aceitação das condições que os negros estabeleçam aqui num determinado momento. Não sei a que momento da resolução está se referindo.

Soggot: Da maneira como o senhor mesmo entende a posição a respeito do caminho para uma sociedade aberta, como as pessoas vão poder votar? Que direito de votar, por exemplo, o branco vai ter?

Biko: Bem, nós consideramos a votação estritamente na base de uma pessoa, um voto. Essa é a ideia que prevalece em nossas conversas.

Soggot: E era isso que prevalecia naquele momento?

Biko: Era o que prevalecia no momento em que adotamos o manifesto político e não tenho notícia de que tenha mudado.

Soggot: Sim, então veja o 3 (b), por favor, que está na SASO A. 1, página 249: De volta ao segundo...

Biko: Sim, estou vendo: "Que o branco precisa ser conscientizado de que ou se é parte da solução ou se é parte do problema". Acho que esta declaração se explica por si mesma. Numa situação em que se tem um acúmulo de privilégios dentro da sociedade para serem gozados unicamente ou principalmente por um setor da sociedade, tem-se certa forma de hostilidade de membros que estão em lados opostos, e o branco, especificamente, precisa decidir se é parte do problema — em outras palavras, se ele é parte da estrutura total de poder branco que nós consideramos um problema — ou se ele adere e se torna parte dos negros; este é o ponto central do problema. Eu acho que é isso que essa declaração específica está dizendo.

Soggot: E quanto ao 3 (c)?

Biko: "3 (c). Que, neste contexto, devido aos privilégios que lhes foram concedidos pela legislação e devido à manutenção de um regime de opressão, os brancos definiram a si mesmos como parte do problema".

Mais uma vez acho que a declaração fala por si. Falando de modo geral, é a sociedade branca que vota na hora da eleição, são os brancos que elegem um governo, dando-lhe o poder, seja os nacionalistas, o partido, o Partido Unido ou o Partido Progressista. E é esse governo que mantém as cláusulas legais que criam problemas para os negros — problemas de opressão, problemas de pobreza, problemas de privação e problemas de autoalienação, conforme disse anteriormente. É a sociedade branca em conjunto. Alguns podem votar de um modo, outros podem votar de outro, mas todos eles pertencem a um colégio eleitoral — se é que podemos usar esse termo — de toda a sociedade, que juntamente ao governo é responsável por todas essas coisas ou pelo estabelecimento de todas essas cláusulas que se aplicam ao povo negro. E nesse sentido, portanto, perdem o direito de falar como planejadores, juntamente conosco, do nosso modo de decidir o nosso futuro. É o que essa resolução está dizendo. Eles definem a si mesmos, em outras palavras, como o inimigo.

Soggot: E o 3 (d)?

Biko: "Que, por conseguinte, nós acreditamos que os brancos precisam ser excluídos de todos os assuntos relativos à luta para a realização de nossas aspirações". Acho que isso também fala por si mesmo.

Soggot: Uma vez terminada a luta, qual é a proposta da SASO?

Biko: A proposta é simples: uma sociedade aberta; uma pessoa, um voto; nenhuma referência à cor.

Soggot: E o que o senhor quer dizer com "sociedade aberta"?

Biko: Nós consideramos que uma sociedade aberta é aquela que preenche todos os três pontos que acabo de mencionar. Onde possa haver livre participação no plano econômico, no social e em todos os três pontos para todos. O senhor sabe, oportunidades iguais etc.

Soggot: Quanto ao 3 (e), o senhor tem algum comentário a respeito?

Biko: "Que esta atitude não deve ser interpretada pelos negros como uma postura contrária aos brancos, mas apenas como um modo mais positivo de se conseguir uma situação normal na África do Sul."

Trata-se mais uma vez de uma advertência aos membros da SASO de que não é nossa intenção criar um sentimento antibranco entre eles. Somos apenas forçados, por considerações históricas, a reconhecer que não podemos planejar lado a lado com pessoas que participam do conjunto exclusivo de privilégios dos brancos, para termos certeza de que todos os privilégios são partilhados. Não acreditamos — não temos mais confiança neles — que estejam prontos a partilhar conosco qualquer tipo de...

Soggot: Naquela época, em que tipo de brancos estavam pensando?

Biko: Quando falamos de?...

Soggot: Dessa atitude em relação aos brancos, da luta...

Biko: Nos brancos em geral.

Soggot: Que tipo de brancos tinham participado da luta com vocês, como fizeram os negros?

Biko: Principalmente os liberais, os estudantes, pessoas de esquerda, se é que podemos chamá-los assim. E, até certo ponto, os progressistas.

Soggot: Bem, e agora o 3 (f), sr. Biko?

Biko: "Que seguindo esta orientação, portanto, embora não se deva legislar contra isso, deve ser desaconselhado um contato pessoal com os brancos, especialmente nas ocasiões em que ele tende a agir contra [...] que nos são caras".

Bem, nós não tínhamos a intenção de nos transformar numa organização policial para vigiar a formação de amizades entre os indivíduos. Não tínhamos a intenção de dissuadir nenhum estudante negro, ou algum membro da SASO em particular, de estabelecer naquele momento um relacionamento de amizade, seja com o patrão de sua mãe, com o patrão de seu pai, com outro estudante ou qualquer pessoa branca dentro da sociedade. No entanto, sentíamos que onde houvesse qualquer possibilidade — estritamente dentro do campo político — de uma tal amizade agir contra crenças que nos são caras, teríamos de avisar as pessoas envolvidas.

Soggot: Bem, sr. Biko, vou voltar a este documento para abordar também algumas das características predominantes da BPC. Meritíssimo, com sua permissão, posso então deixar de lado este documento por agora? Acredito que seja mais conveniente tratar de alguns temas de modo coletivo. Pode economizar tempo.

Juiz Boshoff: Antes de deixar de lado esse documento, quero saber do sr. Biko: o senhor diz que sua gente defende a regra de uma pessoa, um voto?

Biko: Sim.

Juiz Boshoff: E esse é um conceito aplicável à situação africana? Já o encontrou em algum lugar da África?

Biko: Sim, nós o encontramos, até mesmo dentro deste país.

Juiz Boshoff: Deixando de lado este país, vamos tomar agora qualquer outro país da África. Existe a regra de uma pessoa, um voto em qualquer outro país?

Biko: Sim.

Juiz Boshoff: Que país?

Biko: Aqui em Botswana... para não ir muito longe.

Juiz Boshoff: Sim, esses estão sob a influência do contexto e das tradições sul-africanas. E saindo de perto das tradições sul-africanas?

Biko: Onde, por exemplo, meritíssimo?

Juiz Boshoff: Bem, em qualquer lugar fora da África do Sul.

Biko: Existe em Gana. O conceito de uma pessoa...

Juiz Boshoff: Que partidos há em Gana?

Biko: Eu não saberia dizer que partidos existem lá agora.
Juiz Boshoff: Por que, então, diz que lá existe o conceito de uma pessoa, um voto?
Biko: Havia na época...
Juiz Boshoff: Sim, é verdade, havia. Isso não desapareceu já no tempo de Nkrumah?
Biko: Não desapareceu. O que acontece é que em Gana agora existe um regime militar, mas o conceito de eleições, seja para uma câmara de vereadores, seja para uma assembleia de província ou para qualquer das estruturas governamentais existentes, baseia-se no conceito de uma pessoa, um voto.
Juiz Boshoff: Bem, isso pode ocorrer para as entidades subordinadas, mas com relação ao voto mais importante, que afeta o país, há algum país na África onde existe o conceito de uma pessoa, um voto?
Biko: Sim, meritíssimo. Vamos tomar por exemplo a situação do Quênia, onde tem havido um tratamento [?] natural da oposição.
Juiz Boshoff: Mas eu pensei que isso tinha desaparecido quando Odinga Oginga [*sic*] foi assassinado.
Biko: Não. Oginga Odinga[90] não foi assassinado, ele ainda está vivo.
Juiz Boshoff: Tom Mboya[91]?
Biko: Tom Mboya estava com o partido do governo, e o partido do governo ainda está no poder.
Juiz Boshoff: Sim, mas descobriram que ele tinha certos adeptos entre o povo e...
Biko: Acredito, meritíssimo, que o senhor está confundindo Tom Mboya com Kariuki[92]. Kariuki é que foi assassinado e foi Kariuki que

---

90 Jaramogi Ajuma Oginga Odinga (1911-1994) foi um dos líderes da luta pela independência do Quênia e vice-presidente no governo de Jomo Kenyatta, de quem posteriormente tornou-se opositor. [N.E.B.]
91 Tom Mboya foi outro dos líderes da independência queniana. Foi assassinado em 1969, mas nunca foi provado que o crime tinha motivação política. Mboya era amigo de Barack Obama Sr., pai do futuro presidente dos Estados Unidos. [N.E.B.]
92 Josiah Mwangi Kariuki (1929-1975) lutou pela independência do Quênia e, inclusive, passou anos em campos de prisioneiros por causa disso. Com a independência, integrou o governo de Kenyatta, mas logo se distanciou e passou a criticar a corrupção estatal e a crescente desigualdade social no país. Virou um líder muito popular. Na última vez que foi visto vivo, estava acompanhado de membros da polícia secreta de Kenyatta. Seus restos mortais foram encontrados na floresta de Ngong. [N.E.B.]

tinha criado um certo pensamento entre o povo, mas ele também estava operando de dentro do partido do governo. Veja, no Quênia existe um bom exemplo do que um Estado de partido único pode conseguir por meio de pensamentos divergentes dentro do partido. De um lado, Kariuki era o defensor do homem comum, do trabalhador, do empregado no Quênia, contra todo o desenvolvimento de uma burguesia dentro do partido governante. Do outro lado havia Kenyatta, que se sentia constantemente atacado por Kariuki. Pois bem, Kariuki teve permissão para expor suas ideias no Parlamento, teve permissão para organizar reuniões nos quatro cantos do país, mas ainda operando de dentro do KANU, que é o partido governante. Esta é a essência de um Estado de partido único: não há nenhuma necessidade de dividir as pessoas e deixar que liderem outros partidos para...

Juiz Boshoff: Sim, mas Kariuki não sobreviveu a tudo isso, certo?

Biko: Bem, meritíssimo, parece que muitos políticos não sobreviveram, como Verwoerd não sobreviveu. [*Risadas*]

Juiz Boshoff: Mas agora veja: não foi a sua própria gente que o matou, não foram as pessoas do seu próprio partido que mataram Verwoerd?

Biko: Não sabemos quem matou Kariuki. Não se chegou a uma conclusão.

Juiz Boshoff: Bem, quem eles acusaram de matar Kariuki?

Biko: Bem, há boatos lá de que provavelmente foi Kenyatta, de que provavelmente foi esse ou aquele. Não ficou provado, meritíssimo. Mas sabemos que esse tipo de coisa acontece na política. Quero dizer que eu poderia fazer aqui uma afirmação que seria absurda. Na sociedade negra acredita-se que o assassinato do sr. Verwoerd foi concebido dentro do Partido Nacional e o nome de certo político é mencionado[93]. Esse é o tipo de

---

[93] Dimitri Tsafendas, o homem que matou o primeiro-ministro Hendrick Verwoerd, era comunista e, nos interrogatórios que se seguiram ao assassinato, foi bem firme ao manifestar as razões políticas para seu gesto. Mas sua defesa alegou insanidade para que ele escapasse da pena de morte. E, para o regime, era mais conveniente a narrativa de que Verwoerd fora morto por alguém com esquizofrenia do que arriscar a transformar Tsafendas em herói da luta contra o Apartheid. Como Tsafendas era um imigrante moçambicano (filho de um marinheiro grego e uma mulher negra) e não estava há muito tempo na África do Sul, não tinha grandes ligações políticas nem com os comunistas locais. De maneira geral, todos os líderes do movimento anti-apartheid fizeram um esforço para se distanciar do caso. Tanta desinformação criou o ambiente perfeito para circular todo tipo de boato. Tsafendas continuou na prisão mesmo depois do final do Apartheid e morreu em 1999, aos 81 anos de idade. [N.E.B.]

crença que algumas vezes pode surgir e as pessoas lá fora acreditam nisso. O mesmo se aplica a Kariuki.

Juiz Boshoff: Sim, mas o senhor só foi capaz de mencionar esse único país, o Quênia, de 46.

Biko: Bem, tive a oportunidade de discutir sobre isso com dois quacres do Quênia que recentemente visitaram este país. É por isso que sei, as coisas vieram até mim. Também discuti a respeito de Botswana com pessoas de lá que visitaram o país. A questão é que não há muito intercâmbio de ideias entre a África e a África do Sul, porque não é tão fácil para as pessoas da África visitarem a África do Sul e vice-versa, já que não têm licença de se locomover pelo país, de modo que, sem base numa experiência própria e em diálogos com outras pessoas, não posso citar mais exemplos na África.

Juiz Boshoff: Bem, o senhor está preparado para dizer que o conceito de uma pessoa, um voto existe em outros países?

Biko: Sim, estou. Quero dizer muito francamente que os militares na África tendem a desempenhar um papel muito importante na política. Os militares, na África, tendem muitas vezes a decidir convocar uma eleição, e a eleição é um tipo de golpe. Certo, mas então temos situações em todo o mundo onde existe o caos. Na Itália há um governo que renuncia praticamente a cada dois meses. Isso não pode ser evitado.

Juiz Boshoff: Sim, porque lá eles têm uma pessoa, um voto, não é? Como vê, esse é o problema.

Biko: Acho que o governo, como nós, também acredita em uma pessoa, um voto, porque quando estabeleceram os bantustões, eles deram uma pessoa, um voto para o Transkei, para a Zululândia, para Bophuthatswana etc. Eles não dizem às pessoas que só aqueles que podem... [?] ... podem votar. É uma pessoa, um voto. De repente estão suficientemente amadurecidos para...

Juiz Boshoff: Estou interessado em saber se vai dar certo, por isso estou lhe perguntando: o senhor acha que vai dar certo?

Biko: Parece que está dando certo, parece que está dando certo no Transkei.

Juiz Boshoff: Bem, o Transkei está apenas começando. Acaba de começar. Mas o senhor acha que vai dar certo no Transkei?

Biko: Acho que uma pessoa, um voto pode dar certo. Duvido é que o Transkei em si vá dar certo. [*Risadas*]

Juiz Boshoff: Sim, mas por que diz isso?

Biko: Acho que...

Juiz Boshoff: Por que diz que uma pessoa, um voto vai dar certo e que o Transkei não vai dar certo? Quero dizer, é uma ideia contraditória, não?

Biko: Não. O senhor poderá descobrir, meritíssimo, que, se Matanzima decidir levar a questão da independência do Transkei para um plebiscito, vai haver uma linda votação, uma eleição organizada, as pessoas votando seriamente, sem o uso da força, mas elas poderão rejeitar o conceito de um Transkei independente.

Juiz Boshoff: Poderão rejeitá-lo?

Biko: Poderão, sim.

Juiz Boshoff: Bem, isso já é outro assunto, e o senhor diria que... Vai culpar uma pessoa, um voto por isso?

Biko: Vou culpar... Não, vou culpar o Apartheid. Vou dizer que o Transkei não deu certo e que uma pessoa, um voto deu certo.

Juiz Boshoff: A democracia não pressupõe uma comunidade desenvolvida, a democracia na qual se tem uma pessoa, um voto?

Biko: Sim, pressupõe. Pressupõe, e acredito que seja parte do processo de levar a comunidade a se desenvolver. Não se pode... Meritíssimo, quando as pessoas votam, quando se permite que votem, acho que é preciso dar a elas o direito ao voto, acho que, de certo modo, como governo se pode inventar [?] a maneira de garantir o exercício correto daquele voto, mas certamente voto lhes é concedido.

Juiz Boshoff: Sim, mas a democracia na verdade só é bem-sucedida se as pessoas que têm direito ao voto podem exercer esse voto de modo inteligente e honesto, não?

Biko: Sim, meritíssimo, é por isso que na Suazilândia, por exemplo, onde algumas vezes há pessoas que não sabem ler o nome dos candidatos, eles usam sinais.

Juiz Boshoff: Certo, mas será que eles conhecem os assuntos do governo o suficiente para poderem influenciá-lo por meio de um voto? Quero dizer que com certeza é preciso conhecer aquilo em que se está votando, a respeito do que se está votando. Presumindo, então, que estão votando numa determinada política, tal como investimento estrangeiro, agora o que é que um camponês sabe sobre investimento estrangeiro?

Biko: Acredito, meritíssimo, que num governo em que se permite que a democracia funcione, um dos princípios que normalmente se defende é o de um sistema de retorno, em outras palavras, uma discussão entre os que formulam a diretriz política e os que devem entender, aceitar ou rejeitar a diretriz política. Ou seja, é preciso que haja um sistema de educação política, e isso não implica necessariamente a alfabetização. Quero dizer que a África sempre governou seus povos por meio de vários chefes, Chaka e outros, que não sabiam escrever.

Juiz Boshoff: Sim, mas o governo agora não é muito mais sofisticado e especializado que naquele tempo?

Biko: E há maneiras de explicar essas coisas para o povo. As pessoas são capazes de ouvir. Elas podem não ser capazes de ler e escrever, mas são capazes de ouvir e de compreender as questões que lhes são apresentadas. E acredito que isso de fato está acontecendo em...

Juiz Boshoff: Bem, vamos pegar o Padrão Ouro: se tivermos de debater se o governo deve adotar ou não o Padrão Ouro, o senhor acredita que sabe o suficiente sobre o assunto para poder votar de um modo inteligente?

Biko: Eu mesmo?

Juiz Boshoff: Sim.

Biko: Acredito que provavelmente sei muito mais do que o africâner médio que anda na rua, meritíssimo.

Juiz Boshoff: Bem, isso pode ser verdade, mas o senhor acredita que sabe o suficiente para poder votar de modo tão inteligente que o governo possa se basear nesse voto?

Biko: Sim, acredito que se... eu tenho o direito de ser consultado por meu governo sobre qualquer questão. Se eu não puder compreendê-la, posso entregá-la a outra pessoa em quem eu confie, para que a explique para mim.

Juiz Boshoff: E como pode fazer isso? Quero dizer, o voto é seu, e o que acontece com as outras dez pessoas que têm direito a voto?

Biko: O mesmo se aplica a todas as outras pessoas, e é por isso que temos o processo político por meio do qual as coisas são explicadas. Quero dizer que o homem comum na Grã-Bretanha não consegue compreender por si mesmo as vantagens ou desvantagens de a Grã-Bretanha se envolver no mercado econômico global, mas, quando isso se torna objeto de um plebiscito, os organizadores políticos vão ao povo para explicar e conseguir votos para os seus pontos de vista. Assim, o indivíduo ouve o que várias pessoas têm a dizer e decide usar aquilo que ele tem, que é o voto. Mas, enquanto isso, ele não possui nenhum preparo específico para compreender esses aspectos técnicos do conjunto da sociedade.

Juiz Boshoff: Mas esta não é uma das razões pelas quais a Grã-Bretanha é, provavelmente, um dos países mais falidos do mundo?

Biko: Acho que prefiro encarar a questão de um modo mais positivo e dizer que é um país dos mais democráticos.

Juiz Boshoff: Sim, mas agora está falido, não?

Biko: Acredito que seja uma fase, meritíssimo. A Grã-Bretanha já foi rica antes e pode, sabe, sair do buraco. Acho que é uma fase de sua história.

Juiz Boshoff: Sim, mas em algum momento alguma coisa saiu errada, e não será provavelmente por causa de sua democracia diferente?

Biko: Não penso assim, eu pessoalmente não penso assim. Acho que em parte todo o processo de descolonização foi o responsável pela desestabilização da Grã-Bretanha, por privá-la daquilo que conseguiam obter antes. Agora são forçados a contar com os próprios recursos e não têm muitos. É um país pequeno, menor que a Província de Natal. O que se pode fazer? Eles têm 56 milhões de habitantes, nenhuma terra para cultivar, muito poucas fábricas, a não ser...

Juiz Boshoff: Sim, mas agora o capitalismo está realmente se desenvolvendo. Será que a Grã-Bretanha não era poderosa e, por ser poderosa, se desenvolveu, tornou-se um império, e então é assim que é o capitalismo, é como uma bola de neve que cresce, e cresce?

Biko: Sim.

Juiz Boshoff: Mas ela deve ter tido um bom governo durante um certo período?

Biko: Acho que ela pode ter tido bons recursos num certo período, e pode ter apertado o cinto de tal modo que a distribuição de riquezas não chegou até os mais pobres, em certo período. Como durante o tempo de Adam Smith, e até mesmo o tempo da política de *laissez-faire* quando, o senhor sabe, as poucas pessoas que controlavam a indústria na Grã-Bretanha agiram de modo excessivo em todo o país, fabricando [inaudível], tornando-se ricas. E é claro que o governo ficou rico, mas o povo não. O povo ficou mais pobre e é por isso que agora na Grã-Bretanha, mais que em qualquer outro país... [*intervenção*]

Juiz Boshoff: Eles tinham voto?

Biko: Eles então tinham voto e gradualmente estão colocando no poder um governo mais socialista, contrário à exploração das pessoas. O senhor sabe, o povo está reformulando todo o processo, a riqueza precisa voltar para o povo.

Juiz Boshoff: Mas tudo isso não serve para mostrar que uma pessoa, um voto não é a solução de todos os problemas?

Biko: Acho que esse é um debate que está se travando no mundo agora, o debate entre a democracia e o comunismo, entre o capitalismo e...

Juiz Boshoff: Sim, todos têm desvantagens, não é?

Biko: Têm, sim.

Conduzido pelo sr. Soggot, Steve agora explica algumas das modificações necessárias em uma sociedade sul-africana aberta, para expressar a experiência negra, a cultura negra e os valores negros.

Biko: Acho que precisamos em nossa sociedade que nós, os negros, tenhamos o poder de inovar, que tenhamos o próprio sistema, a partir do qual possamos nos expandir, a partir do qual possamos inovar, para dizer que é nisto que acreditamos, que é isto que aceitamos ou não aceitamos, coisas que são jogadas para nós, e a sociedade que é uma constante [*a testemunha fala de modo pouco inteligível*] física, o senhor sabe, as culturas se afetam mutuamente, como as modas, e não se pode deixar de ter contato com a cultura dos outros. Mas é preciso que tenhamos o direito de rejeitar ou aceitar qualquer coisa que nos seja apresentada. Atualmente existimos como uma espécie de ramo da cultura branca. O senhor sabe que constituímos aquilo que temos de chamar de subcultura, exatamente por causa de uma situação que nos obriga a agir de um certo modo. Por exemplo, se olharmos para a subcultura de se beber num botequim; bem, isso é muito comum na sociedade negra, o senhor sabe; todo o mundo bebe num botequim; eu bebo num botequim. Isso não pode ser atribuído *per se* a nosso passado de vida tribal, porque não tínhamos botequins em nossa vida tribal. Mas é uma subcultura que provém de não termos bares, não temos hotéis onde podemos beber, então o que fazemos? Ou somos gênios para termos inventado um botequim, e para bebermos no botequim, e a partir disso se desenvolve uma subcultura, o senhor sabe. O que estou tentando sugerir aqui, meritíssimo, é que... [*o tribunal intervém*]

Juiz Boshoff: É a evolução, o fato do botequim simplesmente aconteceu.

Biko: Mas o fundamental é que é preciso que se tenha o direito de rejeitar ou aceitar qualquer tendência nova.

Soggot: Acho que a questão que mais nos interessa é saber se no primeiro dia da sociedade aberta, ou no dia seguinte, vai haver uma destruição geral — qualquer destruição ou condenação de uma cultura e de valores culturais existentes.

Biko: Acredito que haverá uma modificação geral.

Soggot: E que tipo de modificações se pensa fazer?

Biko: Mais uma vez acredito que vai depender muito dos processos de negociação e do resultado desses processos. Acredito que a SASO, em seus documentos e certamente nos muitos discursos proferidos por seus membros, insiste fundamentalmente numa cultura que aceite a dignidade humana do negro. Uma cultura que, basicamente, acolha os conceitos africanos de um modo suficiente para identificar-se como uma cultura africana. O que estamos dizendo agora é que no momento atual temos aqui uma cultura que é europeia. Este país, meritíssimo, parece uma província da Europa. O senhor sabe, para qualquer pessoa que perceba qual é o padrão de comportamento, o país parece ser uma província da Europa. Do ponto de vista de suas raízes, o país não tem relação alguma com o fato de estar localizado na África, e quando o sr.[94] Pik Botha[95] diz nas Nações Unidas: "*Nós somos africanos*" ele simplesmente não sabe o que está falando. Nós não nos comportamos como africanos, nos comportamos como europeus que estão na África. E não queremos ser africanos apenas do ponto de vista político, queremos ser pessoas que vivem na África. Queremos que nos chamem de africanos completos, nós — socialmente africanos — [trecho inaudível] disse que preciso compreender a África e o que a África significa. E não precisamos ir muito longe. Basta viver com o homem aqui, com o negro aqui, cuja contribuição proporcional para a cultura conjunta vai mudar a nossa cultura conjunta o suficiente para acolher a experiência africana. É certo que haverá a experiência europeia, pois temos aqui brancos que descendem da Europa. Não discutimos isso. Mas, pelo amor de Deus, é preciso que haja também a experiência africana.

---

94 *Mnr* no original, abreviação de *Meneer*, "senhor" em africâner. [N.E.O.]

95 Roelof Frederik "Pik" Botha (1932-2018) foi ministro das Relações Exteriores da África do Sul de 1977 a 1994. Fazia parte da ala "liberal" do regime e, com o fim do Apartheid, chegou a ser ministro de Minas e Energia no governo de Mandela. [N.E.B.]

Por fim, Steve define os meios pelos quais o movimento pretende realizar o objetivo de uma única sociedade partilhada e aberta na África do Sul.

Soggot: Agora, sr. Steve, enquanto ainda estamos tratando de temas globais, podemos agora tratar da questão da realização da liberdade de vocês? Eu gostaria... sei que isso é antecipar seu testemunho, mas gostaria de que neste contexto o senhor tratasse também da BPC. Vamos examinar os documentos da BPC amanhã.

Biko: Certo.

Soggot: Mas eu acredito que eles podem ser tratados, de modo útil, junto dos documentos da SASO. Poderia olhar para a mesma página, no parágrafo 4 (c)?

Biko: Sim.

Soggot: Quer ler isso, por favor?

Biko: "A SASO aceita a premissa de que, antes que os negros se juntem à sociedade aberta, eles devem cerrar suas fileiras para formar um grupo [*inaudível*], para se opor ao racismo explícito que é praticado pela sociedade branca, para planejar claramente seu rumo e negociar a partir de uma posição de força. A SASO acredita que uma sociedade verdadeiramente aberta só pode ser realizada por negros..."

Soggot: Bem, gostaria que o senhor parasse um pouco aí. Eu acho que, sem incomodá-lo com os próprios documentos, em BPC A.1, numa resolução há a frase seguinte — está na página 2 —, que diz: "Formar um movimento político que irá consolidar..." — parágrafo 4 — "consolidar os diferentes setores da comunidade negra com o objetivo de formar um bloco de poder". Encontrou? Sabe do que estou falando? Parágrafo 5: "O objetivo básico é a libertação total de todos os negros". Agora, poderia apresentar ao meritíssimo juiz a sua concepção, a concepção da SASO sobre a formação de... aqui se refere a um "grupo sólido", e na BPC a um "bloco de poder". E como imagina que a criação desse chamado bloco vai conduzir à sua libertação?

Biko: Antes de mais nada, aceito que em nossa análise o ponto principal é a existência, em nossa sociedade, de um racismo branco que foi institucionalizado e também protegido pelo apoio de uma maioria de brancos. Em outras palavras, uma criança branca não precisa decidir se quer ou não viver com os brancos, ela já nasce nessa situação. Ela é educada nas escolas e nas instituições dos brancos e, de certa forma, se encontra com todo o processo de racismo em vários níveis. Assim, procura ter uma atitude contra os negros. Portanto, os brancos estão unidos em torno dos privilégios que possuem e mantêm esse monopólio afastado da sociedade negra.

Soggot: E então?

Biko: Agora, então, vem a análise. Será que realmente vamos conseguir quebrar esse casulo, sabe, levar os brancos para longe do conceito de racismo, o conceito de monopolizar os privilégios e a riqueza do país para si próprios, sem que eles estejam necessariamente juntos? Em outras palavras, é possível pregar para eles como indivíduos? Agora acreditamos que a sociedade branca na realidade não vai dar ouvidos a uma pregação. Eles não vão dar ouvidos a seus liberais. O Partido Liberal não vem crescendo no interior da sociedade branca e certamente nós, como negros, não somos capazes de permanecer parados, observando a situação.

Soggot: E então?

Biko: Nós só podemos provocar uma resposta da sociedade branca quando, como negros, falamos com voz decidida e dizemos o que queremos. Na época dos liberais a voz do negro não era muito ouvida, a não ser para repetir o que os liberais diziam. Agora chegou a hora em que nós, como negros, precisamos definir o que queremos, apresentá-lo aos brancos e, a partir de uma posição de força, começar a dizer: "Senhores, é isto o que nós queremos. Os senhores estão aqui, nós estamos aqui, é isto o que queremos". Agora, ao [*inaudível*] há um momento específico em que se iniciam as negociações. Na realidade, isso não é verdade. A única coisa que a BPC quer é conseguir a maioria do apoio negro, de modo que possa soar autenticamente [*inaudível*] em favor do povo negro. O senhor sabe que precisamos poder dizer amanhã que nós, como sul-africanos negros, não queremos um Transkei, e saber também que a sociedade branca sabe que estamos falando em nome da maioria dos negros deste país. Bem, mais uma vez o processo de negociação não é uma coisa que vai esclarecer esse ponto específico da história. Começa agora quando tomamos uma resolução numa conferência e dizemos que vamos comunicar o conteúdo dessa resolução às pessoas em questão, seja uma universidade, no caso da SASO, seja uma organização esportiva, uma organização de direção, no caso da BPC. Tudo isso é negociação. Estamos começando a dizer que é isso o que estamos pensando.

Soggot: E?

Biko: Neste momento nossa força é tal que temos de tratar de questões que são muito, muito secundárias. Ora, conforme vamos desenvolvendo mais força, começamos a enfrentar questão após questão, e tudo isso acontece durante um determinado período de tempo. E as coisas nem estão totalmente definidas como talvez seja sugerido por este texto que diz: "Organizem-se num bloco sólido e depois comecem a negociar". Não está tão definido assim. Isso é uma frivolidade, é um modo de apresentar todo o processo num único parágrafo. Na realidade o processo pode demorar bem mais de vinte anos de diálogo entre negros e brancos. Certamente não prevemos um fracasso. Nós certamente não temos alternativa. Temos analisado a história. Acreditamos que a história se move numa direção lógica determinada e, neste caso particular, a direção lógica é a de que qualquer sociedade branca neste país terá, eventualmente, que se entender com o pensamento negro.

Soggot: Sim?

Biko: Então, nós acreditamos que somos meros agentes nessa história. Há alternativas: de um lado temos grupos que são conhecidos neste país, que optaram por uma outra forma de atuação, que optaram pela violência. Sabemos que o Congresso Nacional Africano e o Congresso Pan-Africanista fizeram isso no passado; eles deram esse passo. Mas nós não acreditamos que essa é a única alternativa. Acreditamos que existe um modo de chegar aonde queremos através de meios pacíficos. E o próprio fato de termos decidido formar, efetivamente, um movimento de acordo com as regras demonstra que aceitamos certas limitações legais às nossas atividades. Aceitamos seguir esse rumo específico. Sabemos que o caminho para essa verdade específica está cheio de perigos. Alguns de nós são banidos, como eu. Outros são presos, como esses homens que estão aqui, mas inevitavelmente o processo se dirige para o mesmo lugar para onde nós acreditamos que a história também se dirige: a obtenção de uma situação em que os brancos precisam primeiro escutar.

Não acredito que os brancos vão permanecer surdos para sempre. Acreditamos que esta é, sabe, a defesa de uma última trincheira, por assim dizer. Agora mesmo existem indícios de que o sr. Vorster irá até Smith[96] para enfrentar as questões. É inevitável que ele saiba, intimamente,

---

96 Em 1965, a Rodésia resolveu seguir o exemplo da África do Sul: declarou sua independência da Grã-Bretanha para assim garantir o domínio da minoria branca sobre a ex-

que em determinado estágio eu vou ter que falar com todo mundo. Está bem, mas no momento é apenas um plano que foi posto de lado. Até mesmo toda a ideia de dar liberdade aos bantustões é um modo de aceitar as aspirações políticas do povo, o que é uma aceitação inevitável do que os negros pretendem alcançar. Mas nós rejeitamos isso. O que nós queremos é que nossos interesses sejam totalmente atendidos em todo o país e não apenas numa parte dele. De modo que não temos um programa paralelo, não temos nenhuma alternativa. Acreditamos fundamentalmente na justiça de nossa força e que um dia conseguiremos que os nossos interesses sejam atendidos dentro do país.

Soggot: O senhor considera que sua rejeição da solução através dos bantustões tem qualquer significado político? Neste momento?

Biko: Tem, sim.

Soggot: A BPC é uma organização forte, neste momento?

Biko: Bem, eu não diria que é forte. Quero dizer, não sei que ideia de força o senhor está usando; por exemplo, eu não a compararia com o Partido Nacional. Certamente tem seguidores. Provavelmente tem muito mais seguidores do que membros dentro do país. Mas parte do que se quer eliminar não está bem morto, ou seja, todo o conceito de medo. Os negros estão mergulhados no medo. Queremos tirá-los disso.

Soggot: Os negros estão mergulhados no medo?

Biko: No medo, sim. Eles têm medo das estruturas e das reações existentes, sabe, por parte do sistema[97], de modo que eles não se manifestam. Na realidade, dentro dos bantustões há pessoas que vêm... que vêm dizer que concordam conosco, "mas sabemos que precisamos trabalhar para viver". Um homem que faz propaganda na Rádio Bantu aqui todos os dias —

-colônia. Mas a situação da elite branca da Rodésia era ainda mais infame que a da sua equivalente na África do Sul, até porque havia 22 negros para cada branco no país. A Rodésia resistiu enquanto pôde contar com o apoio da África do Sul e de Portugal, mas quando aconteceu a Revolução dos Cravos (1974) e Moçambique conseguiu sua independência (1975), o apoio português desapareceu. O governo de Vorster, na África do Sul, preocupado com os custos do apoio militar e mais preocupado ainda que o crescimento da guerra civil no país vizinho transbordasse pela região, passou a pressionar Ian Smith, primeiro-ministro da Rodésia, para que aceitasse ceder algo ao povo negro. Em 1979, Ian Smith foi obrigado a aceitar a derrota nas eleições que botaram no poder Abel Muzorewa, um bispo metodista moderado. Foi o fim do domínio da minoria branca. O país passou a se chamar Zimbábue-Rodésia e, depois apenas Zimbábue. [N.E.B.]

97 A estrutura sul-africana de segurança. [N.E.O.]

é uma espécie de programa de notícias diárias — veio um dia falar comigo e disse: "Sabe, eu não acredito naquilo que estou dizendo, mas me pagam para dizer isso". E eu acredito nele.

Soggot: Sr. Biko, o senhor diz que a sua rejeição atual tem um significado político.

Biko: Sim.

Soggot: E isso teria um significado maior, ou menor, caso a sua organização fosse considerada representante de fato dos negros?

Biko: Teria um significado muito maior.

Soggot: Poderia nos dizer como vê isso?

Biko: Vamos nos referir a toda a instituição do Transkei. Eu acredito que, se a BPC fosse uma organização estabelecida que reconhecidamente representasse o interesse majoritário do povo negro, e se a BPC dissesse "Nós não vamos aceitar o tipo de independência que está sendo concedida ao Transkei", haveria naquele bantustão uma ação consequente no sentido de as pessoas dizerem ao Matanzima delas que nós não queremos isso. Mas neste momento as pessoas negras estão agindo debaixo de um véu de silêncio, e suas capacidades de atuação não são conhecidas. E por que a BPC ainda não chegou totalmente à posição de ser considerada por toda e qualquer pessoa como representante da maioria do povo negro, mesmo quando falam sobre a independência do Transkei, não basta que as pessoas venham e digam que não querem essa independência, porque a BPC não desenvolveu o tipo de postura de falar pela maioria do povo negro.

Soggot: E, presumindo que tivesse desenvolvido isso, que efeito o senhor imagina que teria sobre o governo?

Biko: Em relação a quê?

Soggot: Ao processo de negociação.

Biko: Acredito que o processo seria amenizado. Acredito que este governo vai inevitavelmente ouvir a opinião dos negros. Segundo o meu ponto de vista, este governo não está num rumo necessariamente semelhante ao de Hitler. Acredito que está procurando ganhar tempo. Segundo a interpretação que eles dão à situação neste momento, acham que podem continuar. O sr. Vorster pode adiar alguns problemas e dizer: "Bem, a questão dos mestiços será resolvida pela próxima geração". Isto porque ele vê o caminho livre, até mesmo dada a espécie de timidez para a qual as pessoas negras foram empurradas. Mas acredito que, à medida que cresce o número de vozes que dizem "não", ele vai ouvir, ele vai começar a acolher os sentimentos das pessoas negras, e é aí que a negociação começa. O senhor sabe, qualquer questão que é ganha por causa de nosso "não" significa que estamos sendo ouvidos pelos que estão no poder.

Soggot: Acho que a sugestão que se pode fazer é que vocês estão organizando um bloco de poder. Vocês, então, irão enfrentar o sr. Vorster e forçá-lo a se decidir pela guerra ou pela paz?

Biko: Sim. Eu disse ao senhor que nós não temos alternativa. Acreditamos que... Na verdade, todo o processo de negociação está então prejudicado em nossa operação. Nós não estamos interessados numa luta armada. Nós afirmamos claramente em nossos documentos que também não estamos interessados em métodos de enfrentamento, querendo dizer com isso manifestações que conduzam a violações claras das leis existentes, de tal modo que haja uma reação por parte do sistema, daquilo que vocês chamam de sistema.

Soggot: E então?

Biko: Pois bem, nossa operação é basicamente de negociação e não há nenhuma outra alternativa. Como eu disse, ela se baseia fundamentalmente no fato de que nós acreditamos ter interpretado a história corretamente e que o branco, de qualquer modo, vai ter que aceitar eventualmente o inevitável.

Soggot: Meritíssimo, acho que eu não começaria a tratar do tema da BPC. Talvez o meritíssimo considere que este é um momento conveniente para...

Juiz Boshoff: Quero apenas fazer uma pergunta a ele e depois podemos ter um intervalo. Acho que o sr. Soggot está tentando lhe dizer o seguinte: presumindo-se que não encontremos erros em seus objetivos e em sua política como tais, no entanto não se poderia dizer que vocês estão tentando atingir seu objetivo de um modo tal que estão organizando um bloco de poder hostil, que está de certo modo orientado para a ação, e que se não conseguirem... se não ficarem satisfeitos quando chegar o momento de negociar, seu bloco de poder irá reagir e então vocês serão incapazes de controlar esse bloco?

Biko: Meritíssimo, eu não...

Juiz Boshoff: Talvez eu devesse colocar a questão de modo diferente. Quando afirmo que vocês o estão preparando desse modo, quero dizer que os meios que vocês empregam para organizar o bloco de poder e para conscientizar as pessoas têm o efeito de tornar os negros antagônicos e, eventualmente, vocês terão uma situação na qual não serão capazes de controlar este bloco, se suas reivindicações não forem atendidas pelo grupo de brancos?

Biko: Contesta-se o primeiro ponto, meritíssimo, não acho que os meios usados para a conscientização tenham esse efeito, de modo algum, de criar algum antagonismo entre os negros. Pelo contrário, eu diria que na realidade nossos métodos criam esperança. Acho que isso precisa ser visto no contexto de uma situação na qual as pessoas negras não têm nenhuma esperança, não veem nenhuma saída, são apenas pessoas derrotadas, vivem com sua miséria e bebem que é um horror, devido ao tipo de miséria...

Juiz Boshoff: Bem, é por isso que eu digo...

Biko: Então, quando falamos com elas, conscientizando-as, o que estamos de fato fazendo é reanimar a sua esperança.

Juiz Boshoff: Certo, mas a objeção não é contra a conscientização como tal, é contra o modo como se conscientiza, mostrando a elas que os brancos são seus inimigos.

Biko: Mais uma vez, como já disse antes, este é apenas um ponto de partida comum. Estamos falando a respeito daquilo que aquele homem sabe; estamos partindo daí para falar a respeito da maneira de prosseguir a partir daqui. Nós estamos dando a ele uma espécie de lar dentro de um grupo chamado Convenção do Povo Negro; se tiver problemas, procure a Convenção do Povo Negro [*trecho incompreensível*]. Estamos dizendo que é disso que trata a BPC. Nós nos posicionamos com convicção a favor do negro e compreendemos que são esses os problemas. E eles conhecem o problema. Não importa o que se diga a eles, conhecem o problema. Como eu digo, eles podem manifestar o problema deles de modo mais forte do que nós, mas agora prosseguimos a partir daí para criar algum tipo de esperança, algum tipo de oportunidade. E na realidade acho que estamos dando a eles um tipo de psicoterapia, para deixarmos de ser uma sociedade derrotada, para ser uma sociedade esperançosa; não se está distribuindo algum tipo de instrumento explosivo que vai se tornar incontrolável. Quando se fala de solidariedade negra, na verdade só estamos nos referindo ao sentimento de que estamos falando em nome da maioria dos negros. Não se pretende colocar um indivíduo dentro de uma sala e ensinar-lhe do ponto 1 até o ponto 20 para que ele decida... Não, ele apenas vai acreditar: a BPC fala em meu nome, a BPC é o meu movimento, certo, e agora os meus líderes estão negociando e é isso o que eles estão dizendo, sabe. E quando nós o consultamos, ele... diz: "Nós queremos isto" ou "Nós não queremos isto". É só isso. Num certo sentido, é o mesmo que ser membro do Partido Nacional. Não há nada de sinistro nisso. Você é apenas um membro, apenas apoia o partido que, para você, lhe dá a melhor esperança dentro de uma determinada sociedade. É disso que se trata quando se fala em solidariedade negra.

17. A POLÍTICA AMERICANA EM RELAÇÃO À AZÂNIA

Este é um memorando para o senador Dick Clark dos Estados Unidos[98]. Foi preparado às pressas porque Steve tinha sido solto depois de 101 dias de prisão por transgressão à seção 6 do Decreto sobre Terrorismo, e fora liberto menos de uma semana antes de seu encontro com Clark.

A frieza e a lucidez do memorando de Steve se tornam ainda mais notáveis quando se considera que um elemento importante na prisão por transgressão à seção 6 é o isolamento total do prisioneiro numa solitária, sem acesso a nenhum livro, com exceção da Bíblia, e menos ainda a jornais ou rádio.

O leitor não deixará de notar que, no segundo dos "requisitos mínimos" de Steve, ele chegou o mais perto que podia — em termos legais — de pedir que o sr. Carter, então presidente dos Estados Unidos, determinasse "boicotes comerciais, embargo de armas, retirada de investimentos etc". Não se tratava de nenhuma declaração irresponsável, feita por um negro sem poder, que não tinha consciência dos sofrimentos que tal política ia trazer para seus companheiros negros.

---

98 Dick Clark (1928-2023) foi senador pelo Partido Democrata, de 1973 a 1979, e um dos mais progressistas. Esteve muito envolvido com questões africanas, a ponto de seus adversários o chamarem de "senador da África". Fez aprovar uma emenda, chamada *Clark Amendment*, que proibia o governo norte-americano de dar ajuda a grupos privados envolvidos na guerra civil angolana (apesar disso, na prática, o governo dos Estados Unidos arrumou maneiras de driblar a emenda, que acabou revogada em 1985). Na época em que Biko escreveu este memorando, Clark era o presidente da Subcomissão do Senado para a África, e estava em Lesoto para uma conferência no African-American Institute [Instituto Afro-Americano]. [N.E.B.]

Steve e seus companheiros do Movimento da Consciência Negra tinham plena noção de que o sofrimento dos negros aumentaria se os EUA e seus aliados pusessem em prática essa política. O argumento deles, entretanto, era o de que as pessoas não podiam sofrer, em termos materiais, além do que já estavam sofrendo psicologicamente (e, na maioria dos casos, inclusive materialmente); que ainda se poderia chegar ao eleitorado branco por meio de uma arma não violenta, tal como o boicote comercial; e que essa era uma alternativa aceitável para eles, em vez do crescente conflito de guerrilhas, que os brancos não podem vencer, mas que só pode conduzir a uma situação mais demorada de sofrimento e derramamento de sangue para os negros, com sua herança de ódio e amargura.

Assim, Steve, falando dessa vez com uma autoridade madura e consciente como líder da verdadeira oposição aos nacionalistas em Pretória, faz o seu penúltimo apelo para aqueles que são os únicos que podem colocar um fim, de maneira relativamente não violenta, à tirania do Apartheid. Sua última palavra seria a sua própria morte.

Memorando

Para: Senador Dick Clark
De: B. S. Biko
Assunto: A política americana em relação à Azânia (África do Sul)

Posso começar dizendo como lhe sou grato por sua decisão de me conceder a oportunidade de vê-lo? A título de esclarecimento, preciso salientar que não estou falando apenas em meu próprio nome, mas também no de muitos seguidores do Movimento da Consciência Negra, dentro e fora da prisão.

Tem ficado bastante óbvio para nós que estes são anos decisivos na história da Azânia. Os ventos de libertação, que vêm varrendo a face da África, chegaram até nossas próprias fronteiras. Não há mais nenhuma dúvida quanto à inevitabilidade da mudança — as únicas dúvidas que ainda permanecem são *como* e *quando*.

Neste estágio do processo de libertação, nós nos tornamos muito conscientes do papel desempenhado pelas grandes potências mundiais ao influenciarem na direção deste mesmo processo.

Num certo sentido, os Estados Unidos — o seu país — vêm desempenhando um papel vergonhoso em suas relações com nosso país.

Dada a análise clara de nossos problemas, a opção para os Estados Unidos na formulação de sua política em relação à África do Sul de hoje é muito simples. Do ponto de vista político, os interesses de negros e brancos foram levados a posições diametralmente opostas. A escolha dos EUA está limitada a duas alternativas: ou reforçar o regime atual de minoria branca ou ajudar de modo bem definido na realização das aspirações de milhões de pessoas da população negra, bem como dos brancos de boa vontade.

Estamos antecipando com alegria o advento de uma sociedade não racial, justa e igualitária, na qual a cor, a crença e a raça não serão, de modo algum, pontos de referência. Escolhemos, de propósito, agir abertamente, porque há muito tempo acreditamos que, por meio do processo da negociação organizada, podemos penetrar até mesmo os ouvidos mais surdos e fazer com que seja registrada a mensagem de que nenhuma mentira pode viver para sempre.

Ao fazermos isso, estamos confiando não só em nossa própria força, mas também no fato de acreditarmos que o resto do mundo considera a opressão e a evidente exploração da maioria negra por uma minoria um pecado imperdoável, que não pode receber a absolvição de sociedades civilizadas.

Embora os políticos dos Estados Unidos falem muito e façam muitas declarações nesse sentido, vem sendo feito muito pouco para uma ação construtiva para exercer uma pressão organizada sobre o regime sul-africano de minoria branca. Além do pecado de omissão, os Estados Unidos muitas vezes têm sido decididamente culpados de trabalharem segundo os interesses do regime de minoria, em detrimento dos interesses dos negros. Parece que a política exterior dos Estados Unidos vem sendo orientada por um desejo egoísta de manter a dominação imperialista sobre este país, sem levar em consideração o sofrimento que os negros têm sido obrigados a suportar.

No entanto, a nova administração dos Estados Unidos precisa considerar que nenhuma situação permanece estática para sempre. Por sua intransigência política e seu preconceito racial, o regime sul-africano de minoria branca vem aumentando o nível de ressentimento entre os negros, até um ponto em que parece, agora, que o povo está preparado para usar de quaisquer meios a fim de realizar suas aspirações.

É igualmente óbvio que as alianças serão buscadas nos lugares onde forem mais significativas. Embora há poucos anos isso fosse apenas uma ameaça, hoje tornou-se iminente devido à situação da África Austral, que está mudando rapidamente.

Tudo isso realça a importância do papel que os Estados Unidos podem desempenhar na formação do futuro que virá. Devido a seus maus antecedentes, os Estados Unidos são uma segunda escolha ruim, em relação à Rússia, quando se trata de escolher um aliado, apesar da oposição dos negros a qualquer tipo de dominação por uma potência estrangeira. Entre os pecados de que os Estados Unidos são acusados estão grandes investimentos na economia da África do Sul, comércio bilateral com a África do Sul, intercâmbio cultural nos campos do esporte e da música e, recentemente, empreendimentos políticos conjuntos, como a atuação Vorster-Kissinger[99]. Todas essas atividades dizem respeito aos brancos e aos seus interesses, além de servirem para reforçar a posição do regime de minoria.

Portanto, os Estados Unidos precisam reexaminar de modo drástico sua política em relação à África do Sul. As conferências de última hora, ao estilo Kissinger, não vão funcionar porque um mediador precisa ter as mãos limpas.

---

[99] Em 1975/1976, em seu último período como poderoso Secretário de Estado, Henry Kissinger (1923-2023) dedicou-se à África. Sua simpatia pela minoria branca era evidente, a não ser para parte da extrema direita norte-americana. Já em 1969, em um memorando secreto, havia anunciado: "Os brancos estão ali para ficar e a única maneira de haver uma mudança construtiva é por meio deles". Seu principal foco de atenção em meados dos anos 1970 era Angola, onde o MPLA (Movimento Popular de Libertação de Angola), de esquerda, assumia o poder depois da independência do país. O governo norte-americano botou a CIA para trabalhar e financiou o grupo terrorista UNITA (União Nacional pela Total Independência de Angola, pró-capitalista) para derrubar o MPLA. Como nada funcionou como esperado, fez com que a África do Sul invadisse Angola. Essa ação também foi um fracasso, mas serviu para transformar Angola em campo de batalha por muito tempo e prolongar a vida do regime do Apartheid na África do Sul. Por tudo isso, as relações entre Kissinger e o primeiro-ministro B. J. Vorster eram bem cordiais. Em 1976, Kissinger tornou-se o primeiro Secretário de Estado estadunidense a visitar a África em três décadas, o que foi uma grande vitória diplomática do regime sul-africano. Isso aconteceu logo depois do massacre de Soweto. No momento em que Biko escreve este texto, Kissinger acabara de perder seu cargo com a eleição nos Estados Unidos do democrata Jimmy Carter. [N.E.B.]

Alguns requisitos mínimos talvez possam ser definidos neste estágio:

• O sr. Carter deveria inverter a política que leva os Estados Unidos a considerarem o governo sul-africano um parceiro em iniciativas diplomáticas na África.

• O sr. Carter deveria desenvolver imediatamente um novo tipo de envolvimento dos Estados Unidos na economia sul-africana — seja nos chamados bantustões, seja na África do Sul "branca", urbana. Enquanto para nós é ilegal apelar por boicotes comerciais, embargo de armas, retirada de investimentos etc., os próprios Estados Unidos têm toda a liberdade de decidir o preço que a África do Sul vai ter que pagar por manter diretrizes políticas odiosas.

• Nos casos de empresas norte-americanas que não se retirem por si mesmas, o mínimo que se pode esperar é que o governo dos EUA estabeleça regras rígidas para questões como remuneração, categoria salarial, reserva de empregos, sindicatos etc., para garantir completamente que os Estados Unidos não se envolvam na exploração dos negros sul-africanos.

• Os Estados Unidos devem deixar de demonstrar qualquer forma de tolerância com líderes de bantustões que estão agindo como um modelo e com uma plataforma obviamente preparada para a perpétua sujeição dos negros. Convites para pessoas como Gatsha Buthelezi, Matanzima ou Mangope, bem como a concessão de qualquer forma de reconhecimento oficial ou semioficial para essas mesmas pessoas, constituem um flagrante insulto aos negros deste país.

• Os Estados Unidos precisam insistir para que a África do Sul reconheça a necessidade de organizações legítimas, não governamentais, tais como a Convenção do Povo Negro. Do mesmo modo, deve-se permitir que organizações banidas no passado, como o Congresso Nacional Africano, novamente atuem no país.

• Os Estados Unidos devem fazer um apelo para que prisioneiros políticos e pessoas banidas, como Nelson Mandela, Robert Sobukwe, Steve Biko, Govan Mbeki, Walter Sisulu e Barney Pityana sejam libertados e para que essas pessoas sejam integradas no processo político que vai dar forma ao que está por vir.

• Os visitantes oficiais dos Estados Unidos que vêm a este país devem insistir em se encontrar com a liderança negra autêntica, representada pelas pessoas citadas acima, e se recusar a qualquer tipo de envolvimento na farsa política unilateral que Kissinger parece ter aceitado.

• O sr. Carter precisa se manifestar depressa em relação à questão da Namíbia. A SWAPO[100] é reconhecida por nós, negros, como uma organização indispensável na formulação de qualquer plano para a independência da Namíbia.

É evidente que o papel desempenhado pelas várias potências mundiais influenciará o rumo dos compromissos assumidos. Se os Estados Unidos se orientarem para um total apoio à luta pela libertação dos negros, terão chance de influenciar as tendências políticas e de serem considerados verdadeiros amigos. Pelo contrário, até agora seu papel tem sido considerado como um incentivo ao regime de minoria, tudo à custa do negro.

Por isso, o sr. Carter sem dúvida tem consciência de que está assumindo o poder num momento em que a influência norte-americana na África tornou-se particularmente significativa. Se ele se colocar do lado daqueles cujo justo direito não pode ser questionado, terá usado a enorme influência que os Estados Unidos possuem de forma legítima e útil. Se, por outro lado, ele ajudar os que estão tentando fazer o tempo parar, então aos olhos dos negros deste país os Estados Unidos terão manchado o próprio nome de modo irreparável.

Steve Biko
1º de dezembro de 1976

---

100 South West African People's Organization [Organização do Povo do Sudoeste da África] foi a principal organização na luta pela independência da Namíbia. Em 1972, a própria Assembleia Geral da ONU reconheceu a SWAPO como a legítima representante do povo da Namíbia, que conquistou sua independência em 1990. [N.E.B.]

18. NOSSA ESTRATÉGIA PARA A LIBERTAÇÃO

Nesta entrevista importante, Steve resume o pensamento central do Movimento da Consciência Negra. A filosofia do Movimento da Consciência Negra afirma que o homem branco na África do Sul construiu cuidadosamente um sistema político que garante a dominação branca contínua pelo uso de pressão psicológica e violência física contra a maioria negra. Assim, os líderes do Movimento da Consciência Negra, como Steve, perceberam que mesmo o processo de oposição dentro do sistema branco foi projetado para frustrar as aspirações negras.

A violência psicológica e física dos brancos significava que, no final da década de 1960, a oposição negra estava desalinhada com aqueles que se organizaram no exílio ou na prisão, e o medo induzido pelos brancos era tão difundido que muitos aspirantes a negros de classe média começaram a olhar para instituições criadas por brancos como "bantustões" e "universidades" como solução para o seu desejo de conforto.

Mas o Movimento da Consciência Negra rejeitou a ideia de padrões sociais brancos como norma. Rejeitou o medo negro do poder branco. O Movimento da Consciência Negra clama pela unidade negra diante da qual a dominação branca deve desmoronar e cair. Steve nunca pronunciou publicamente que ele ou o Movimento da Consciência Negra fossem a favor da "mudança violenta", mas isso deve ser analisado no contexto em que ele foi forçado a falar. Ele aceitava que a dominação branca era mantida pela violência e aceitava que um certo grau de violência negra seria necessário para combater a violência branca. Ele acreditava que, por mais violenta que a África do Sul branca estivesse preparada para ser, isso seria mais facilmente superado ou evitado por uma sólida unidade negra em uma luta que seria principalmente política, e não principalmente militar.

NOSSA ESTRATÉGIA PARA A LIBERTAÇÃO

Stephen Biko: Várias de nossas organizações estão agindo em níveis diferentes. Esta história começa depois de 1963, 1964. Como deve se lembrar, houve muitas prisões neste país por causa de atividades clandestinas realizadas pelo PAC e pelo ANC. Isso levou a um certo enfraquecimento político, especialmente da população negra, e por causa disso não havia nenhuma participação dos negros na articulação de suas próprias aspirações. Toda a oposição àquilo que o governo estava fazendo com os negros vinha, de fato, de organizações brancas, principalmente de grupos de estudantes, como a NUSAS, do Partido Liberal, do Partido Progressista. Os negros que estavam dizendo coisas que tinham sentido eram muito menos numerosos em comparação com os velhos tempos, e estavam espalhados entre essas organizações específicas.

Em 1966, quando cheguei à universidade (Universidade de Durban), havia, de acordo com minha própria análise e a de meus amigos, um tipo de situação anômala, na qual os brancos eram, de fato, os principais participantes em nossa opressão e, ao mesmo tempo, os principais participantes na oposição a essa opressão. Isso pressupõe, portanto, que neste país os negros não estavam, em nenhum estágio, compartilhando do esforço de mudar a opinião política. A situação era totalmente controlada por brancos, naquilo que chamávamos de "totalidade" de poder branco naquele tempo.

Assim nós argumentamos que quaisquer mudanças que venham a ocorrer só podem surgir como resultado de um programa elaborado por negros — e para que os negros fossem capazes de elaborar um programa precisavam derrotar o único elemento importante na política que estava trabalhando contra eles: um sentimento psicológico de inferioridade, que era cultivado deliberadamente pelo sistema. E assim, do mesmo modo, para que os brancos pudessem escutar os negros, eles precisavam derrotar o único problema que tinham, que era um problema de "superioridade".

A única maneira de conseguir realizar esse objetivo era, naturalmente, encarar o negro de um modo novo, em termos de ver o que há nele que faz com que se deixe desacreditar tão facilmente. Em primeiro lugar, dizíamos que, como estudantes negros, não podíamos participar de organizações multirraciais, que eram organizações brancas, devido ao número esmagador de estudantes brancos nas universidades deste país.

Em segundo lugar, essas organizações se concentravam principalmente nos problemas que afetavam a comunidade estudantil branca.

Em terceiro lugar, naturalmente, quando se tratava de questões políticas, eles sabiam formular suas ideias muito melhor que a média dos estudantes negros, já que possuíam uma formação superior. Além disso, por serem mais numerosos, detinham a maioria de votos em qualquer debate. Isso queria dizer que a NUSAS, como organização, apresentava opiniões políticas que eram muito influenciadas pela branquidão dessa organização em particular.

Assim, em 1968, começamos a organizar o que hoje se chama SASO — Organização dos Estudantes da África do Sul —, que se baseava firmemente na Consciência Negra, cujo ponto central era que o negro devia melhorar sua posição através de uma visão positiva daqueles sistemas de valores que fazem com que ele se distinga na sociedade.

Como, por exemplo?

Primeiramente, achávamos que este país específico é quase como uma ilha da Europa na África. Quem percorrer toda a África vai encontrar aspectos da vida africana que são valorizados culturalmente em todo o continente. Mas neste país — de algum modo, qualquer visitante que venha para cá tende a ser levado a quase acreditar que está na Europa. Ele nunca vê negros a não ser em funções subservientes. Tudo isso por causa da dominação cultural do grupo que agora se encontra no poder.

A REDUÇÃO DO MEDO

Até que ponto têm sido bem-sucedidos?

Temos sido bem-sucedidos no sentido de termos reduzido o elemento medo na mente dos negros. No período de 1963 a 1966, os negros tinham um medo horrível de se envolver na política. As universidades não estavam formando nenhuma liderança útil para os negros, porque todo mundo achava mais cômodo perder-se numa determinada profissão, ganhar dinheiro. Mas, de lá para cá, os estudantes negros vêm considerando que o papel fundamental deles é o de se prepararem para desempenhar funções de liderança nos vários aspectos da comunidade negra. Através de nossa formulação política das aspirações dos negros, muitos deles passaram a considerar a necessidade de se levantar e tomar uma posição significativa contra o sistema. Fala-se muito mais em política agora, há muito mais debate político e muito mais condenação do sistema por parte de pessoas negras comuns do que jamais houve, talvez desde 1960 e antes.

Estou me referindo aqui a todo o sistema opressor de educação, sobre o qual os estudantes estão falando. Depois de se queixar disso, o governo quer fortalecer ainda mais aquilo contra o que os estudantes estão protestando, trazendo a polícia e carros blindados e cachorros — quase soldados, por assim dizer.

A reação dos estudantes então foi em termos do seu orgulho. Não estavam dispostos a serem acalmados, nem mesmo com revólveres apontados contra eles. E por isso aconteceu o que aconteceu. Algumas pessoas foram mortas. Essas revoltas só continuaram a acontecer, constantemente, porque em nenhum momento os jovens estudantes — e nem, por falar nisso, em algum ponto, os seus pais — estavam dispostos a ter medo. Todo mundo viu isso como um ato deliberado de empregar medidas opressoras para tentar acalmar as multidões negras, e todo mundo estava decidido igualmente a dizer para a polícia, a dizer para o governo: "Não seremos amedrontados por sua polícia, por seus cachorros e por seus soldados". Agora, esse é o tipo de ausência de medo sobre o qual estamos falando que eu considero como um determinante importante na ação política.

Desde o último mês de junho, uns quatrocentos jovens negros foram mortos.

Na realidade, 499.

Não acha que isso vai intimidá-los?

Não. Acho que foi um instrumento muito útil para uma aliança entre jovens e velhos. Antes disso havia uma diferença entre os pontos de vista da velha geração e os da geração mais jovem. A geração mais jovem estava indo depressa demais para a velha geração. A velha geração estava dividida entre a política dos bantustões, de um lado — velhas fidelidades que não eram alianças progressistas, para com grupos como o ANC, o PAC, sem nenhum resultado na ação —, e havia aqueles que estavam amedrontados demais para se mexer.

Vocês são contra a liderança dos bantustões?

Sim, claro. Somos contra os líderes dos bantustões, até mesmo contra os melhores dentre eles, como Gatsha Buthelezi.

Diga alguma coisa a esse respeito.

Nossa atitude, neste caso, é a de que não se pode, ao buscar as aspirações dos negros, consegui-las a partir de uma plataforma que foi feita para a opressão dos negros. Consideramos que todas essas plataformas dos chamados bantustões foram criadas deliberadamente pelo governo nacionalista para conter as aspirações políticas dos negros e para apresentar plataformas pseudopolíticas, a fim de que dirigissem suas aspirações para elas.

Agora, homens como Gatsha Buthelezi, Matanzima, Mangope etc., todos eles participam do jogo do branco de conter as aspirações dos negros. Não acreditamos que seja possível de nenhum modo fazer com que essas plataformas desempenhem um papel útil. Acreditamos que o primeiro passo principal a ser dado por qualquer líder político negro é destruir uma plataforma assim. Destruí-la, sem lhe dar qualquer tipo de respeitabilidade. Uma vez que se entre nela, que se participe dela, esteja você no partido do governo ou na oposição, você estará na verdade santificando-a, conferindo-lhe respeitabilidade.

Assim, em um certo sentido, pessoas como Buthelezi, como Matanzima, como Mangope participam de um jogo de brancos e participam à custa do negro. Eles estão conduzindo os negros a uma luta dividida — levando-os a falarem como zulus, como xhossas, como pedis —, o que é uma característica totalmente nova na vida política dos negros neste país. Nós falamos como um todo integrado, dirigindo-nos a um inimigo comum, e rejeitamos qualquer um que queira destruir essa união.

Nossa opinião é que devemos atuar como um todo integrado, a fim de realizar uma sociedade igualitária para a totalidade da Azânia. Por isso, para nós, tudo o que reforce pontos de vista restritos a uma determinada tribo, pontos de vista racistas ou que sejam de alguma maneira setoriais, é abominável. Nós o odiamos e procuramos destruí-lo. É por essa razão, portanto, que não podemos considerar nenhum tipo de coalizão com qualquer um dos líderes dos bantustões, mesmo com os assim chamados melhores entre eles, como Gatsha Buthelezi, porque eles se destroem a si mesmos em virtude do tipo de argumentos que apresentamos.

A AMEAÇA VERMELHA

O governo, é claro, disse que toda essa inquietação é devida à agitação comunista. O senhor é comunista?

Nós não somos, de modo algum, comunistas. E também não acredito, nem por um momento, que a agitação seja devida à agitação comunista. Eu sei com certeza que tem havido participação de muita gente na agitação; isso, de qualquer modo, pode ser visto através de alguns sinais. Mas a razão fundamental que está por trás da agitação é uma simples falta de paciência, por parte dos jovens, com um governo que se recusa a mudar, que se recusa a fazer mudanças no campo da educação — que é o alvo deles, os estudantes — e que também se recusa a fazer mudanças na situação política mais ampla.

Bem, quando esses jovens começaram com os seus protestos, estavam falando sobre [o uso exclusivo do] africâner [nas escolas negras], estavam falando sobre a educação bantu e levavam isso a sério. O governo reagiu de modo autoritário, presumindo, como sempre tem feito, que estava numa posição de poder total. Mas uma vez na vida se depararam aqui com um grupo de estudantes que não estava disposto a ser jogado de um lado para outro, o tempo todo. Eles decidiram se mexer, e naturalmente todo o país reagiu...

Há lições a serem tiradas de toda essa agitação do ano passado. Em primeiro lugar, acho que os negros se mexeram um pouco e agora eles conhecem o grau de dedicação que podem encontrar entre os seus próprios companheiros quando são chamados à ação. E agora sabem qual é o tipo de reação que vão receber dos vários setores da população — dos jovens, dos mais velhos e assim por diante.

A segunda lição, claro, é a reação do governo e da população branca em geral. O governo reagiu de um modo, e a população branca também reagiu de outro modo. Não pretendemos entrar em detalhes aqui, mas lendo esses jornais é possível ter alguma ideia do nível de medo que prevalecia na sociedade branca num dado momento, especialmente logo depois do primeiro massacre em Soweto, quando havia um medo real na comunidade inteira, em todo o país. Ninguém sabia exatamente onde a próxima ocorrência ia surgir.

Como essas lições vão ser expressas no futuro?

Acho que qualquer repetição de distúrbios dessa natureza só pode levar a um planejamento mais cuidadoso e a melhores avaliações, conseguindo assim obter os resultados desejados de modo mais amplo do que através dessa situação espontânea que tivemos, por exemplo, no ano passado.

Acredita que através desses meios vão conseguir realizar uma mudança real nesta sociedade?

Vejo isso apenas como uma forma de expressar o descontentamento interior. Sou de opinião de que neste país o processo inteiro de mudança vai ser demorado. Depende inteiramente do ponto até o qual o governo nacionalista está preparado para se agarrar ao poder. Minha própria análise é que eles estão querendo se agarrar ao poder e lutar até o fim.

Agora, o conflito só seria evitável se nós estivéssemos preparados para evitá-lo. Aqueles que estão buscando algo, isto é, aqueles que querem justiça, que querem uma sociedade igualitária, só podem ir ao encalço de suas aspirações de acordo com a resistência apresentada pela oposição a eles. Se a oposição está preparada para lutar até o fim, então o conflito não pode ser evitado.

Agora, nós como BPC — sou membro do Movimento da Consciência Negra, era membro da BPC antes de ser banido e, agora, segundo me disseram, fui nomeado presidente honorário da BPC —, a linha que a BPC segue é a de utilizar o máximo possível os meios não violentos dentro do país, e é por isso que nós existimos.

Mas há pessoas — e existem muitas pessoas — que perderam a esperança na eficácia da não violência enquanto método. São de opinião de que o atual governo nacionalista só pode ser derrubado por pessoas que atuem numa facção militar.

Não sei se é essa a resposta final. Acho que no fim vai haver uma totalidade dos efeitos de certo número de agentes de mudanças que operam na África do Sul. Eu, pessoalmente, gostaria de ver um número menor de grupos. Gostaria que grupos como o ANC, o PAC e o Movimento da Consciência Negra decidissem formar um único grupo de libertação. Acredito que só quando os negros estiverem assim dedicados e unidos em sua causa é que poderemos obter os maiores resultados. É o futuro que vai dizer se isso vai ser conseguido através da forma de um conflito ou não. Não acredito, nem por um minuto, que vamos pôr de lado, voluntariamente, a nossa crença numa posição de não violência neste momento. Mas não posso predizer o que vai acontecer no futuro, visto que não posso predizer o que o inimigo vai fazer no futuro.

NENHUM CRONOGRAMA

Pode fazer qualquer conjetura sobre o número de anos que podem ser necessários para que a mudança ocorra?

Esse é um exercício muito difícil. Não quero me envolver nesse tipo de exercício. Alguns falam em cinco anos, outros em dez. Acho que ainda não estamos no estágio em que se pode estabelecer um cronograma preciso.

O senhor fala numa sociedade igualitária. Está se referindo a uma sociedade socialista?

Sim. Acho que não se pode negar o fato de que agora na África do Sul há uma distribuição tão ruim da riqueza que qualquer forma de liberdade política que não toque na distribuição adequada da riqueza não terá sentido. Os brancos trancaram, dentro de uma pequena minoria deles mesmos, a maior parte da riqueza do país. Se tivermos uma mera mudança de caras naqueles que estão em posições de mando, o que vai provavelmente ocorrer é que os negros continuarão a ser pobres e poderemos ver alguns negros se infiltrando na chamada burguesia. Nossa sociedade será dirigida quase do mesmo modo que ontem. Assim, para que surja uma mudança significativa, é preciso haver uma tentativa de reorganizar todo o padrão econômico e as diretrizes econômicas dentro deste país.

A BPC acredita numa combinação criteriosa de empresa privada muito reduzida com uma participação do Estado na indústria e no comércio, especialmente em indústrias como a mineração — ouro, diamantes, asbesto e outros —, como a silvicultura, e, é claro, a total posse da terra. Então, com esse tipo de combinação criteriosa dos dois sistemas, esperamos chegar a uma distribuição mais equitativa da riqueza.

O senhor visualiza um país no qual negros e brancos possam viver juntos, amigavelmente, com as mesmas condições?

Correto. Visualizamos uma sociedade completamente não racial. Não acreditamos, por exemplo, nas chamadas garantias para os direitos das minorias, porque garantir o direito das minorias implica reconhecer partes da comunidade com base na diferença racial. Acreditamos que em nosso país não haverá nenhuma minoria, não haverá nenhuma maioria, só as pessoas.

E essas pessoas terão o mesmo status perante a lei e terão os mesmos direitos políticos perante a lei. De modo que, num certo sentido, será uma sociedade completamente não racial, igualitária.

Mas será que o enorme número de negros, depois de tudo o que eles experimentaram, vai ser capaz de viver sua vida sem manifestar sentimentos de vingança, de...

Acreditamos que é dever do movimento político de vanguarda, que traz a mudança, educar a perspectiva do povo. Do mesmo modo como os negros, que nunca viveram num sistema econômico socialista, vão ter que aprender a viver em um. E do mesmo modo como eles, que sempre viveram numa sociedade racialmente dividida, vão ter que aprender a viver numa sociedade não racial. Eles têm muita coisa para aprender.

Tudo isso precisa ser levado até eles e explicado às pessoas pelo movimento de vanguarda que está liderando a revolução. De modo que não tenho nenhuma dúvida em minha mente de que as pessoas — e eu conheço o povo, em termos de meu próprio contexto, onde eu moro — não são necessariamente vingativas, nem têm um ponto de vista sádico. O negro não tem más intenções em relação ao branco. O negro só tem raiva do branco quanto ao seu desejo de se fortalecer em uma posição de poder para explorar o negro. Não há nada mais além disso.

Não precisamos de maiorias artificiais, de leis artificiais para nos fortalecer no poder, porque acreditamos que uma vez que tenhamos obtido o poder, o nosso número, por si só, vai nos manter lá. Não temos o mesmo medo que o governo de minoria branca sempre tem tido, que tem conduzido às suas muitas leis destinadas a mantê-lo lá.

DIREITO DE VOTO LIVRE

Como sabe, o principal argumento do governo é sempre o de que o negro simplesmente não está hoje em um nível de civilização para poder ter toda a sua influência política. Acredita no direito de cada pessoa ter um voto?

Sim, nós acreditamos nisso. Totalmente. Totalmente: uma pessoa, um voto, sem nenhuma qualificação de nenhum tipo, com exceção das qualificações normais que existem em todo o mundo.

Não acha que o negro, de fato, é bem capaz...

O negro é bem capaz e o branco sabe disso. A ironia desse tipo de situação é que, quando o governo branco negocia uma assim chamada independência para o assim chamado Transkei, não fala em termos de um direito a voto com qualificações. No Transkei, todo transkeiano vota. Existem políticos nacionalistas brancos que argumentam que esse é um sistema que vai funcionar no Transkei. Mas, de algum modo, quando se trata do país mais amplo, os negros não podem votar porque não compreendem os padrões econômicos sofisticados daqui. Eles não entendem nada. Precisam operar em um nível diferente. Tudo isso é bobagem. Tem o objetivo de fortalecer o branco na posição na qual se encontra hoje. Nós vamos acabar com isso de uma vez. Vai haver um direito a voto completamente não racial. Negros e brancos vão votar como indivíduos em nossa sociedade.

Tudo isso é fascinante. Como estrangeiro, como visitante, só posso dizer que minha impressão é que certamente será um caminho muito longo e provavelmente muito sangrento.

Existe essa possibilidade. Sim, existe essa possibilidade. Mas como disse antes, será determinada unicamente pela reação do Partido Nacional. Se eles forem capazes de ver que, na Rodésia, Smith precisa negociar com os líderes negros da Rodésia...

Acho que o conflito é inevitável dada a reação previsível do sistema atual. E esse conflito pode ser bem generalizado, extenso e demorado. Meu maior medo é que, de acordo com esta análise atual, o conflito só pode se dar numa base generalizada entre negros e brancos.

Não temos grupos suficientes que possam formar coalizões com negros — isto é, grupos de brancos — no momento atual. Quanto mais grupos assim surgirem tanto melhor para minimizar esse conflito.

Muito obrigado, sr. Biko.

19. SOBRE A MORTE

Estas palavras foram tiradas de uma entrevista com um homem de negócios americano, realizada alguns meses antes da derradeira prisão e da morte de Steve, mas que só foi publicada no New Republic *no dia 7 de janeiro de 1978. Elas dispensam qualquer comentário.*

A gente ou está vivo e orgulhoso, ou está morto. E quando se está morto, a gente não liga mesmo. E o modo como se morre pode ser, por si mesmo, uma coisa que cria consciência política. Assim, a gente morre nos tumultos. Para um número muito grande, na verdade, não há realmente muito o que perder — quase literalmente, dado o tipo de situações de que provêm. E assim, se a gente puder superar o medo pessoal da morte, que é uma coisa altamente irracional, sabe, então a gente está a caminho.

E no interrogatório o mesmo tipo de coisa se aplica. Eu estava falando com um policial e disse a ele: "Se quer que façamos progresso, a melhor coisa é falarmos. Não tente nenhum tipo de brutalidade porque simplesmente não vai funcionar". E isso também é absolutamente certo. Porque eu simplesmente não podia imaginar o que poderiam fazer comigo que me fizesse de repente ficar mais maleável para eles. Se eles falarem comigo, bem, certamente vou ser afetado por eles como seres humanos. Mas, no minuto em que usarem de brutalidade, estão imprimindo em minha mente o fato de serem da polícia. E eu só conheço um modo de tratar com a polícia, que é o de colaborar o mínimo possível. E assim eu me fecho. E eu disse isso a eles: "Depende de vocês". Tivemos uma luta de boxe no primeiro dia em que me prenderam. Um cara tentou me dar uma bordoada com um porrete. Fui para cima dele como um touro. Acho que ele tinha recebido instruções para chegar só até um certo ponto, e não mais, e usando as mãos abertas de modo a não deixar nenhuma marca no rosto. E naturalmente ele disse exatamente o que o senhor estava dizendo agora há pouco: "Vou matá-lo". Ele pretendia me intimidar. E minha resposta foi: "Quanto tempo vai levar?". É claro que eles estavam observando minha reação. E podiam ver que eu não estava nem um pouco preocupado. Se eles me espancam, é uma vantagem para mim. Posso usar isso. Eles tinham acabado de matar alguém na cadeia — um amigo meu —, uns dez dias antes de eu ter sido preso. Agora, teria sido uma prova tremendamente útil se eles me espancassem. Pelo menos isso mostraria que tipo de possibilidades havia, que tinham levado à morte desse cara. Assim, eu queria que eles fossem em frente e fizessem o que pudessem, para que eu pudesse usar isso. Eu não estava realmente com medo de que a violência deles pudesse me levar a revelar coisas que eu não quisesse, porque não tinha nada a revelar sobre essa questão em particular. Eu estava agindo a partir de uma posição muito boa, e eles estavam numa posição muito fraca. Minha atitude é: não vou permitir que eles executem fielmente o programa deles. Se eles querem me surrar cinco vezes, só podem fazer isso sob a condição de eu deixar que me surrem cinco vezes. Se eu reagir impetuosamente, de maneira idêntica e oposta, logo no primeiro golpe, eles não vão ser capazes de contar os quatro golpes seguintes, sabe. É uma luta. De modo que se eles pretendiam me surrar só até um certo ponto, e não mais, minha ideia é fazer com que sigam além do que pretendiam e devolver o máximo que eu puder, de modo que se torne uma coisa incontrolável. Percebe qual era o único problema que esse cara tinha comigo? Ele não podia realmente lutar comigo porque isso queria dizer que ele teria que revidar, como um homem. Mas ele tinha recebido instruções, sabe, sobre como bater, e agora essas instruções não valiam mais, porque era uma luta. E então ele tinha que se retirar e receber outras instruções. Assim, eu disse para eles: "Escutem, se vocês querem fazer isso do seu modo, vão ter que me algemar e amarrar meus pés juntos, de modo que eu não possa reagir. Se me deixarem reagir, certamente vou reagir. E tenho medo de que poderão ter que me matar no decorrer do processo, mesmo que não seja essa a sua intenção".

MÁRTIR DA ESPERANÇA: UMA MEMÓRIA PESSOAL
AELRED STUBBS C.R

UM

Conheci a família Biko pela primeira vez na pessoa de Kaya, irmão mais velho de Steve. Em maio de 1963, com mais de quarenta dos seus companheiros, Kaya foi expulso da Instituição Lovedale Alice, e então detido e acusado de ser membro de uma organização ilegal, POQO, a ala militar do Congresso Pan-Africanista (PAC), que fora proibida. Quatro meses antes, nossa comunidade tinha mudado a Faculdade Teológica de St. Peter de Rosettenville, em Joanesburgo, para Alice, na Província do Cabo, para formar o colegiado constituinte anglicano no ecumênico Seminário Teológico Federal da África Austral.

Quando esses meninos foram presos, o padre guardião de um deles nos telefonou do Transkei e nos pediu para contratar a defesa legal dele e tentar garantir sua fiança. O membro da comunidade que o localizou na prisão de Fort Beaufort, onde todos os meninos estavam detidos, descobriu posteriormente outros cinco meninos de famílias anglicanas, dos quais Kaya era um.

Como a família Biko morava em Kingwilliamstown, a apenas 60 quilômetros de Alice, coube a mim visitar a mãe de Kaya e perguntar se ela queria que providenciássemos uma defesa legal para ele. Naquela época, a sra. Biko ainda trabalhava no Hospital Grey, em condições desagradáveis e com um salário miserável. A existência de Stephen ainda era desconhecida para mim.

Vale a pena registrar algumas características do julgamento, que ocorreu em Alice no início de agosto, tanto como um exemplo da justiça sul-africana quanto pela influência formativa que esses eventos tiveram em minha educação no "estilo de vida sul-africano". Na véspera do julgamento, o advogado escolhido pela maioria dos rapazes, o sr. L. L. Mtshizana, foi detido sob a "Lei dos 90 dias" pelo Departamento de Segurança. Durante o julgamento, o sargento Hattingh, na época diretor do Departamento de Segurança de Alice, manteve os meninos que haviam prestado depoimento ao Estado em um local onde pudessem ouvir o que cada um dizia enquanto depunha, até que isso fosse apontado ao magistrado. A Corte foi cercada por policiais armados. O sentimento era "isso é guerra". O magistrado ameaçou de tal forma as testemunhas convocadas pela defesa que isso foi motivo de condenação dos juízes do Supremo Tribunal Federal quando o processo foi para apelação. Todos, exceto três dos meninos, foram condenados. Tendo vindo a conhecer a família razoavelmente bem, dei provas para mitigar a sentença de Kaya, alegando que, em vista de sua idade, da falta de condenações anteriores e da pobreza da família, ele deveria receber uma suspensão condicional da pena ou golpes em vez de ser enviado para a prisão. Ele recebeu dois anos, 15 meses dos quais foram suspensos condicionalmente. Foi libertado da prisão de Fort Glamorgan, East London, em 12 de maio de 1964. Após o julgamento, outro membro da Comunidade e eu recebemos cartas e telefonemas anônimos com ameaças.

Continuei a visitar a sra. Biko antes e depois da soltura de Kaya, e ocasionalmente o irmão dela me visitava em Alice; mas ainda não conhecia Stephen. Então, em 1964 ou 1965, um dia recebi uma carta muito longa dele. Depois de se apresentar como irmão de Kaya, lançou uma longa série de perguntas sobre a fé cristã. A escola onde ele estudava em Natal era dirigida por monges e freiras católicos romanos, e Stephen achava boa parte de seus ensinamentos ininteligíveis ou inaceitáveis. Respondi suas perguntas da melhor maneira que pude, convidei-o para nos visitar em Alice durante suas próximas férias e lembro-me de ter pensado que a carta mostrava uma facilidade incomum de expressão, bem como uma mente perspicaz e inquiridora. Não consigo me lembrar agora se ele aceitou meu convite. A amizade não floresceu; mas a família Biko permaneceu em minhas orações por causa de minha admiração pela mãe, lutando para dar a seus quatro filhos uma educação melhor do que ela poderia pagar e envelhecendo prematuramente no processo. De sua parte, a família, incluindo Stephen (como só soube dez anos depois), agora me considerava um pai em Cristo, a quem eles podiam recorrer em momentos de necessidade.

DOIS

Os anos de 1963-67 foram anos de desmoralização para o povo africano em geral na África do Sul, e especialmente para os estudantes. A repressão selvagem lançada depois de Sharpeville, em março de 1960, continuou[101]. Não havia organizações políticas de modo aberto. Na Residência Universitária de Fort Hare, por exemplo, ao lado de nosso Seminário em Alice, os elementos restantes do ANC e do PAC foram eliminados pelo Departamento de Segurança, que tinha entrada na residência e acesso aos arquivos dos alunos. A resistência militante ao odiado sistema de educação bantu foi sucedida por uma aparente apatia, e os ressentimentos e as frustrações dos alunos foram expressos por alguns em bebedeiras pesadas e promiscuidade sexual. Parecia que em Fort Hare, outrora o coração intelectual da África do Sul negra, as autoridades haviam vencido, mesmo que apenas por forçar os estudantes a uma aquiescência derrotada ao sistema.

Durante esses anos, o Partido Liberal multirracial estava na defensiva: acabou se dissolvendo em 1968 para não obedecer à legislação que tornava ilegal um partido político multirracial. Assim, a NUSAS (a União Nacional

---

[101] No dia 21 de março de 1960, uma multidão de cinco mil pessoas se reuniu em Sharpeville (uma *township* negra construída pelo regime de Apartheid na província de Gauteng) em um protesto chamado pelo Congresso Pan-Africanista contra a Lei do Passe. Era uma manifestação completamente pacífica e até festiva, mas as forças do regime reagiram com carros blindados, bombas de gás lacrimogêneo e muitos tiros. Calcula-se que pelo menos 91 pessoas foram mortas e centenas ficaram feridas, várias delas crianças. O episódio, que foi registrado pelo fotógrafo Ian Berry, provocou grande comoção não apenas dentro da comunidade negra, mas até na comunidade internacional. Houve manifestações de protesto em diversos países. E no dia 1º de abril, a ONU aprovou a Resolução 134, com a qual se solidarizava com as famílias das vítimas e pedia para o governo sul-africano abandonar o Apartheid. No entanto, Pretória respondeu com maior endurecimento e repressão: declarou Estado de Emergência, prendeu 18 mil pessoas e tornou ilegal organizações como o Congresso Pan-Africanista e o Congresso Nacional Africano. Foi então que tais organizações passaram a considerar a luta armada. [N.E.B.]

dos Estudantes da África do Sul, fundada há mais de 50 anos por um grande africâner, o falecido Leo Marquard) ficou como a única expressão nacional da tradição liberal. Foi proibida no campus de Fort Hare, mas no Seminário floresceu — uma situação que não adoçou as relações entre as duas instituições vizinhas, pelo menos no nível oficial. Com risco considerável para si mesmos, estudantes comprometidos em Fort Hare e outros campi não brancos mantiveram seus vínculos com a NUSAS.

Stephen parece ter participado de uma conferência da NUSAS enquanto ainda estava em Mariannhill. Após a matrícula, ele ingressou na faculdade de medicina em Wentworth, Durban (UNNE- Universidade de Natal para Não Europeus, como era então chamada), no início de 1966 e imediatamente entrou para a NUSAS, tornando-se ativo e de fato proeminente naquela organização durante o período 1965-67.

TRÊS

O ano de 1968, como vocês se lembram, foi "o ano dos estudantes". Na África do Sul, para a NUSAS, foi o começo do fim da organização como um sindicato genuinamente nacional e multirracial. Mas para os campi não brancos, como ainda eram chamados até então, foi um ano de renascimento milagroso.

Em nenhum lugar isso foi expresso de forma mais dramática do que em Fort Hare. Um novo reitor foi nomeado, J.J. de Wet, cujo campo acadêmico era Estatística. Embora não houvesse um conselho representativo dos estudantes e, portanto, nenhuma liderança estudantil reconhecida, os alunos exigiram ver o novo reitor na tentativa de persuadi-lo a tratá-los como seres humanos responsáveis, não como uma forma inferior de vida humana. Cedendo ao conselho negativo de um professor africano sênior, um notório "vendido", o reitor recusou. Seguiu-se uma greve bem disciplinada e totalmente não violenta, na qual participaram quase 500 de um total de cerca de 550 estudantes. A partir do final do terceiro período, a greve foi retomada após um curto intervalo e só foi interrompida quando o reitor pediu à polícia para entrar no campus com cães e gás lacrimogêneo e escoltar os alunos em greve, todos suspensos, para a estação ferroviária. Cada aluno precisava solicitar novamente a admissão pessoalmente com o pai, ou um dos pais — um dispositivo punitivo que não apenas recaía pesadamente sobre as finanças da família, mas também calculado para colocar os pais do lado da "lei e ordem". Um pai até trouxe um sjambok (chicote) e espancou o filho na presença do reitor para persuadi-lo a readmitir o estudante! Vinte e dois alunos foram informados de que não poderiam se matricular novamente. Apesar da liderança anônima da greve, esses 22 foram considerados pela administração, provavelmente a conselho de informantes, como os líderes da quadrilha. Um deles era Barney Pityana, que deveria concluir sua graduação em dois meses.

Depois daquele período de torpor da Fort Hare na década de 1960, o espírito inextinguível exibido em toda essa operação não foi apenas milagroso. Também era um bom presságio para a nascente associação de estudantes totalmente negros, que havia sido concebida por Stephen e outros na Conferência do Movimento Cristão Universitário em Stutterheim em julho. No ano seguinte, nasceu a Organização dos Estudantes da África do Sul (SASO), e Steve foi eleito o primeiro presidente. Barney o sucedeu em julho de 1970 e, quando seu mandato expirou, ele foi nomeado secretário-geral, um cargo remunerado em tempo integral.

Barney era e é um cristão profundamente comprometido, e eu o conhecia bem por meio da capelania anglicana de Fort Hare. Àquela altura eu via Steve ocasionalmente, durante visitas que ele fazia ao Seminário para encorajar o crescimento da SASO em Fort Hare e no Seminário. Ironicamente, a organização recebeu imediatamente o reconhecimento oficial da Administração de Fort Hare, que gostou de sua aparência segregada! Embora a estratégia da SASO em limitar seus membros aos negros fosse de "retirada" para se reagrupar, construir confiança, um senso de identidade e uma base de poder, e então ressurgir para confrontar a estrutura de poder branca, a administração viu isso inicialmente (como de fato a SASO foi inteligente o suficiente para se mostrar) como conformando-se à política segregacionista de "desenvolvimento separado" defendida pelo Partido Nacional. Só mais tarde Fort Hare e outras autoridades universitárias bantu, negras e indianas perceberam que víbora alimentavam em seus seios! No Seminário, por outro lado, parecia a princípio negar tudo o que a instituição representava —uma oposição resoluta ao Apartheid em todas as suas manifestações e, positivamente, um testemunho cristão de fraternidade e reconciliação não racial. Até os alunos de uma instituição como a nossa ficaram confusos no início. Mas, em 1970, nós da Faculdade Anglicana St. Peter's, no Seminário, tanto funcionários quanto alunos, estávamos suficientemente familiarizados com a nova ideologia para lidar com uma greve quando ela irrompeu na instituição. Os alunos deixaram claro, por um zelo incomum em manter a regra devocional do colégio, que não tinham nenhuma desavença com a administração da St. Peter's. Ao mesmo tempo, nós, funcionários, tínhamos que respeitar a solidariedade que eles tinham para com seus colegas negros no restante do Seminário.

Em grande parte por meio da eloquência convincente de Steve, que mesmo antes de julho de 1969 havia viajado extensivamente falando pela organização nascente, e que passou grande parte do ano presidencial de 1969 a 1970 visitando os campi, a SASO começou a progredir mesmo em um campus liberal como o Seminário em Alice. Ele tinha, já na época, um magnetismo extraordinário. Seu domínio sobre o público totalmente negro era quase assustador; era como se estivessem ouvindo um novo "messias". No entanto, a organização era bem democrática e desde o início se opôs ao culto à liderança.

Apesar de ter precipitado o rompimento com a NUSAS que deveria ser feito para que a SASO decolasse, Steve insistiu em manter amizades pessoais. Ele sempre foi um homem grande demais para colocar a ideologia antes das pessoas. Além disso, gostava de companhia e adorava chocar. Um sacerdote católico romano lembra-se desse grande "jovem de aparência carrancuda" frequentemente rondando o Escritório dos Trabalhadores Cristãos em Durban. Certa vez, o padre entrou e encontrou Steve sentado no escritório com uma garota branca no colo! No final de 1970, planejei reunir um grupo de amigos em uma festa informal em Hogsback, perto de Alice, em torno de um quarteto de jovens negros radicais que esperava que comparecesse. Barney Pityana era um deles. Ele já havia participado de uma festa semelhante que organizei em setembro de 1969. Stephen foi outro, convidado porque sabia que ele era o líder destacado da SASO e tinha familiaridade suficiente com ele para poder fazer um convite. Sabelo Stanley Ntwasa, de Kimberley, um estudante do St. Peter's e um eloquente expoente da Consciência Negra e da Teologia Negra, era o terceiro. O último era Lindelwe Mabandla, um estudante de Fort Hare que passei a apreciar devido ao nosso amor comum pela literatura inglesa; era vice-presidente da SASO.

Eu percebi que esses jovens tinham a chave para o futuro na África do Sul, que eu era privilegiado de um modo quase único por ter conquistado a confiança deles, e que deveria permitir que outros brancos conhecessem meus jovens amigos no tipo de ambiente descontraído que prevalecia em Innisfree. Infelizmente, Stephen e Barney receberam um convite de última hora para participar de uma importante conferência estudantil na Cidade do Cabo [ver capítulo 11], então tivemos que desistir e não conseguimos encontrar uma data alternativa que todos pudessem administrar: assim, a reunião ocorreu sem aqueles dois.

Mas me lembro muito bem da presença física de Stephen naquela época. Alto e de proporções grandes, ele trazia para qualquer reunião uma sensação de expectativa, uma vitalidade e um poder além do físico. Ele não tinha uma pele incomumente escura —Barney é muito mais moreno. Sua testa era alta e proeminente, o nariz, longo e ligeiramente arrebitado na ponta, com narinas largas e dilatadas. Mas sua alma estava em seus olhos, que eram castanho-líquidos e infinitamente expressivos; e em todo o seu corpo, que o comunicava mais diretamente do que normalmente é o caso. Nunca o vi nu; no entanto, em outro sentido, sempre o vi "nu", mesmo quando vestia o velho sobretudo do Exército que usava no inverno. Havia um espírito interior ardente que enchia seus membros, de modo que ele sempre o encontrava com sua própria presença poderosa. Suas roupas simplesmente não importavam. Ao cumprimentar pela primeira vez os jovens amigos negros que visitava, normalmente nos apertávamos em um abraço caloroso. Nos últimos anos de nossa amizade, Stephen e eu abandonamos tacitamente essa prática; havia uma compreensão mais profunda de que o abraço poderia não ser mais apropriadamente sacramental. Ele era, mesmo naquela época, apesar da incerteza quanto à sua escolha de profissão, íntegro em um grau incomum. Era um homem de verdade. Não era à toa que as garotas se apaixonavam por ele e os rapazes lhe davam sua lealdade irrestrita. Ele nunca mudou fisicamente durante todo o tempo que o conheci, exceto que a vida sedentária decorrente de seu banimento o levou a engordar. Uma fotografia tirada em sua libertação de 101 dias de detenção em 1976 dá um vislumbre comovente de seu eu anterior.

Mais ou menos na mesma época, ou seja, na virada do ano de 1970-71, Stephen casou-se com Ntsiki Mashalaba, uma jovem de Umtata que estava formando-se enfermeira em Durban. Eu não a conhecia na época, mas um aluno nosso que a conhecia bem disse que era uma pessoa excepcionalmente doce e gentil, e se perguntou se ela iria gostar de ver o marido engajado na carreira política. Seja como for, mais tarde Steve me diria que ela era a única pessoa em sua vida com quem ele poderia compartilhar tudo de si mesmo, de quem não precisava esconder nada. Naquela época, em todo caso, Steve ainda estudava para ser médico: e talvez só quando foi expulso de Wentworth em 1972, supostamente por mau desempenho acadêmico, é que a decisão de se dedicar em tempo integral às atividades da Consciência Negra foi tomada, e ele começou a trabalhar para os BCP (Programas da Comunidade Negra) em Durban.

Em 1972, minha própria vida mudou. Depois de doze anos como diretor do St. Peter's, deixei Alice no início de julho e voltei para o Priorado da Comunidade em Joanesburgo, em Rosettenville. Antes disso, porém, ocorreu um acontecimento importante para o desenvolvimento da minha própria vocação e do meu ministério. Em março, o Departamento de Segurança emitiu uma ordem de interdição contra um de nossos alunos, Stanley Ntwasa, e o removeu da faculdade para sua casa em Kimberley, onde foi colocado em prisão domiciliar. Apaixonado defensor da Consciência Negra, ele teve permissão para interromper seu treinamento ministerial por um ano em 1971 para atuar como secretário itinerante do radical Movimento Cristão Universitário, com responsabilidade especial em promover o crescimento da "Teologia Negra" no seminário e nos campi universitários em toda a república. Não há dúvida de que foi por causa dessa atividade "subversiva" que Stanley recebeu essa punição cruel sem julgamento, e tornou-se meu dever continuar a dar a ele todo o cuidado pastoral que podia enquanto morava a mais de 480 quilômetros de distância. Essa foi minha iniciação no ministério para os banidos, que se tornaria meu principal serviço e alegria nos próximos cinco anos.

Durante meu último ano no Seminário, não vi muito Stephen, mas lembro-me de ter entrado um dia na sala comunal dos alunos na St. Peter's e o visto esparramado em uma poltrona, como sempre o centro das atenções. Ele parecia um dos maiores animais felinos — um tigre talvez —, com uma graça animal, uma facilidade insolente e uma sensação de imenso poder latente. "Oi!", ele me cumprimentou, sem se levantar do assento, mas com uma simpatia descontraída que era virtualmente irresistível. Só muito mais tarde compreendi que essa informalidade espontânea mascarava seu profundo respeito por mim como seu "querido padre".

QUATRO

Mas então foi só muito mais tarde, e depois de uma briga séria, que realmente nos conhecemos. Durante todo o período que cobri até agora, ele me reverenciou como um ancião, um "missionário", sobre cuja família, antecedentes, educação e até mesmo nome cristão ele não tinha liberdade para perguntar. De minha parte, fiquei fascinado por esse jovem extraordinário que vinha de uma origem que eu conhecia, mas parecia ter um carisma que não conseguia explicar, um poder que poderia ser para um bem imenso ou, possivelmente, para a destruição; uma pessoa perigosa de se conhecer e, no entanto, para mim, mesmo assim, tão vulnerável que teria sido impossível, mesmo que eu desejasse, fechar meu coração para ele.

A circunstância que serviu para transformar essa relação desigual — embora não de uma vez — foi o banimento dele em fevereiro de 1973. Naquele mês, o governo nacionalista baniu oito líderes da NUSAS; e então, enquanto o alvoroço sobre isso na imprensa e no exterior ainda estava no auge, também baniu oito líderes da SASO, incluindo o próprio Steve, Barney Pityana, Harry Nengwekhulu e Strini Moodley.

O que isso envolvia para Steve? Primeiro, ele deveria deixar Durban, onde vivia desde 1966, e onde trabalhava para os BCP, e retornar à sua cidade natal, Kingwilliamstown. Lá foi confinado ao distrito magistral: nenhuma visita a East London, Alice, Fort Hare, Grahamstown, Port Elizabeth — muito menos Durban, Cidade do Cabo ou Joanesburgo. Ele não podia entrar em uma instituição educacional. Não podia escrever nada para publicação. Não podia falar em público. Não podia participar de nenhuma reunião de qualquer tipo, exceto um serviço genuíno da igreja. Não podia ser citado na imprensa ou em qualquer publicação (essa proibição incluía tudo o que ele havia escrito até aquele momento). Ninguém poderia visitá-lo em sua casa, onde deveria residir, exceto um médico. Nunca poderia estar na companhia de mais de uma pessoa por vez; até um encontro casual na rua constituiria uma "reunião" se prolongado além dos cumprimentos formais.

A intenção de uma ordem de banimento — entregue a uma pessoa a critério exclusivo do ministro da Polícia, sem julgamento prévio — é restringir seu alvo à sua própria custa a uma determinada área geográfica, para silenciá-lo, portanto, para esperar que ele seja esquecido. Nos casos em que o ministro está convencido de que a pessoa teve uma "mudança de opinião" e "viu o erro de seus caminhos", o banimento pode ser suspenso, novamente a critério exclusivo do ministro. Normalmente, uma ordem de banimento dura cinco anos, mas pode ser estendida por mais cinco anos. A de Steve teria expirado em fevereiro de 1978.

Quando Steve voltou para King (como Kingwilliamstown é conhecida em toda a África do Sul), tinha apenas 26 anos e deve ter parecido que estava voltando para sua cidade natal como um fracasso. Ele não estava qualificado para nenhuma profissão; tinha uma esposa e um filho para sustentar; as chances de emprego para um "homem bantu" banido em uma vila rural como King, com o Departamento de Segurança em todos os lugares, eram realmente mínimas. Mais do que isso, porém, parecia à comunidade local que ele tinha falhado em todos os aspectos. Ele não se qualificara como médico, o que teria sido uma grande honra para a comunidade de Ginsberg e um orgulho especial para sua mãe, que havia suado por sua educação. O movimento que ele fundou sofrera um golpe aparentemente mortal com oito de seus líderes banidos. "Um profeta não fica sem honra, exceto em seu próprio país[102]". Em todos os principais centros educacionais negros do país, Steve havia alcançado um status quase messiânico. Mas sua própria comunidade, próxima à dura realidade da pobreza e do desemprego, buscava mais ações do que palavras. Agora estavam a ponto de vê-las.

Três anos depois, Steve não apenas havia construído os BCP na área de King para ser uma obra-prima de desenvolvimento comunitário insuperável em qualquer lugar do país; ele havia sido fundamental para estabelecer em nível nacional outra organização, o Fundo Fiduciário Zimele; havia transformado a própria King, no lado negro, de apatia deprimida em algum aspecto de solidariedade militante, pelo menos em Ginsberg, sua localidade natal; e fez daquela pequena cidade de mercado na área da fronteira do Ciskei[103] um local de peregrinação para líderes dentro e fora da África do Sul, que desejavam aprender com o homem mais qualificado para lhes dizer o que os jovens negros sul-africanos queriam para o futuro de seu país. Como isso aconteceu é o que quero contar: como suas próprias restrições foram utilizadas e transcendidas de maneira a consolidar a afirmação frequentemente feita de que ele era o legítimo sucessor de Nelson Mandela e Robert Sobukwe.

---

[102] Marcos 6:4. [N.E.B.]
[103] Bantustão xhosa. [N.E.B.]

Levou tempo. Primeiro foi necessário estabelecer os BCP no Cabo Oriental. Steve foi nomeado executivo da filial, responsável perante o diretor-executivo em Durban, Ben Khoapa, e o Conselho de Diretores da filial, um grupo de homens em sua maioria profissionais unidos em sua oposição à política governamental de "desenvolvimento separado" e bantustões. Durante 1973, Steve foi auxiliado de perto pelo reverendo David Russell, um jovem padre anglicano apenas alguns anos mais velho que ele, fluente em xhosa e dedicado ao serviço dos pobres e oprimidos. Ele ajudou Steve não apenas em termos práticos, mas mais porque ali estava alguém por perto com um comprometimento igual ao dele e capaz de fornecer estímulo intelectual. Foi uma boa amizade, que mitigou as dificuldades dos primeiros meses de banimento.

Mais perto de casa, sua mãe forneceu desde o início uma base de apoio indômita. Ao contrário dos pais de um ou dois contemporâneos de Stephen, a sra. Biko nunca teve a chance de ser uma ativista política, mesmo que tivesse a inclinação. Ela era muito pobre e precisou trabalhar muito para criar quatro filhos após a perda precoce de seu marido. Mas ela agora mostrava que sabia lidar com o "Sistema", como é chamado o Departamento de Segurança em todo o mundo negro. Não tolerava nenhum absurdo deles: perguntas sobre o paradeiro de seu filho foram recebidas com olhares vagos e negações vazias. Mesmo que ela sentisse medo, nunca o demonstrava. Por outro lado, também não era rude com eles; simplesmente os tratava com uma correção fria e educada. Muito em breve o "Sistema" teve que reconhecer a derrota nessa frente, e durante os quatro anos e meio de sua proibição, Steve recebia quem quisesse na casa de sua mãe, que continuou a ser um lar para ele e sua família (Ntsiki, sua esposa, só conseguiu encontrar emprego como enfermeira no hospital da missão anglicana em St. Matthew's, a 56 quilômetros de King). Parece-me, em retrospecto, que a coragem de sua mãe era ainda mais heroica porque não era sua disposição natural. Seu filho deixou claro desde o início que de forma alguma seria subjugado por sua ordem de restrição. Por amor a ele, ela obedeceu. Sua forte fé cristã a ajudou. Quaisquer que sejam suas críticas expressas à Igreja, Stephen nunca negou ser anglicano, e isso se deveu principalmente à lealdade à mãe e à admiração pela qualidade de sua fé. E aquele lar era um lugar caloroso e amigável, o melhor lugar para os anos de formação de seus filhos. Embora Ntsiki tivesse que trabalhar a 56 quilômetros de distância e só pudesse voltar para casa uma vez por semana, era realmente um lar para eles — como só aqueles que conhecem a vida familiar africana podem entender. Steve estava sempre em casa entre as cinco e as oito todas as noites, para estar com Nkosinathi e, mais tarde, Samora. Às vezes, desobedecia a ordem de banimento para levar Ntsiki de volta a St. Matthew's, muito longe do permitido distrito magistral de King. A vida deveria ser a mais normal possível.

CINCO

As distâncias na África do Sul são formidáveis. King fica a pouco mais de 956 quilômetros de Joanesburgo, e Port Elizabeth fica a mais de 240 quilômetros além de King. Surgiu uma oportunidade de visitar Steve e Barney em seus locais de banimento em maio de 1973, menos de três meses após o recebimento de suas ordens de restrição. A essa altura, eu havia visitado Stanley três ou quatro vezes em Kimberley, e Jerry Modisane, presidente da SASO 1972-73, e restrito ao mesmo tempo que Steve e Barney, que agora também estava lá, então eu estava bem familiarizado com a rotina de visitar uma pessoa banida. A regra de ouro é observar quaisquer precauções que a própria pessoa queira que você observe. A hierarquia da igreja em Kimberley estava, a princípio, com tanto medo de colocar Stanley em mais problemas que, com as melhores intenções, acrescentou uma dimensão de restrição adicional à já restrita liberdade de movimento e associação dele.

Admitindo que o sistema em King era menos opressivo do que em Kimberley, e consideravelmente menos cruel do que em Port Elizabeth, foi interessante notar o quanto Stephen parecia estar no controle da situação depois de menos de três meses de residência. Um mínimo de precaução era tomado quando ele, David Russell[104] e eu queríamos conversar (três constitui uma "reunião social", ou seja, era uma violação da ordem de proibição). Isso não era apenas para sua proteção, mas também para a nossa; se ele tivesse sido pego e indiciado, teríamos sido intimados a depor. Se nos recusássemos, como ambos teríamos feito, Stephen não poderia ser condenado, mas estaríamos sujeitos à prisão por desacato à autoridade do tribunal (isso realmente aconteceu com Peter Welman, um repórter do *Rand*

---

[104] David Russell (1938-2014), bispo anglicano, esteve em prisão domiciliar de 1975 a 1986, mas em determinado momento desse período, em 1980, cumpriu pena de um ano por desafiar as determinações da Justiça sul-africana e por estar em posse de *Biko*, a biografia de seu amigo escrita pelo jornalista Donald Woods. Foi um dos fundadores da Steve Biko Foundation, em 1998. [N.E.B.]

Daily Mail, que pegou seis meses por se recusar a depor contra seu amigo banido, Cosmas Desmond[105], sob uma acusação semelhante). Com o passar do tempo, no entanto, a ascendência de Steve em King tornou-se tão marcante que cada vez mais era difícil lembrar que ele havia sido banido.

Todos os banidos devem lidar com a ordem de restrição à sua maneira. Percebi que, em geral, meus amigos brancos eram mais escrupulosos em observar as precauções do que os negros. Alguns deles compensavam isso fazendo pedidos constantes de relaxamento de suas restrições, com base no princípio da parábola da viúva persistente[106]. Quer seus pedidos tenham sido bem-sucedidos ou não — e às vezes foram —, eles certamente conseguiram se tornar um incômodo para as autoridades. Uma exceção a isso foi Cos Desmond, que se recusou a pedir permissão para sair de casa no domingo de manhã para assistir à missa (ele estava em prisão domiciliar das 18h às 6h todos os dias e durante o fim de semana das 18h de sexta às 6h de segunda). Ele simplesmente foi. Algumas semanas depois, a permissão não solicitada chegou pelo correio!

Seja como for, a maioria dos negros na África do Sul tende a viver do lado errado da lei. Eles têm um desprezo pela lei que se manifesta em suas vidas diárias, embora mantenham uma paixão pela justiça. A resposta óbvia do negro banido, portanto, é ver como pode contornar a lei ou infringi-la sem ser pego. O quanto ele será cuidadoso depende de quanto precisa

---

[105] Cosmas Desmond (1935-2012) foi um padre católico inglês que chegou à África do Sul em meados dos anos 1950 e logo se tornou um ativista anti-apartheid. Em 1970 escreveu o livro *The Discarted People* [O povo descartado], que denunciava a vida miserável dos guetos negros sul-africanos. O livro, um sucesso internacional, foi proibido pelo regime e fez com que Desmond fosse colocado em prisão domiciliar. Como a hierarquia católica desaprovava seu ativismo, Desmond deixou de ser padre em 1973. Depois de um período no exílio, no qual trabalhou para a Anistia Internacional em Londres, Desmond voltou para a África do Sul, onde continuou a militar pelos direitos humanos até sua morte. [N.E.B.]

[106] Lucas 18:1-8: "E contou-lhes ainda uma parábola sobre o dever de orar sempre e nunca esmorecer, dizendo: Havia numa cidade um certo juiz, que nem a Deus temia nem respeitava homem algum. Havia também naquela mesma cidade uma certa viúva e ia ter com ele, dizendo: Faze-me justiça contra o meu adversário. E, por algum tempo, não quis; mas, depois, disse consigo: Ainda que não temo a Deus, nem respeito os homens, todavia, como esta viúva me molesta, hei de fazer-lhe justiça, para que enfim não volte e me importune muito. E disse o Senhor: Ouvi o que diz o injusto juiz. E Deus não fará justiça aos seus escolhidos, que clamam a ele de dia e de noite, mesmo que os faça esperar? Digo-vos que, em breve, lhes fará justiça. Mas quando vier o Filho do Homem, encontrará fé sobre a terra?". [N.E.B.]

temer a imposição de sua ordem de restrição pelo sistema. No caso de Barney Pityana em Port Elizabeth, o sistema foi desde o início implacavelmente repressivo em relação a ele e intimidador para qualquer um que mantivesse contato com ele. Dois dias depois de minha primeira visita em maio de 1973, eles descobriram quem eu era e onde estava hospedado, e vieram me avisar para não continuar a visitá-lo. Minha resposta foi entrar no carro imediatamente e ir vê-lo na casa da mãe dele em New Brighton, a antiga localização de Port Elizabeth. Concordamos em não prestar atenção a tal comportamento. Barney já estava a caminho de se tornar um advogado. Ele sabia quais eram seus direitos, mas também precisava ser extremamente cuidadoso para evitar uma condenação que, por mais injusta que fosse, poderia prejudicar sua aceitação pela Ordem dos Advogados. Steve entendeu isso e sempre teve o cuidado de não envolver Barney em nada que pudesse colocá-lo em grandes problemas. Por outro lado, ele conhecia a profundidade do compromisso de Barney e o quanto a situação dele era opressiva; ele, portanto, teve o mesmo cuidado para garantir que Barney fosse mantido informado sobre o que estava acontecendo. Como líder não oficial, mas tacitamente reconhecido, ele estava preparado para assumir riscos calculados e continuou a manter contato e a ser sensível às necessidades dos outros membros punidos.

Por causa das distâncias envolvidas e dos meus deveres em Joanesburgo, não me lembro de ter visitado Stephen novamente até março de 1974, mas uma carta dele datada de 4 de dezembro de 1973 indica que ele estava fortemente envolvido com os BCP e também lutando para obter um diploma de direito por correspondência pela UNISA (Universidade da África do Sul). A intenção dele era concluir o *junior college*, para depois fazer o *senior* (ou seja, em Direito). Ele também escreveu na mesma carta:

> King é bastante agradável, apesar dos quase ataques selvagens do Departamento. Aprendeu-se a não se preocupar muito com eles. Não acho mais que sejam uma ameaça tão grande quanto dizem ser, e suspeito que eles também saibam disso. Ainda assim, estão se esforçando muito para me acusar. Um desses casos ainda está "sob investigação". Acontece que é uma daquelas ocasiões bastante inocentes que parecem altamente suspeitas. Eu não acho que vão fazer apenas essa acusação, de qualquer maneira. Se fizerem, estarão nos proporcionando uma pausa bastante bem-vinda.

Ele continua:

... Se possível, pretendo encontrar expressão para minhas habilidades no contexto do trabalho atual. Ao longo dos anos, desenvolvi um gosto muito forte pelo tipo de trabalho realizado pelos Programas da Comunidade Negra. Admite-se que há muitas missões não cumpridas nas quais trabalhar. Eles precisarão de uma maior experiência e de um treinamento muito melhor do que alguns de nós temos no momento. Tudo isso, é claro, depende de uma atmosfera livre de acidentes. Se houver muitos problemas, posso ter que reavaliar meu próprio futuro.

"Livre de acidentes" e "problemas" referem-se, provavelmente, a manter-se livre do tipo de condenação por quebra de ordem de banimento referido no parágrafo anterior. As cartas sempre podem ser abertas; daí o uso de termos indiretos como "livre de acidentes".

Depois de me dar os nomes do Conselho de Administração dos BCP, agora sociedade registrada sem fins lucrativos, conclui alegremente:

... A única coisa sobre eles é que estão altamente unidos por terem sofrido graves agressões contra sua equipe nos últimos meses. Ironicamente, com a maioria dos funcionários dos BCP banida, parece que estamos enfrentando um futuro muito mais estável.

Por fim, ele escreveu:

... O resto das pessoas em casa, exceto Ntsiki, Kaya e eu, vão tirar férias curtas na costa sul de Natal por uma semana em dezembro. É um presente especial para minha mãe, que não viaja para fora do Cabo desde que nasceu! Eu senti que Natal vai fazer bem para ela. A costa sul está facilmente no seu melhor no meio do verão, e só uma mente realmente perturbada poderia resistir ao efeito relaxante e calmante de um período de férias naquela parte do mundo.

Ele também aludiu à partida iminente do padre David Russell de King, mas não revelou a lacuna que isso deixaria em sua própria vida. Foi apenas dez meses depois, numa época em que ele e eu estávamos finalmente entrando em um relacionamento mais profundo e humano um com o outro que ele admitiu:

A partida de David deixou uma lacuna que não pode ser fechada. As noites que passávamos juntos eram paliativos muito bons para a decadência mental que se instala tão facilmente. Além disso, ele era uma pessoa cheia de vida e sempre com algo novo para perseguir. Era forte e confiável e dava sentido à vida. Estou ciente de que devo ter servido a um propósito nas muitas consultas que tivemos, e isso foi bom saber. Muitas vezes penso nele, mas nunca lhe escrevi desde que deixou King. Achei que ele precisava ser aliviado dos problemas da boa e velha King.

Durante o primeiro ano de trabalho dos BCP em King, Stephen conseguiu excelentes instalações para os seus escritórios e área de exposição. Através da cooperação do reitor anglicano e do Conselho Paroquial em Zwelitsha, os BCP conseguiram alugar uma igreja abandonada bem no meio de King. Além do escritório administrativo existia um departamento de pesquisa e publicação e um espaço de exposição do vestuário adquirido nos centros de indústria doméstica geridos pelo Border Council of Churches (Conselho de Igrejas da Fronteira) e também do trabalho em couro de Njwaxa, uma indústria caseira iniciada pelos BCP em cooperação com o padre Timothy Stanton, C.R., então reitor de St Bartholomew's, Alice, em cuja paróquia ficava Njwaxa.

Mas o projeto mais ambicioso que tomou forma em 1974 foi a Clínica de Saúde Comunitária Zanempilo, estabelecida em Zinyoka, a oito quilômetros de King. Stephen escreveu no preâmbulo das propostas iniciais de orçamento de 30 mil rands:

> A criação da Clínica de Saúde Comunitária Zanempilo faz parte de um projeto de saúde mais amplo e geral introduzido pelos Programas da Comunidade Negra no Cabo Oriental. O objetivo deste projeto é fornecer à Comunidade Negra serviços essenciais de natureza médica, tanto curativa quanto preventiva, que muitas vezes infelizmente faltam, especialmente nas "áreas de reassentamento".

Através do estabelecimento de tal clínica, Stephen e seus colegas de trabalho esperavam mostrar a uma típica comunidade rural "de base" o que seu próprio povo poderia fazer no sentido de fornecer serviços essenciais de saúde, independentemente do controle do governo, exceto para inspeção de saúde, como era comum em toda a república. Eles planejaram incutir um senso de comunidade, para "conscientizar" as pessoas sobre os fatos de sua situação, não tanto falando, mas fazendo, ou seja, pelo exemplo. Em uma carta datada de 25 de setembro de 1974, ele escreveu:

> O trabalho na indústria caseira em Njwaxa e na clínica em Zanempilo trouxe muitas expectativas, ou seja, de pontos de apoio adequados no trabalho útil de desenvolvimento da comunidade. Estou emocionado com o progresso.

O apoio para isso e para o projeto Njwaxa deveria ser buscado dentro da África do Sul, tanto quanto possível:

> ... Sou da opinião e determinação de que devo angariar o máximo de apoio possível para esses projetos de fontes sul-africanas. Por isso, gostaria de exortá-lo a fazer tudo ao seu alcance para garantir que algum apoio seja dado a esses projetos por quaisquer amigos que você tenha e que não tenham os meios.

Com a ajuda de Cosmas Desmond (na época ainda banido e em prisão domiciliar), que trabalhava para o Chairman's Fund da vasta mineradora Anglo-American, do sr. Harry Oppenheimer[107], fiz o que pude e, de fato, principalmente por meio da generosidade de uma doação pessoal de outra fonte, a maior parte do dinheiro gasto na construção e equipamento de Zanempilo foi dinheiro sul-africano. Isso foi importante, não apenas em termos de possível ação do governo contra os BCP, mas muito mais positivamente para mostrar que uma organização da Consciência Negra poderia se sustentar dentro da comunidade sul-africana. Algumas pessoas perguntaram como Steve, um radical declarado e comunalista, poderia tirar dinheiro de uma organização capitalista como a Anglo, ao que Steve respon-

---

107 A Anglo-American Corporation foi um pilar do regime do Apartheid. Em 1975, tinha participação em 85% das empresas listadas na Bolsa de Valores de Joanesburgo, era dona de 47% da produção de ouro do país, um quarto da produção de carvão e quase 100% do mercado de diamantes (desde 1926, controla a De Beers). Além disso, a empresa criada em 1917 por Ernest Oppenheimer (pai de Harry Oppenheimer) dominava o setor bancário, de seguros, de alimentos industrializados, de aço, a indústria automobilística, a de eletrônicos etc. E seus tentáculos já se espalhavam pelo mundo (inclusive Brasil). Ainda que a fortuna da família Oppenheimer estivesse baseada na exploração da mão de obra negra, ou talvez justamente por isso, Harry Oppenheimer era um liberal que financiou o Partido Progressista, de oposição (moderada, claro) ao Apartheid e doou sistematicamente dinheiro para diversos projetos filantrópicos de educação para crianças negras. [N.E.B.]

deu que o dinheiro pertencia ao povo de qualquer maneira, já que a terra da qual o metal foi extraído era para o benefício de *todos* os sul-africanos, em virtude do suor dos trabalhadores negros que o extraíram da terra. Ele estava apenas dando à Anglo a oportunidade de colocar de volta a serviço do povo uma ínfima fração do que pertencia propriamente a eles e não aos acionistas da corporação (é verdade que 70% dos lucros da Anglo-American são pagos em impostos para o governo, mas apenas uma proporção mínima disso vai para o bem-estar do povo negro). A construção foi realizada a um custo extraordinariamente baixo pelo sr. Flask, um empreiteiro local, que sempre que possível empregou mão de obra local. Assim, todo o empreendimento foi um projeto comunitário do início ao fim.

Apesar da hostilidade obstrutiva do governo do bantustão local do Ciskei o projeto foi adiante, começou a funcionar em 1º de fevereiro de 1975 e foi inaugurado oficialmente em abril daquele ano, sendo batizado de Centro Comunitário de Saúde Zanempilo. A dra. Mamphela A. Ramphele[108], que Steve conhecera bem na Faculdade de Medicina de Durban, foi nomeada a primeira diretora médica.

Olhando agora para trás, custa-me a acreditar que aquela clínica funcionou durante apenas dois anos e meio sob a égide dos BCP. No início, era totalmente diferente em espírito de qualquer outra clínica ou hospital do país — até mesmo do grande Hospital Memorial Charles Johnson, em Nqutu, na Zululândia, construído pelos médicos Anthony e Margaret Barker. Foi, mais do que qualquer outra instituição ou projeto, o símbolo encarnado da Consciência Negra. E porque estava *encarnado*, isto é, porque o espírito se expressava nos edifícios projetados por negros, construídos por negros, mas sobretudo no pessoal que providenciava os serviços, não havia necessidade de gritar a mensagem em palavras. Somente ações podem ser ou-

---

108 Mamphela Ramphele foi uma das fundadoras do Movimento da Consciência Negra e uma das diretoras do Programa da Comunidade Negra. Por causa de sua militância, foi bastante perseguida pelo regime. Em paralelo à militância e ao trabalho como médica, também foi professora universitária e, em 1996, tornou-se a vice-reitora da Universidade do Cabo. Com o fim do Apartheid, passou a fazer parte do conselho de diversas instituições e empresas (a Anglo-American Corporation entre elas). Chegou à vice-presidência do Banco Mundial. Ramphele teve dois filhos com Steve Biko: Lerato Biko (1974) e Hlumelo Biko, que nasceu em janeiro de 1978, meses depois do pai morrer. [N.E.B.]

vidas pelos pobres e oprimidos. Eles vinham, pagavam alguma coisa se pudessem pagar, eram devidamente examinados, tratados com dignidade e respeito como seres humanos plenos, recebiam a melhor medicação disponível, eram hospitalizados se necessário, eram ensinados a alimentar e cuidar de seus recém-nascidos, recebiam aulas de higiene e dieta, recebiam ajuda no planejamento familiar — e tudo isso estava sendo feito por eles *por seus companheiros negros*, e não para ganho pessoal, mas em espírito de devoção sacrificial. Quando me encontrei com o sr. Sebe, ministro-chefe do Bantustão Ciskei, com os executivos da Anglo-American mencionados no próximo parágrafo, uma das críticas que ele fez à clínica foi que a equipe "falava de política" com os pacientes. Na verdade, ele fez essa crítica à "sra. Biko" — que estava cuidando de pacientes em St. Matthew's, a 56 quilômetros de distância! Mas o ponto real é que não havia necessidade de "falar de política", mesmo que houvesse tempo ou disposição. O espírito de Zanempilo, que inspirou todo o seu trabalho, proclamou o evangelho da Consciência Negra com muito mais eficácia do que qualquer "conversa política" poderia ter feito. Essas pessoas sabiam como eram as condições no Hospital Grey[109] em King e no Hospital Missão Mount Cook.

Em Zanempilo, eles entraram em um mundo diferente dessas instituições, *seu próprio mundo verdadeiro*. Este era o ponto.

Convenci dois executivos seniores da Anglo a verem a "criança" que ajudaram a dar à luz, mas realmente para que pudessem conhecer o jovem cuja visão e energia estiveram por trás de tudo. Essa reunião ocorreu em meados de junho. Confesso que fiquei um pouco apreensivo. Eu estava apresentando dois grandes amigos pessoais um ao outro. Um deles, embora certamente não seja a imagem convencional de um "capitalista fanático", era, no entanto, dedicado a essa filosofia econômica. O outro, embora não fosse um socialista fanático, nunca disfarçou o fato de que, em qualquer tomada do governo por negros, a indústria de mineração deveria, por

---

[109] O hospital, fundado por sir George Grey nos anos 1850, nem sempre foi como é hoje. Escrevendo sobre seus primeiros anos, a professora Monica Wilson nota que "sob o inspirado e devotado superintendente J.P. Fitzgerald... ele acomodava tanto brancos quanto africanos, que eram tratados de modo idêntico, e Fitzgerald (diferente da maioria dos brancos) tinha o cuidado de cultivar relacionamentos com adivinhos tradicionais, que recebia como "colegas", e convidava para ver seu hospital. (*Oxford History of South-Africa*, ed. L. Thompson e M. Wilson, vol. 1, pp. 263). [N.E.O.]

uma questão de princípio, ser nacionalizada. Não precisava ter me preocupado. Com a ajuda de um pouco de uísque, o gelo foi quebrado rapidamente; a única pessoa com quem Bill Wilson ficou zangado em qualquer momento fui eu, e os dois, Bill e Steve, com o resto de nós praticamente em silêncio, continuaram com crescente apreço mútuo até as 2h30 da manhã seguinte. Foi o começo de um conhecimento que, sem dúvida, teria amadurecido em uma amizade, não fosse pelas restrições de Steve. Na verdade, eles só se encontraram mais uma vez, quando este conseguiu visitar a casa de Bill em Joanesburgo, quando veio no ano seguinte para consultas jurídicas relacionadas ao julgamento da BPC-SASO em Pretória. Esse é o tipo de empobrecimento pessoal, em ambos os lados, que torna a vida na África do Sul algo tão doloroso.

SEIS

Se estas memórias devem ser o registro pessoal que diz o título, é hora de dizer algo sobre nosso próprio relacionamento. A princípio, como já escrevi, entrei na vida de Stephen por meio de meu envolvimento com seu irmão mais velho.

Eu o conheci [ele escreveu no final de 1974] por intermédio de Kaya e de minha mãe. Comecei a trocar algumas correspondências com você...
Durante esse tempo, aprendi a desenvolver uma forte fé em Deus, e isso não era totalmente alheio ao seu papel. Suas cartas para mim e minhas reflexões pessoais sobre as coisas em geral. Algumas coisas que você me disse serviram de base para tais reflexões. Por isso, sempre o tive em alta estima como um cristão comprometido com o qual gostaria de manter laços estreitos por muito tempo. Significativamente, então, o elemento "missionário" nunca desapareceu completamente em meu respeito por você.
Para analisar isso um pouco mais [ele escreveu, em resposta a uma pergunta minha sobre por que, depois de tanto tempo, ele continuava a me chamar de "padre Stubbs", e não de "padre Aelred" ou, como Barney e vários outros daquela geração faziam, "padre A."], compararei seu relacionamento comigo com o que tenho com Dave[110]. Superei rapidamente a história do padre Russell, porque nosso relacionamento realmente não marcava esse aspecto. Ele não é muito mais velho do que eu — é mais uma pessoa política, um amigo, um igual, um *schlenterer*, um camarada, do que um pastor, um "missionário", um ancião e meu querido padre. Minha autoconsciência na presença dele nunca poderia ser a mesma que na sua presença. Da mesma forma, meu

---

110 Biko se refere ao padre anglicano David Russell. [N.E.B.]

respeito por ele no sentido tradicional de respeito por um ancião nunca poderia ser o mesmo. Eu poderia facilmente perguntar a ele sobre a família — pai, mãe, irmãs, irmãos, riqueza e propriedade etc., e adotar livremente qualquer atitude que eu goste em relação a isso, mas nunca me senti à vontade para perguntar a você, e de fato não sei nada sobre sua família — pai, mãe, irmãs, irmãos, casa, ou mesmo onde nasceu, estudou, quais qualificações tem etc. Na verdade, o que eu sei sobre você é perigosamente pouco em termos de antecedentes. Sei que é o padre Stubbs e, além disso, sei o pouco que aprendi sobre sua personalidade, suas qualidades de liderança etc.

Havia também a amizade que ele tinha com dois jovens negros que já me eram queridos, Stanley Ntwasa e Barney Pityana. Por outro lado, embora me orgulhasse de minha atitude tolerante em relação aos costumes dos estudantes modernos, achei desagradáveis as histórias que se aglomeravam em torno dele e de seus colegas de Durban sobre bebedeiras e excesso de namoros. Tal desgosto se manifestou depois de uma longa conversa com o sr. Robert Sobukwe em Kimberley, em uma de minhas visitas a Stanley.

Sobukwe era o líder do Congresso Pan-Africanista. Ele liderou a Campanha contra a Lei do Passe do PAC e foi condenado por incitação e queima de seu "passe" e condenado a três anos, o último passado na Robben Island. Após a conclusão de sua sentença, em vez de ser libertado, uma lei especial do Parlamento foi aprovada "no interesse da segurança do Estado" para mantê-lo detido na ilha. Como ele não era mais um prisioneiro condenado, não poderia ser mantido com seus colegas condenados Nelson Mandela, Walter Sisulu e todos os outros grandes patriotas negros naquela prisão distinta da ilha. Por seis anos, portanto, suportou um confinamento solitário que foi renovado por lei do Parlamento a cada ano, sendo a indomável sra. Helen Suzman a única parlamentar a registrar um protesto a cada ano. Por fim, sua saúde piorou e ele foi "libertado", o que significa que foi banido para Kimberley, onde estava sob as mesmas restrições de Steve em King. Robert, ou "Prof", como era chamado pela geração de Steve, era um herói e um ancião para essa nova geração de ativistas políticos, que admiravam sua integridade inabalável, assim como admiravam sua preeminência intelectual, sua percepção da necessidade na situação sul-africana de manter a liderança nas mãos dos negros sem ser antibranco de forma alguma, e sua lendária eloquência.

Durante essa conversa em 1972, Robert me disse que não gostava das histórias que ouvia sobre os hábitos sociais dos líderes da SASO. Ele disse que isso faria a base perder o respeito pela liderança. Em suas campanhas no final dos anos 1950 em todo o país, ele sempre se colocava nas mãos do comitê local do PAC e aceitava qualquer hospitalidade que lhe fosse oferecida. Os homens africanos podem ter padrões diferentes das normas cristãs no que diz respeito à bebida e às mulheres (Robert era um cristão profundamente comprometido), mas esperavam que a liderança fosse irrepreensível nessas áreas.

Eu repeti isso primeiro para Barney, e encontrei apoio; mas quando levei isso a Stephen, ele reagiu vigorosamente, dizendo que o movimento deles era estudantil, o que era verdade; que os costumes dos alunos haviam mudado nos últimos vinte anos, o que era verdade apenas em parte; e que a esse respeito "Prof" estava desatualizado; do que discordei. Lembrei-me disso quando, dezoito meses depois, um amigo em comum me disse que o relacionamento de Steve com certa pessoa era motivo de preocupação e poderia em breve prejudicar sua imagem. Uma das dificuldades nessa época era que, por causa do meu trabalho em Joanesburgo, só podia visitar Stephen e Barney por curtos períodos em longos intervalos. Imprudentemente, levantei o assunto durante uma visita muito curta e saí antes que pudéssemos dar ao assunto o tempo que sua seriedade exigia. No meu retorno a Joanesburgo, recebi uma longa carta dele.

> Achei que nossa despedida não foi a melhor de todas [ele começou], e senti vontade de escrever sobre o assunto que você levantou quando estava indo. Primeiro, deixe-me dizer que levantei a questão com ambas as partes envolvidas e com um amigo em comum em P.E.[111] Nossa reação inicial é simplesmente que foi lamentável que você tenha levantado isso da maneira que fez. Não tenho vergonha alguma de falar sobre esse assunto com ninguém e, na verdade, considero aspectos dele ilustrações muito boas das complexidades da natureza humana. Frequentemente, uma observação de mim mesmo no contexto dos relacionamentos ali envolvidos oferece uma boa base para um estudo de minha própria personalidade. No entanto, o ponto sobre a maneira como você levantou isso é que pressupunha uma discussão muito completa sobre mim e meus relacionamentos emocionais por amigos, nenhum dos quais jamais teve coragem de levantar a questão diretamente

---

111 Port Elizabeth. [N.E.O.]

comigo primeiro. A tendência então com a mente humana é perguntar uma série interminável de "porquês". Resolvi até esse aspecto finalmente — e é por isso que agora escrevo a você. Presumi que seus motivos são completamente altruístas — que vê uma situação potencialmente explosiva e deseja compartilhar com seu amigo seus medos sobre o possível resultado e, se possível, ajudar na formulação de algum tipo de solução. Minha resposta, é claro, é que considero tópicos dessa natureza extremamente privados. Em muitos casos, estou ciente da complexidade que pode ser introduzida pela disposição de acomodar os sentimentos de amigos em um assunto essencialmente privado entre duas — ou, neste caso, três — partes. Nunca, jamais, achei necessário refletir sobre as atividades privadas de meus amigos, exceto na medida em que pensei que afetavam em qualquer estágio sua posição política e seu desempenho. Da mesma forma, jamais desejaria perguntar sobre sua vida amorosa, sua vida sexual etc., porque considero isso, estritamente falando, da sua conta. Se tenho confiança em suas qualidades gerais de liderança, devo ter uma base para acreditar que você cuidará adequadamente. Por outro lado, se você tiver problemas e quiser compartilhar, estarei pronto para isso. Ou, se tiver sucesso, também compartilharei com você. Mas, caso contrário, restrinjo minha amizade, mesmo com meus melhores amigos, a tópicos que geralmente são declarados voluntariamente por ambas as partes.

Isso me leva a uma análise de sua própria contribuição em situações dessa natureza... Há uma profunda diferença na maneira como os ocidentais basicamente acreditam na análise do caráter em relação àquela adotada por nós aqui. Em muitas discussões que costumava ter com David [Russell], concordei com ele em comparar nossa atitude em geral com a abordagem da vida da classe trabalhadora europeia. Quando vocês falam de uma pessoa, vocês a despedaçam, analisam a forma como ela fala, olha para alguém, pensa; encontram um motivo para tudo que ela faz; vocês a categorizam politicamente, socialmente etc. Em suma, não ficam satisfeitos até que realmente o tenham separado e realmente dividido cada aspecto de seu comportamento geral e os rotulado.

... Agora, a maioria dos negros não se entrega a reflexões sobre si mesmo ou sobre os outros. Eles nunca formam, portanto, quaisquer opiniões cortadas e secas que, a partir de então, governem seu relacionamento com os outros. É claro que essa tendência está errada porque, em geral, para avaliação e redirecionamento de si mesmo na vida, é necessário um pouco de reflexão e autoanálise. Mas isso precisa ser verificado e não ter permissão de chegar a excessos...

... Quando falar comigo sobre meu próprio relacionamento, não parta do pressuposto de que não estou ciente dos "perigos iminentes" envolvidos. Quando deixo de lado o que considero curiosidade indevida com o comentário: "As coisas vão se resolver", não trabalhe a questão com uma indireta do tipo "assim como na situação política, essas coisas não se resolvem sozinhas, alguém tem que fazer alguma coisa sobre elas". Permita que um amigo feche sutilmente um tópico quando ele não vê nenhum valor em discuti-lo... Não gostaria que continuasse com nenhum aspecto deste debate, pois acredito que não servirá para nada e continua sendo um assunto privado.
Falei de modo muito franco em algumas partes desta carta — não para matar minha amizade com você, e sim para preservá-la...

A esta carta eu respondi agradecendo-lhe por sua franqueza, pedindo desculpas pelo momento desajeitado de minha abordagem e respeitando seu direito à privacidade emocional. Logo após esta troca veio o reconhecimento da Frelimo pelo mundo (incluindo a África do Sul) como o governo *de facto* de Moçambique, e a tentativa frustrada da BPC e da SASO de realizar manifestações pró-Frelimo por todo o país. Isso deu ao sistema uma desculpa para prender os líderes da Consciência Negra, e mais de trinta foram detidos e levados para Pretória, incluindo Barney, Jerry, Mapetla Mohapi, Lindelwe e Cele Mabandla, Aubrey Mokoape, Strini Moodley, Saths Cooper, Aubrey Mokoena, Muntu Myeza, Mosioua Lekota, Zitulele Cindi, Johnny Issel, Steve Carolus — uma coleção representativa de líderes de sucesso da SASO a partir de 1972. Steve se refere a essas prisões em massa em sua próxima longa carta, assim como à questão que ocorrera entre nós:

> Não vou mais debater aspectos do outro assunto com você. Prefiro levar a sério suas opiniões, como as de um amigo preocupado. Não acho que um argumento intelectual possa ajudar aqui. Embora eu tenha reagido à sua preocupação e à maneira como foi expressa, sinto que de uma forma ou de outra foi bom que tenha acontecido. Algumas coisas foram resolvidas.
> Prisões estão abarrotadas em todo o país e todos nós estamos especulando sobre o que está acontecendo. Mantive-me calmo e assim farei em qualquer eventualidade. Lamento muito mais pelos parentes de Barney e Jerry porque, ao contrário da maioria dos outros caras, eles têm sido bastante indiferentes. Isso só mostra que neste país não adianta dizer "Vou manter a calma" no sentido absoluto. Muitas vezes, a história de alguém é tão boa quanto o presente

como desculpa para a repressão. O que penso, no entanto, é que algo está sendo preparado contra as organizações por meio de suas hierarquias sucessivas, desde o grupo Barney-Strini-Jerry até o grupo atual. Mesmo isso ainda não faz sentido completo para mim. Esperamos que os caras sejam libertados. Fiquei sabendo que a maioria deles está em Pretória. Veremos o que acontece!

Evidentemente, essa longa carta não o satisfez no que diz respeito ao nosso próprio relacionamento, pois pouco depois recebi esta, escrita de madrugada:

É uma hora estranha para escrever uma carta (1h), mas não resisti à tentação. Meu filhinho que está dormindo ao meu lado agora me acordou com chutes, e durante a insônia resultante me vi pensando na carta que escrevi para você esta tarde. Foi uma coisa apressada durante a hora do almoço e deixou de fora algumas coisas que eu gostaria de dizer. Além disso, na agitação regular do horário de expediente, a pessoa tende a ficar um pouco seca. Espero que me desculpe por usar este tipo de papel — não tenho nada melhor ao meu lado e não queria perder o tipo de estilo abrangente, ordenado e criativo que normalmente está associado à noite (ou seja, no meu caso: Stanley pode me corroborar sobre isso). Tenho refletido sobre as duas cartas que lhe escrevi —a de hoje e a anterior — e não posso deixar de sentir que fui cruel com você, se nada mais, apenas por me permitir jogar um monte de coisas juntas. Não acredito nem por um momento que, em um relacionamento duplo, apenas um lado deva ser culpado, e soei como se estivesse jogando todo tipo de culpa em você. Espero que tenha um coração grande o suficiente — e acho que tem — para completar as lacunas e levar tudo o que eu disse no contexto. Muitos amigos meus acreditam que sou arrogante e estão parcialmente certos. Frequentemente, o que chamo de franqueza crítica soa muito mais agudo do que se pretendia e tende a assumir proporções de superioridade moral. O problema comigo é que muitas vezes tomo os amigos como certos e não atendo ao subjetivismo protetor de que todos nós sofremos. Não posso dizer que não quero dizer o que digo, mas posso apontar o fato honesto de que tudo o que eu disse é 100% desprovido de malícia ou intenção de ferir.

Quero ser um pouco mais construtivo agora e pedir-lhe que me faça dois favores. Em primeiro lugar — seguindo o que escrevi esta tarde, apreciaria que escrevesse longamente para mim sobre *você*. Eu ri esta tarde quando estávamos prestes a enviar nossa correspondência. Thami Moletsane (Moses) viu a carta endereçada a você e insistiu que eu acrescentasse "C.R."[112] atrás

---
112 Community of the Resurrection, ordem religiosa anglicana da qual fazia parte o padre

do seu nome porque é assim que você gostaria. Eu não acho que ele estava falando sério, mas isso me lembrou da atitude africana básica em relação às coisas e pessoas de reverência. Temos a tendência de evitar a familiaridade extrema. Quando a Igreja Católica decidiu acabar com a liturgia latina em seus cultos (eu estava em Mariannhill na época), os católicos africanos fizeram o maior barulho. Não conseguiam entender como a dignidade da liturgia podia ser tão fortemente prostituída pela substituição do latim pelo zulu. Alguns deles argumentaram que Deus estava sendo banalizado — isso é verdade. Eles pareciam preferir a tagarelice latina ininteligível simplesmente porque era consistente com a teoria de que Deus não pode ser totalmente compreendido. De alguma forma, o latim parecia um meio mais sagrado. Também me senti um pouco desapontado com a mudança, embora por razões poéticas. Não estou comparando você a Deus, mas não posso deixar de me lembrar disso quando peço que me escreva sobre você. Provavelmente minha relutância subconsciente em conhecê-lo muito bem em um nível pessoal possa ser atribuída a essa atitude. Deve se lembrar de que eu costumava expressar fortemente minha consideração por você em termos semelhantes a Cristo ou a Deus algum tempo atrás.

O segundo pedido é que você, quando passar por este caminho, venha me ver para que possamos conversar sobre aquelas coisas sobre as quais não pode escrever — crenças políticas básicas, sua visão de mundo, sua contribuição etc. Tudo isso parece um pouco atrasado em um relacionamento que já dura anos, mas acredito que a maneira rude como foi trazido à tona sugere que os ajustes necessários devem ser feitos. Além disso, é claro que agora que as perguntas foram feitas, estou genuina e naturalmente curioso.

Então veio uma admissão rara das dificuldades de sua situação:

Você sabe que eu sou (assim acho) uma pessoa razoavelmente forte, mas muitas vezes acho as coisas difíceis sob as restrições atuais. Não estou nem perto do desespero e da frustração, mas posso entender muito bem por que alguns de nossos caras estão. Tive muito mais sorte do que a maioria deles. Vivo com uma família muito solidária, totalmente comprometida com o meu engajamento, senão com a causa em si. A cidade segregada em que estou é solidária e defensiva. Trabalho em algo relevante e numa situação razoavelmente gratificante e desafiadora, mas apesar de tudo isso é bastante difícil.

Aelred Stubbs. [N.E.B.]

Não havia apenas a tensão de viver sob uma ordem de restrição. Ele agora também tinha que viver sabendo que quase todos os seus camaradas no movimento estavam detidos sob a temida seção 6 do Decreto sobre Terrorismo, o que significava detenção indefinida em confinamento solitário, com o conhecimento de que o sistema não parava por nada, incluindo o espancamento de pessoas até a morte, para extorquir as "confissões" que buscavam. Foi uma angústia para mim pensar em Barney, Jerry e Lindelwe (os três que eu conhecia melhor entre os detidos na época) nas mãos desses homens cruéis; mas sobre Steve caiu um peso mais esmagador. De modo que a mesma carta que venho citando termina:

> Meu maior problema no momento é um tipo estranho de culpa. Muitos amigos meus foram presos por atividades em algo que eu fui fundamental para começar. Muitos deles são caras com quem conversei no movimento. E, no entanto, não estou com eles. Não há nada que possamos fazer sobre isso porque nem eles nem eu sabemos por que algumas pessoas foram presas — nem há nada na tendência de atividade do movimento que justifique o decreto sobre terror sendo invocado. De qualquer forma o problema permanece. Claro que não se pensa assim na vida política. As baixas são esperadas e devem ser negociadas. Um sistema opressivo muitas vezes é ilógico na aplicação da supressão. Acho que vou parar. Posso me ver indo além dos limites. Espero saber de você em breve.

Em resposta a esse convite, eu o visitei no fim do mês seguinte — novembro. Sugeri que possivelmente o sistema não o havia levado para tentar desacreditá-lo com o movimento como um todo. Ele concordou que essa era uma possibilidade, mas fez uma análise mais aprofundada dos antecedentes e posições dos vários detidos e decidiu que, embora tivessem levado homens como Barney e Strini Moodley, que eram seus contemporâneos exatos no movimento, esses, junto a Jerry Modisane, estavam na Executiva da SASO em 1972-73, e parecia que o questionamento, bem como o evento externo que provocou as detenções, estava centrado no contato com movimentos estudantis em países independentes mais ao norte. O próprio Steve não estava na Executiva da SASO em 1972-73 por causa de seu novo trabalho nos BCP.

Esse período de agosto a novembro de 1974 foi decisivo em nosso relacionamento, embora não houvesse nada de muito dramático nele. De agora em diante nos entendemos e não houve mais necessidade do tipo de correspondência que venho citando. Eu permaneci "padre Stubbs". Também me tornei um ser humano para ele. Ele permaneceu um filho; e se tornou um amigo e um irmão. Mais e mais, nos dois anos e meio restantes, ele também se tornaria um líder.

SETE

Em 31 de janeiro de 1975, 13 dos detidos compareceram ao tribunal em Pretória. Dessa aparição data o gigantesco julgamento BPC/SASO — o Julgamento da Consciência Negra —, que se prolongou até a condenação de nove deles, em 16 de dezembro de 1976. A maioria dos detidos restantes permaneceu detida até fim de março ou princípio de abril. Enquanto isso, em King a vida continuava cheia, e 1975 foi, em retrospecto, um ano dourado, marcado apenas pelo vandalismo selvagem de um ataque aos escritórios dos BCP na rua Leopold em setembro e pela morte tragicamente repentina da irmã mais velha de Steve mais ou menos ao mesmo tempo. Já durante minhas visitas em 1973-74, eu havia conhecido várias outras pessoas da comunidade de lá e fui aceito por elas. Isso realmente me ocorreu quando, em uma visita, ele e eu passamos muito tempo juntos, e alguns dos outros sentiram — e disseram a ele! — que eu estava deixando de passar tempo com eles! Isso não aconteceu de novo. Mas Joanesburgo, meu suposto lar, e King eram tão distantes, e minhas visitas, tão curtas, que era difícil fazer justiça a todas as exigências.

Na primeira vez que estive em King — diferentemente da visita de maio de 1973, quando estava apenas de passagem —, Stephen providenciou para que eu ficasse com um jovem amigo branco dele, que tinha um negócio na cidade e estava ajudando Steve com questões dos BCP. Mas em todas as outras visitas eu ficava com um pároco anglicano na cidade, o reverendo John Williams, ou na clínica Zanempilo. Por causa da aquiescência da Igreja com as estruturas sociais impostas pelo Apartheid, John não tinha nenhuma responsabilidade formal pelos anglicanos africanos locais. Seus deveres eram com a congregação branca e com pequenos bolsões de brancos a 56 quilômetros de distância em Peddie e Alice, e até Hogsback, a 96 quilômetros de King. Como eu poderia, em conversa com meus jovens amigos negros, tentar justificar tal instituição? Não podia e não o fiz. Em todo caso, havia coisas mais importantes para falar. Mas John gostava dos contatos ocasionais que mantinha com eles, e eles apreciavam sua delicada cortesia. Dois mundos existiam lado a lado e nunca se encontravam; o grande mundo alegre dos negros, verdadeiros herdeiros da futura África do Sul; o estreito e triste gueto dos brancos, agarrando-se cada vez mais desesperadamente aos seus privilégios tribais.

Em uma visita, Steve me pediu para ajudar dois membros da comunidade que estavam tendo problemas no casamento. Particularmente, fiquei surpreso e me perguntei se eles gostariam de compartilhar suas dificuldades com um branco estranho de meia-idade que nem falava a língua deles. Mas cada um concordou em me ver separadamente e, por meio desse aconselhamento quase improvisado, percebi que meus laços com a comunidade se aprofundavam.

Em outra ocasião, fizemos uma festa na clínica num sábado à noite. Quando olho para trás agora, a vida em Zanempilo parece ter sido uma festa contínua! Mas não foi de fato o caso. As pessoas, e Steve acima de tudo, em seu próprio trabalho como diretor dos BCP (para não falar de seus outros compromissos), trabalharam muito. Por isso, sempre que possível, ele me encorajou a programar minhas visitas para os fins de semana (mais fácil depois que desisti da paróquia de Rosettenville), pois havia tempo livre para longas conversas. E para festas! Naquela noite de sábado em particular, não me recordo de todas as pessoas que estavam lá, mas certamente incluíam Malusi Mpumlwana, Nohle Mohapi, Thoko Mbanjwa, Phumla Sangotsha e provavelmente alguns visitantes de fora de King. Por volta da meia-noite, Steve sugeriu uma Eucaristia na manhã seguinte. Fiquei assustado. A essa altura eu já conhecia seus pontos de vista sobre a Igreja. Mas pude ver que ele estava bastante sóbrio para saber o que pedia, então não manifestei nenhuma surpresa e concordei. Era sua maneira de dizer que achava que ele e muitos da comunidade queriam uma Eucaristia como comunidade, e também de significar que agora eu era aceitável não apenas como pessoa, mas também como sacerdote. Eu não tinha paramentos, hóstias, vinho nem vasilhas, e apenas um livro; nem tinha permissão do padre encarregado. O último, no entanto, era um dos nossos antigos alunos do St. Peter's e um bom amigo tanto para mim quanto para os BCP (o reverendo James Gawe, instrumental nos BCP alugando o número 15 na rua Leopold na cidade, e também alugando da igreja o local onde a clínica foi construída). Então pedi a Mamphela para fazer um pãozinho; usamos conhaque (suco de uva fermentado no fim das contas), bem diluído em água; Malusi Mpumlwana e irmã Moletsane lideraram o canto; e tivemos nossa Eucaristia na sala da casa do médico na manhã seguinte. Foi a única vez que pude dar a Stephen o Sacramento do Corpo e Sangue de Cristo.

Especialmente durante aquele ano, King tornou-se um centro para todos aqueles engajados no movimento da Consciência Negra. A BPC (Convenção do Povo Negro), ala política do movimento, estava se fortalecendo, e a filial de King era uma das mais fortes do país. Em 1976, Mxolisi Mvovo, cunhado de Steve, tornou-se vice-presidente nacional. A BPC (Convenção do Povo Negro) deve ser diferenciada dos BCP (Programas da Comunidade Negra), apesar da semelhança das iniciais. A BPC foi a coisa mais próxima de um partido político nacional para negros — *todos* os negros, incluindo indianos e mestiços — desde a proibição do ANC e do PAC. Os BCP eram uma organização de desenvolvimento comunitário e acolheram entre seus adeptos negros que não poderiam se identificar com a BPC. Da mesma forma, alguns dos membros mais militantes da BPC pensavam que Steve e os outros estavam perdendo tempo com os BCP! Steve reconheceu a necessidade vital de conscientizar e, assim, politizar as massas por meio de ações de desenvolvimento comunitário. Através dos BCP e do Zimele, o movimento da Consciência Negra adquiriu quase acidentalmente um apoio de base que aqueles que conheceram os movimentos mais antigos do Congresso dizem que eles nunca alcançaram.

Embora Steve não pudesse ocupar nenhum cargo na BPC por causa de sua ordem de proibição, ele era constantemente consultado. Era incrível o quanto sabia. Às vezes me passava informações que achava que poderiam ser úteis em minhas esferas de influência particulares. Mais de uma vez me alertou para não me aproximar demais de certas pessoas, brancas ou negras, cujos contatos eram menos do que desejáveis. Ele estava sempre certo. Nunca falava contra ninguém se pudesse evitar. Mesmo quando o fazia, era sempre em um contexto particular. Os políticos dos bantustões eram, é claro, rejeitados de maneira fulminante. Quando soube que o dinheiro que eu lhe oferecia para a gasolina vinha de uma organização religiosa de cuja integridade ele duvidava, recusou-se a aceitá-lo. Não queria ficar em dívida com ninguém de quem desconfiasse. A partir daí minhas viagens sempre foram financiadas pela minha própria comunidade; ele nos aceitava e, em particular, admirava o padre Timothy Stanton, com quem havia trabalhado no projeto Njwaxa. Havia uma integridade feroz em todos eles. Se você estava com eles, estava dentro, e tudo era dado e levado. Se, de alguma forma, você estivesse promovendo seus próprios objetivos, ou tentando jogar dos dois lados, estava fora. Até mesmo o amado Beyers Naudé, em um flerte imprudente, mas misericordiosamente curto, com um líder bantustão, foi tratado com certa distância por um tempo; mas isso foi uma única aberração, significando que não poderia haver uma ruptura séria ou duradoura. Os BCP deviam muito ao Instituto Cristão nos estágios iniciais (em mais de uma maneira), e Steve não se esqueceu disso. Era apropriado que o Instituto Cristão fosse banido ao mesmo tempo que todas as organizações da Consciência Negra em 19 de outubro de 1977. Foi a única organização cristã a ter dado apoio irrestrito à SASO, aos BCP e à BPC desde o início.

Havia então um rigor e uma disciplina no movimento. Era aceito que muitos iriam ceder sob "interrogatório" e fazer declarações; tudo bem. Mas você não deveria manter suas declarações no tribunal. Melhor ir para a prisão por "falso testemunho", como não poucos fizeram. Um aluno que fez uma declaração sem estar sob coação foi eliminado. Ele era um jovem inteligente e um membro valioso da comunidade, mas não era mais confiável. Implorei em particular a Steve e a um ou dois outros que encontrassem uma maneira de disciplinar tal ofensor sem, por assim dizer, "excomungá-lo" completamente; mas foram eles e seus colegas que sofreram as consequências de tais lapsos. Era estar de volta à atmosfera da igreja primitiva e perseguida, aquela mistura de comunhão estimulante e disciplina rigorosa; um pecado mortal após o renascimento batismal, e você estava fora!

Apesar do rigor, não havia sopro de fanatismo. Ninguém poderia imaginar Lênin ou Trotsky sentindo-se em casa com eles. Ali residia a fraqueza do movimento: era muito o movimento de uma ideia, muito pouco uma força implacável e organizada. Sua fraqueza, sim; mas também sua força final! Sendo o movimento de uma ideia, quase um estado de espírito, foi e é extraordinariamente contagiante. Indivíduos podem ser banidos, detidos, expulsos; onde quer que estivessem, continuavam, quase pela qualidade de sua respiração, a espalhar esse novo estado de espírito de liberdade interior, essa recusa em reconhecer o domínio de um grupo minoritário, a tirania de uma tribo calvinista tragicamente perdida. Prevejo que o mesmo acontecerá com a proibição das organizações da Consciência Negra. Dadas as circunstâncias que ele enfrentou de uma minoria fortemente entrincheirada e poderosamente armada, por um lado, e uma maioria dividida e derrotada, por outro, talvez a genialidade política de Steve estivesse em se concentrar na criação e difusão de uma nova *consciência*, e não na formação de uma *organização* rígida.

Lembro-me do dia em que assisti ao julgamento em Pretória com uma freira. O tribunal estava repleto de caras do Sistema e da SAP (polícia sul-africana). Lá estavam eles, a polícia uniformizada com revólveres, o Sistema em trajes de safári e escondendo suas armas; todos eles com expressões fixas, tensas, tristes e, sim, assustadas. Os nove em julgamento saíram das celas embaixo da sala do tribunal cantando uma canção de liberdade enquanto chegavam, com os braços erguidos na saudação de punho cerrado. Silêncio mortal, exceto pelo farfalhar quando a multidão se levantou. Então, no final da música, um rugido dos nove, "Amandla!", e, da multidão, uma floresta de braços levantados e a resposta ensurdecedora, "Ngawethu"[113]. "Não há muita dúvida de quem está no poder aqui, não é?", sussurrou a irmãzinha para mim.

Quando Mapetla Mohapi foi libertado da prisão no fim de março de 1975, eu o vi cerca de seis semanas depois em King. Nós mal nos conhecíamos antes de ele ser levado, em outubro do ano anterior, mas ele estava disposto a falar comigo sobre sua experiência lá dentro. Disse que o que o doía mais do que a tortura física — embora houvesse um pouco disso — era a total falta de humanidade de seus carcereiros. Os carcereiros negros (embora possam ser tão brutais quanto os brancos) nunca têm permissão para vigiar os presos políticos, então, durante seus seis meses em Pretória, Mapetla só viu rostos brancos, e eles só falavam com ele em africâner, uma língua que ele não entendia. Mas eles nem mesmo falavam com ele em frases. Um carcereiro abria a grade da porta de sua cela e gritava com ele em africâner, "Balde!". Isso significava que ele deveria colocar seu balde sanitário do lado de fora. "Chuveiro!", e se ele não entendia o que a palavra significava, perdia a chance de tomar banho. Que um ser humano o espancasse, embora desagradável e ilegal, era inteligível, mas que fosse sistematicamente tratado como um cachorro, um membro de outra espécie, um ser não humano, isso era profundamente chocante. E, claro, foram os próprios carcereiros que foram desumanizados. Isso nos lembra o comentário de Atanásio sobre os hereges arianos do século IV que negavam a divindade de Cristo: "A natureza humana é propensa à piedade e simpatiza com os pobres. Mas esses homens perderam até os sen-

---

113 No grupo de línguas angunes (que inclui o zulu e o xhossa), "amandla" significa "poder". Criou-se a tradição, nas manifestações anti-apartheid, do líder fazer a chamada, "amandla!", e a multidão responder "awethu!" ou "ngawethu!", ou seja, "para nós". [N.E.B.]

timentos comuns da humanidade". O que os cristãos desviados de Pretória compartilham com os arianos é uma negação da veracidade central de nossa fé, que Deus tem um rosto humano.

A libertação de Mapetla da detenção coincidiu mais ou menos com a decisão de Steve e outros de lançar uma nova organização a ser chamada de Fundo Fiduciário Zimele (Zimele significa "Fique em pé!"). Quando os prisioneiros políticos saem de Robben Island, na maioria das vezes são banidos de sua antiga casa em cidades como Port Elizabeth para um dos notórios campos de reassentamento, como Dimbaza, Ilinge ou Sada. O sistema de controle de fluxo e a falta de trabalho nesses locais significa que pode não haver oportunidade de emprego, pois eles não poderão sair de sua área restrita para uma cidade. Mesmo que consigam emprego, o Sistema aparecerá e avisará seus empregadores que aquele homem é um perigoso agitador comunista. Assim, a longa infelicidade da prisão na ilha é seguida por uma morte em vida em um campo de reassentamento. A única organização criada para aliviar sua angústia foi a "Conferência dos Dependentes" do Conselho de Igrejas da África do Sul. Ela havia feito um bom trabalho anteriormente, enquanto os homens ainda estavam na ilha, ao fornecer algum apoio aos dependentes dos homens. Aluguéis foram pagos, taxas educacionais das crianças, e foi providenciado dinheiro para viagens ocasionais à ilha pela esposa ou parente mais próximo do prisioneiro. O tratamento dos presos libertados era menos satisfatório, e havia o perigo real de tornar o homem e sua família "dependentes" em outro sentido, com a consequente desmoralização. Além disso, a organização, que era controlada de Joanesburgo (embora de longe o maior número de famílias, por razões históricas, estivesse no Cabo Oriental), era muito dominada pelos brancos.

A ideia que Steve, Mapetla e os outros associados à fundação da Zimele tiveram foi criar um fundo que pudesse não apenas ser paralelo ao trabalho existente da Conferência de Dependentes (nunca capaz de lidar adequadamente com as vastas necessidades dos presos políticos e suas famílias), mas que também poderia fornecer empréstimos ou doações para permitir que ex-prisioneiros — se possível trabalhando em grupos como um pequeno "coletivo" — realmente se tornassem independentes novamente. Steve sabia que estavam lidando aqui com uma verdadeira elite — homens endurecidos por anos de opressão em uma determinação invencível pela liberdade; mas também homens que poderiam rapidamente se tornar permanentemente amargurados, a menos que tivessem uma chance de se reabilitar. Em Dimbaza, um pequeno coletivo de ex-prisioneiros da ilha foi autorizado a iniciar um negócio de fabricação de tijolos. Um motivo oculto por trás do lançamento do fundo foi tentar forjar laços humanos mais próximos entre o jovem movimento da Consciência Negra e seus irmãos mais velhos banidos, o Congresso Nacional Africano e o Congresso Pan-Africanista. Praticamente todos os ex-prisioneiros eram ANC ou PAC. O Zimele poderia muito bem servir de solvente para rivalidades antiquadas, e forjar uma nova solidariedade, com a jovem geração militante.

A essa altura, apesar de mais de dois anos de restrição sob sua ordem de banimento, a reputação de Steve era tão alta com certas organizações no exterior que não foi difícil conseguir tal fundo lançado. Mesmo assim, tanto os BCP como o Zimele precisavam desesperadamente de dinheiro, muito poucas organizações na África do Sul tinham visão ou coragem para dar apoio. O Barclays Bank, por exemplo, quando um apelo foi feito a eles, deu 100 rands (cerca de £66)!

Por essa razão, quando visitei King em setembro de 1975, Steve me perguntou se eu estaria interessado em fazer algumas palestras para os BCP na Europa. Eu disse que sim, se Ben Khoapa, o diretor-executivo, concordasse. Ele disse que falaria com Ben e que eu deveria ir visitá-lo, o que fiz no início de novembro. Ben é um homem um pouco mais velho que o resto dos líderes da Consciência Negra, que não veio da SASO, mas foi "convertido" quando já era um assistente social qualificado que passou anos trabalhando para o "Y" (YMCA). Ele é um personagem impressionante, legal, perspicaz, prático, mas profundamente comprometido. Ele agora não estava apenas restrito à área urbana negra fora de Durban chamada Umlazi, mas também em prisão domiciliar.

Ficou combinado que eu deveria falar pelos BCP e deixar o Zimele para os outros, mas depois fui convidado a falar pelo Zimele também em um ou dois locais do meu itinerário. Na verdade, embora não houvesse nenhuma ligação formal entre as duas organizações, seus ideais fundamentais eram os mesmos, e muitas vezes as mesmas pessoas estavam envolvidas em ambas. Passei a maior parte das minhas sete semanas com minha comunidade e família, mas fiz contato com várias organizações na Inglaterra e, na última semana de minha viagem, visitei Holanda, Noruega, Alemanha e Suíça.

Foi muito encorajador notar o calor demonstrado em relação a organizações que estavam inteiramente nas mãos de negros e que estavam comprometidas com mudanças radicais, mas não violentas. Embora obviamente fosse melhor que um dos responsáveis das organizações tivesse podido fazer a viagem, a própria razão pela qual isso não foi possível era o testemunho autêntico do trabalho criativo dos BCP e do Zimele. É uma aposta bastante segura com a África do Sul dizer que o grau de restrições que uma pessoa ou organização sofre é uma medida de sua eficácia. Felizmente, o Sistema, como Steve nunca se cansava de dizer, é extremamente estúpido em muitos aspectos, então às vezes um programa realmente eficaz escapa de sua atenção por um intervalo significativo.

Também foi interessante notar quanta ingenuidade havia nas organizações comprometidas com o desenvolvimento sobre as condições da África do Sul, e um desconhecimento muito difundido sobre o alcance e a visão do movimento da Consciência Negra. Houve simplificação excessiva. Conheci alguns de origem esquerdista para quem era uma questão de fé que não poderia haver resistência aberta na África do Sul, que a única *esperança* estava nos lutadores pela liberdade e nos guerrilheiros urbanos provenientes do ANC e do PAC. Essa estratégia de desespero fez as delícias do BOSS (Departamento de Segurança do Estado, o equivalente externo do Departamento de Segurança), sabendo que por muito tempo a república teria força militar para lidar com esse tipo de ataque. O que falta ao BOSS e ao seu governo são ideias criativas, e é nessa área que reside a força da Consciência Negra. Mas eu só visitei uma organização que demonstrou esse tipo de ingenuidade. A maioria das pessoas com quem eu estava lidando era culpada de subestimar a crueldade maligna do regime de Vorster. "As coisas não estavam realmente melhorando?", me perguntaram, e algumas mudanças cosméticas no campo do esporte, bem como nas relações externas com a África negra, foram aduzidas (pois era a época do "Dê-nos seis meses" de Vorster e a política de détente[114]). Muitas vezes era preciso persuadir os respeitáveis órgãos da igreja de que uma organização totalmente dirigida por negros não era caótica nem comprometida com a

---

[114] Em 1974, o primeiro-ministro B. J. Vorster (1915-1983) declarou: "Dê-nos seis meses e vocês verão onde a África do Sul estará". Isso criou a expectativa de que haveria uma abertura do regime. Mas os seis meses se passaram – e muitos outros depois – e, se houve mudança na política do Apartheid, foi para pior. [N.E.B.]

violência. Felizmente, havia na maioria dos lugares um ou dois indivíduos informados que já conheciam a estatura de Steve; e o sucesso da viagem deveu-se em grande parte à divulgação da reputação dele. Não que nessa época ele fosse amplamente conhecido, certamente não como hoje seu nome é uma palavra familiar. Mas, através da NUSAS em particular, com seus contatos influentes no mundo ocidental e, em menor grau, com entidades e organizações cristãs dedicadas ao trabalho de desenvolvimento, ele agora era uma figura aceita e confiável. Além disso, havia um forte desejo nesses círculos de ajudar as organizações administradas por negros e, assim, evitar o estigma do "paternalismo".

Esse fato não era desconhecido do Sistema e, mais ou menos na mesma época da minha viagem à Europa, uma cláusula extra foi inserida na ordem de banimento de Steve, proibindo-o de trabalhar para os BCP. Felizmente, isso aconteceu em um momento em que ele já estava cada vez mais envolvido com o Zimele e também quando as demandas de seu tempo por um fluxo constante de "peregrinos" aumentavam. Os BCP, por princípio, continuaram a pagar o seu salário — uma prática que ele e outras organizações da Consciência Negra continuaram a seguir sempre que algum dos seus funcionários era banido ou detido. A dra. Mamphela Ramphele sucedeu-o como executiva da seção do Cabo Oriental, junto ao seu trabalho como diretora médica em Zanempilo, onde havia agora, no entanto, um segundo médico na equipe. Uma das características mais impressionantes dos BCP foi sua capacidade de sobreviver à remoção de pessoal aparentemente chave e continuar a funcionar com uma perda mínima de eficácia e sem perda alguma de espírito. O exemplo mais notório foi na segunda metade de 1976, quando pelo menos treze funcionários dos BCP e do Zimele em King foram detidos sob a Lei de Segurança Interna, mas as duas organizações continuaram a funcionar e, pouco depois, o Zimele expandiu enormemente o seu campo de atuação para atender às necessidades dos detidos e seus dependentes em Joanesburgo, Cidade do Cabo, Port Elizabeth e Durban. Se Steve fosse o tipo de líder que mantinha tudo em suas próprias mãos, a organização teria entrado em colapso. Mas foi dado escopo total a cada indivíduo para a iniciativa, e o espírito de apoio da comunidade King reforçou quaisquer deficiências que um indivíduo pudesse temer em si mesmo. Quando Mamphela e o dr. Siyolo Solombela (o segundo médico em Zanempilo) foram detidos em agosto de 1976, em cinco dias outro médico, o dr."Chappie" Phalweni, chegou de Kuruman a cerca de 970 quilômetros de distância! Graças à assistência de dois médicos locais, um branco e um indiano, a clínica principal nunca deixou de funcionar, e em apenas dois dias não foi possível visitar os postos externos.

OITO

Mas estamos indo rápido demais: e talvez seja o momento de expandir a última frase da seção 6 sobre meu próprio relacionamento com Steve, "Mais e mais, nos dois anos e meio restantes, ele também se tornaria um líder". A seção 7 deu exemplos de como, de fato, Steve me "usou"— como um padre para a pequena comunidade de King, como um enviado dos BCP e do Zimele. Até que ponto eu estava apenas "sendo prestativo" com ele? Até que ponto eu estava me comprometendo a servir ao movimento da Consciência Negra com ele como seu líder? Estas memórias são sobre ele, não sobre mim; mas uma exploração dessas questões talvez revele muito sobre o extraordinário dom de liderança dele.

Deve estar claro pelo que já escrevi que eu era bastante a favor da "Consciência Negra" muito antes de deixar Alice. Depois da confusão inicial, dei boas-vindas ao surgimento da SASO e sua ascendência no campus do Seminário. Disponibilizamos a St. Peter's para a escola de formação da SASO em 1972. A proibição e a prisão domiciliar de Stanley Ntwasa fortaleceram minha convicção da correção essencial da análise da consciência negra a respeito da situação no país. As visitas a ele e a Robert Sobukwe, e depois a Barney e Steve, confirmaram isso. Mas foi Steve quem realmente me trouxe *para dentro* do movimento, de modo que quase sem perceber passei a avaliar tudo o que acontecia na África do Sul — e além de suas fronteiras — pelos cânones do movimento da Consciência Negra.

Havia um conflito acontecendo em minha vida, que uma fraqueza funcional de longa data, como contarei em detalhes mais concretos abaixo, tornou mais agudo. Por um lado, havia o meu trabalho oficial, que nessa época se expressava em duas formas principais: primeiro, como pároco para as trabalhadoras domésticas nos subúrbios do sul de Joanesburgo; em segundo, como educador teológico dos ordinandos independentes da diocese de Joanesburgo (isto é, homens que se ofereciam para o ministério ordenado da igreja enquanto continuavam em suas ocupações seculares). O primeiro trabalho era como o de um médico que não tem remédio para uma ferida que não cicatriza. Pode-se continuar limpando a ferida e deixando o paciente confortável, a cura é impossível. A situação social, política e econômica dessas trabalhadoras era tão precária que nada que pudéssemos fazer por elas na igreja poderia mais que aliviar sua dor. A maioria delas via as "homelands"[115] como seu lar; estavam ansiosas para se aposentar lá. Nesse ínterim, suportavam o trabalho árduo de suas vidas diárias por 11 meses do ano, vivendo em quartos miseráveis nos fundos, separados por lei das casas de seus patrões. A única oportunidade de alegria real era ter filhos de homens que, mesmo que quisessem, raramente podiam se casar com elas — e então eram obrigadas por lei a mandar a criança para a avó na "homeland". Ministrar a tal congregação, cujas línguas eu desconhecia, era tão angustiante (apesar do amor das pessoas) que, depois de suportar isso por quase dois anos, agradeci a chance de voltar à educação teológica —, embora, quando deixei Alice, tivesse jurado ficar fora disso! Isso foi pelo menos mais estimulante, e graças à imaginação do meu colega mais jovem, o reverendo John de Beer, e à minha própria experiência, construímos um dos melhores programas desse novo tipo de educação teológica na Igreja Anglicana na África do Sul, moldando em uma unidade um grupo não racial verdadeiramente representativo, com fins de semana de treinamento mensais, e tarefas e tutoriais entre eles. Mesmo assim, em um grau considerável, treinava-se homens para serem servos eficientes de mais uma faceta do "sistema": a igreja institucional.

Essa era uma parte da dialética. A outra era meu ministério para os banidos, que, começando com Stanley Ntwasa em Kimberley, estendeu-se para incluir outros em todo o país. Falando, e mais ainda ouvindo-os, todos eles (menos o sr. Sobukwe) jovens da geração de Steve, observando as condições em que viviam, não pude deixar de ficar cada vez mais insatisfeito com a forma como era obrigado a passar a maior parte do meu tempo. A única vantagem de minha posição como oficial da igreja institucional era a proteção que me dava contra a deportação — "sua organização de fachada", como um amigo a chamava.

As tensões causadas por essa existência antinatural foram agravadas por precisar viver no ambiente todo branco do priorado em Rosettenville,

---

115 "Homeland" pode ser o equivalente de "terra natal". Mas o regime do Apartheid propagandeou os bantustões como "homelands" dos povos negros. [N.E.B.]

após o privilégio extraordinário dos anos no mundo negro do seminário em Alice. No final, percebi que realmente só "ganhava vida" em minhas raras visitas a Stanley, Steve e Barney. No máximo, isso somava um mês no ano inteiro, de modo que eu também, de certa forma, me tornei como meus ex-paroquianos — suportando uma existência frustrante por 11 meses do ano para desfrutar da liberdade "doméstica" de um mês. Tudo isso me deixou doente. Desde 1963 sofro de um mau funcionamento do ouvido médio chamado "doença de Menière", cujos sintomas são um ruído no ouvido, surdez parcial e, em um ataque agudo, náusea, vertigem e vômito. Depois de um período prolongado disso no início de 1976, durante o qual me mantive parcialmente em pé por causa dos remédios, recebi ordem de repouso total e passei quinze dias na casa de amigos no Cabo Oriental. No final da quinzena, embora descansado, ainda tomava o poderoso remédio para dormir que vinha tomando há três meses. Não estava de forma alguma curado. A medicina ocidental não tem cura para essa doença exceto a cirurgia: pode-se contê-la com remédios, e isso é tudo.

Antes de regressar a Joanesburgo, passei um longo fim de semana em Zanempilo. Enquanto estava convalescendo no Cabo Oriental, Steve estivera prestando depoimento para a defesa no gigantesco julgamento BPC-SASO em Pretória [ver capítulos 15 e 16], mas agora ele estava de volta. Mamphela cedeu-me o seu quarto na casa do médico. O toca-discos na sala de estar ao lado, que normalmente funcionava sem parar a partir das 17h a cada dia de trabalho, e durante todo o dia nos fins de semana, era silenciado para não incomodar meus ouvidos (todos eles sabiam e toleravam em um grau raro minha necessidade monástica de silêncio!).

Conversamos, rimos, bebemos. Steve estava lá a maior parte do tempo. Eles falaram sobre a minha condição — "Fulano não aguentaria mais de cinco minutos" (citando um certo político negro). Steve e eu visitamos a mãe dele. Saímos para a barragem, nosso lugar favorito para uma caminhada e conversa particular. Pescadores brancos estavam lá porque era sábado; eles nos olhavam com curiosidade, mas sem hostilidade. Ele me contou um pouco sobre o julgamento; ficou bastante satisfeito com sua "performance", mas disse que foi cansativo. A experiência de estar novamente em Joanesburgo e Pretória foi estimulante. Houve consultas com os advogados durante os últimos seis meses que permitiram que ele se deslocasse pelos municípios; e ele ficou aliviado ao descobrir que três anos de banimento em

Kingwilliamstown não tinham feito com que fosse esquecido em Soweto e em outros lugares. Ele renovou velhos contatos, fez novos. Curiosamente, não me deu nenhuma pista sobre a explosão que aconteceria em Soweto apenas um mês depois. Falamos de mim, da minha vida na Comunidade. Ele compreendia as lealdades duradouras — só estava preocupado com o fato de que seriam mortíferas. Voltamos para King, bebemos com John Williams. Eu deveria rezar a missa para a congregação branca na manhã seguinte.

De volta à clínica. Quem mais estava lá? Além de Steve e Mamphela (e aqui estou reunindo lembranças de muitas festas de sábado à noite), poderiam estar Siyolo Solombela[116], o médico assistente, e Pinkie, uma jovem de Fort Hare com quem ele se casou após sua detenção. E também Mzoxolo Ndzengu, é claro, o infatigável motorista-escriturário. Ndzengu não fuma, não bebe, vai dormir cedo: como dormiu no meio do barulho de uma de nossas festas eu não sei. Nunca resmungou que eu saiba; também estava pronto para atender a qualquer momento em uma ambulância de emergência, geralmente uma mulher que precisava dar à luz. Malusi Mpumlwana poderia estar lá, também banido, mas tão irreprimível, tão sempre em movimento que você não podia aceitar o fato de seu banimento. Malusi faz tudo com a totalidade de seu ser, até jogar cartas. Assistir Malusi jogar cartas com dois ou três outros era muito mais divertido do que a maioria dos shows de teatro para brancos em Joanesburgo. Thoko Mbanjwa, que se casou com Malusi após sua detenção, poderia estar lá; o austero Mapetla e sua radiante esposa Nohle poderiam entrar — mas apenas se fossem especialmente solicitados, pois Zwelitsha ficava longe de Zanempilo e eles não tinham transporte. Mxolisi Mvovo, cunhado de Steve, certamente estaria lá se não estivesse viajando — sombrio, saturnino, profundamente sensível, um verdadeiro amigo e um inimigo implacável; ele adorava meus charutos e eu adorava sua companhia, assim como a de sua esposa turbulenta e extrovertida, Nobandile (a irmã mais nova de Steve). Provavelmente Thenjiwe Mtintso, repórter do *Daily Dispatch*, estava lá[117]. Talvez também

---

116 Archie Cornelius Siyolo Solombela (1951-2018) foi um dos fundadores do movimento da Consciência Negra e durante o Apartheid manteve carreira dupla como médico e militante. Em meados dos anos 1970, passou a fazer parte do uMkhonto we Sizwe, o braço armado do Congresso Nacional Africano. Era casado com Sisi Pinky Solombela. [N.E.B.]

117 Além de jornalista do *Daily Dispatch* (jornal progressista editado por Donald Woods, amigo e futuro biógrafo de Biko), Mtintso era também ativista do movimento da Cons-

Zweli Simanga e Phumla Sangotsha (esta última secretária da clínica) que completaram o trio de casamentos ocorridos no final do ano; talvez Silumko Sokupa ("Soks"), um dedicado trabalhador da SASO[118].

Sendo um fim de semana, certamente haveria visitantes de outras partes do país; estudantes de medicina de Wentworth, talvez, representantes da BPC e da SASO de qualquer lugar do país. A bebida aparecia depois do jantar. Minha preferência por uísque era conhecida; normalmente, eu mesmo tentava trazer um pouco, mas o que era uma garrafa entre tantas?

A conversa centrou-se principalmente no julgamento de Pretória, nas imbecilidades da acusação, na disposição do juiz — muito difícil de determinar —, nas posições sutilmente divergentes e na unidade subjacente dos nove acusados. Quase sempre a conversa era toda em inglês, mas às vezes havia uma troca em xhosa, que eu não conseguia entender. "Há quanto tempo está aqui, padre Stubbs? Dezessete anos? E ainda não sabe falar xhosa? É uma vergonha absoluta!". Isso de Steve.

Mais tarde, à noite — mas dessa vez fui para a cama cedo —, ele poderia relembrar sua infância, muitas vezes com histórias da igreja para me provocar. Ele tinha sido acólito na pequena igreja em Ginsberg. Durante o sermão, ele e seus amigos se retiravam sob o altar onde, ocultos pelo frontal, bebiam o vinho da Comunhão, saindo para o Sanctus com castiçais balançando.

Na manhã seguinte, levantei-me cedo para celebrar a missa na igreja branca da cidade. Era impossível acreditar que estivesse no mesmo continente que Zanempilo, muito menos na cidadezinha vizinha. Quase certamente ninguém da congregação, exceto a esposa do reitor, teria ouvido falar do nome Biko, que agora era conhecido em toda a África do Sul negra e até mesmo, em certos círculos, em toda a África e no mundo ocidental. Se tivessem, pensariam nele como um "terrorista", "comunista" ou, na melhor das hipóteses, "agitador". O único homem branco que conheci em quatro anos visitando Steve em King que realmente o apreciou não era um frequentador

---

ciência Negra. Ela foi presa em outubro de 1976 e foi brutalmente torturada. Em 1978 partiu para o exílio, em Lesoto, onde entrou para uMkhonto we Sizwe e também para o Partido Comunista sul-africano, do qual fez parte do comitê central. Com o fim do Apartheid, ocupou vários cargos na direção do CNA e foi embaixadora do país em Cuba, Itália, Romênia e Espanha. [N.E.B.]

118 Silumko Sokupa (1948-2022) fez parte depois do setor de Inteligência do Congresso Nacional Africano e também trabalhou na Inteligência do governo eleito depois do fim do Apartheid. [N.E.B.]

de igreja. E essa era a instituição da qual eu era representante oficial. A lacuna de credibilidade era uma fissura que chegava quase às raízes do ser.

 Escrevi o suficiente para indicar como foi que passei a aceitar cada vez mais a liderança desse negro? Desde o eclipse da NUSAS pela SASO não houve nenhuma organização branca que oferecesse qualquer promessa de mudança radical. Mas, em todo caso, eu não era um político: era um padre. A Igreja, então? Ah, a Igreja! Na verdade, eu acreditava na Igreja, de uma forma impossível para Steve, como um organismo divino-humano que perdura no tempo e no espaço. Mas a Igreja na África do Sul — e aqui me refiro a todas as Igrejas "históricas" importadas do Ocidente para a África —, essas instituições dominadas pelos brancos, teriam de ser completamente quebradas e remodeladas por verdadeiros negros em verdadeiras linhas negras. Não que os brancos devam ser excluídos — Deus me livre! Mas primeiro devemos ser humilhados até o pó. Isso já estava acontecendo com relativa facilidade na diocese anglicana de Damaraland, na Namíbia, onde um sínodo esmagadoramente negro votou para manter como seu bispo a figura carismática do deportado Colin Winter[119]. Acontecia de forma mais hesitante na Zululândia, graças à presença de um dos verdadeiros grandes cristãos deste século, o bispo Alphaeus Zulu[120]. Mas em Joanesburgo e Grahamstown, as duas dioceses que tinha servido desde 1959 — nada além de uma revolução no próprio país, parecia-me, removeria as atitudes arraigadas na igreja de superioridade branca e valores brancos. Poderia haver um "escurecimento" superficial da igreja, por meio da nomeação de um arcediago negro aqui, de um deão negro ou mesmo de um bispo assistente ali, por meio de arranjo de paridade racial de representação em sínodos, comitês provinciais e assim por diante. Nada disso mudou as atitudes fundamentais, o propósito ou a direção dessas igrejas e, para meus amigos negros radicais, muitos (embora de modo algum todos) dos negros em altas posições eclesiásticas foram categoricamente descartados como "não brancos" (um dos termos mais desdenhosos do vocabulário da Consciência Negra, usados para descrever uma pessoa que, chamando a si mesma de negra, por seu comportamento ou estilo de vida mostra que anseia ou aceita os

---

119 Colin Winter (1928-1981) foi um bispo inglês anglicano que tinha sua diocese no Sudoeste Africano (que à época era parte da África do Sul e hoje é a Namíbia). Por causa de sua veemente oposição ao Apartheid, foi deportado do país em 1972. Mesmo assim, sua diocese decidiu seguir tratando-o como seu bispo. [N.E.B.]
120 Alphaeus Zulu (1905-1987) foi um bispo anglicano que fazia parte do Congresso Nacional Africano. Em 1975, deixou o CNA para ingressar no Inkatha. [N.E.B.]

valores brancos). Eu não deixaria a igreja. Deus me livre! É a igreja Dele, e Ele sabe do que se trata. Mas, exceto pela oração, oração abraçada como um modo de vida completo, eu não poderia fazer nada para mudá-la.

Por outro lado, havia minha amizade com esse homem incrível, cujo dom de liderança consistia principalmente em discernir as capacidades daqueles cuja confiança ele havia conquistado e em capacitá-los a realizá-las ao máximo. Ele foi capaz de canalizar para uma direção criativa e intencional meu senso difuso de compaixão pelos pobres e oprimidos. E assim cá estava ele, sempre atento ao verdadeiro estilo africano, ao respeito devido à minha idade, tomando-me, confiando um pouco mais em mim, apreciando as informações que pude, através da minha mobilidade e contatos com o mundo branco, trazer a ele, respondendo à minha declarada disponibilidade com sugestões de atribuições que estiveram sempre dentro das minhas possibilidades e do que me cabia realizar. Tenho certeza de que havia muitas coisas acontecendo das quais eu nada sabia — não porque não fosse de confiança, mas para minha própria proteção. Se eu fosse detido e interrogado — agora uma possibilidade real —, havia coisas que era melhor eu não saber.

Deve ter havido outros líderes de lutas revolucionárias que foram igualmente cuidadosos com as "tropas" sob seu comando. Garibaldi vem à mente, e Robert Sobukwe pode muito bem ser um exemplo contemporâneo. Mas eu teria que voltar ao próprio Jesus para encontrar um paralelo com esse extraordinário cuidado pastoral que Steve tinha com os seus. Suponho que seja por isso que estava preparado para me comprometer de todo o coração aos cuidados de sua liderança. Nessa área específica, confiei nele com o mesmo *tipo* de confiança que tenho em Jesus. Sei que isso soa idólatra para um crente cristão, mas não havia nada de idólatra em minha atitude a respeito dele, como deve ficar claro em nosso relacionamento esboçado nestas memórias. Os pontos principais aqui são a liberdade que Steve permitiu a seus seguidores, a liberdade de serem eles mesmos; e a correção real de seus julgamentos e disposições, uma correção que fluiu de sua inteligência e de sua abnegação revolucionária essencial [veja a seção 12 abaixo]. Enquanto outros líderes tendem quase insensivelmente a se tornarem Líderes com L maiúsculo, nunca vi nenhum sinal disso acontecendo com Steve. Ele permaneceu até o fim de quatro conosco, um exemplo do que todos nós poderíamos ser, acima e além de nós apenas em sua visão e nas profundezas de seu engajamento, como mostrou sua morte na prisão.

E então, finalmente, havia a nova qualidade que a vida na companhia dele tomou. Era como o Reino. O impossível tornava-se possível. Às vezes, de fato, tornava-se real, olhe para Zanempilo! E essa qualidade de vida, embora inicialmente possa ser "capturada" dele, pode se tornar algo inerente a si mesmo. Isso era eminentemente verdadeiro para seus contemporâneos negros, mas poderia até acontecer com um não negro como eu! Seja qual for a descrença dele no Cristo das igrejas históricas, em seu estilo de liderança, Steve tornou-se um autêntico (ainda que inconsciente) discípulo de Jesus de Nazaré. É por isso que o movimento do qual ele agora é reconhecido como "pai" nunca será destruído. Na verdade, quanto mais for esmagado sob o calcanhar do sistema, mais vai florescer e proliferar. Aqui, supremamente, reside o triunfo de sua morte. E no cerne da vida desse homem estava a qualidade da compaixão — não a palavra emasculada da sociedade branca, com sua conotação paternalista de "sentir pena" de alguém em uma situação pior do que a sua, mas o sofrimento que é a verdade da palavra, ou seja, a compaixão que foi a força motriz no ministério de Cristo aos homens. Steve não estendeu essa compaixão apenas a seus colegas negros, mas também aos brancos que conheceu. Ele realmente entendeu, de dentro, a posição agonizante de Beyers Naudé — um africâner de africâneres, mas levado por sua consciência a se opor às políticas e práticas do Partido Nacional.

 Naquela ocasião, expressei alguma preocupação com a tensão de ter que dirigir sozinho pelo Transkei e por Natal e, assim, voltar para Joanesburgo. Ele pediu a Mxolisi que me acompanhasse. Saímos de Zanempilo na manhã de terça-feira, visitamos Pumzile Majeke, o ex-trabalhador de campo do Zimele que havia sido banido para sua aldeia natal de Qumbu algumas semanas antes, e chegamos a Pietermaritzburg naquela noite, onde ele me deixou com meus irmãos da comunidade enquanto levava o carro para Durban. Na tarde seguinte regressou, tendo ido buscar Diliza Mji, presidente da SASO, e outro amigo. Dirigimos para o norte, parando para jantar na casa de um antigo aluno da St. Peter's, nos arredores de Ladysmith, e finalmente chegamos a Soweto às 3h45 da manhã de quinta-feira. Depois de retornar ao priorado e permitir que Mxolisi dormisse meia hora, eu o levei ao aeroporto para pegar um avião de volta para East London e voltei ao priorado para ouvir o sino tocando para a missa do Dia da Ascensão. Eu estava curado!

NOVE

Cinco dias depois, voei para a Inglaterra para visitar minha mãe, e estava lá em 16 de junho, quando os assassinatos de estudantes em Soweto marcaram mais um passo irreversível no caminho para a liberdade. Voltando a Joanesburgo em 1º de julho, só se poderia encontrar palavras em W. B. Yeats para descrever a revolução na atmosfera:

Tudo, tudo está totalmente mudado...
Uma terrível beleza nasceu.[121]

Naquele mês, dezenas de líderes negros foram detidos sob a nova Lei de Segurança Interna, que deu ao ministro da Polícia poder para prender pessoas por até um ano (que poderia ser renovado) em prisão preventiva. Eles tinham o status de presos aguardando julgamento. Encontrei Steve brevemente naquele mês, para relatar os contatos que fiz no exterior. Pela primeira vez em três anos e meio, ele expressou frustração por não poder se movimentar naquele momento crucial e ser capaz de dar direção aos protestos heroicos, mas descoordenados, da jovem geração de estudantes. Ficou claro para muitos que a revolta de Soweto havia alterado o equilíbrio das forças políticas negras, e Steve, que faria 30 anos no final do ano, estava emergindo como o novo líder nacional, com boas conexões com a geração mais velha, que agora ascendera à posição de estadistas mais velhos, e um papel natural à frente da nova geração de alunos e meninas idealistas, mas sem formação.

Foi uma força especial no movimento da Consciência Negra que, desde o início, no final da década de 1960, a SASO estivesse aberta a mestiços e indianos. Não estou certo de que a importância dessa conquista, nas estruturas sociais da África do Sul, tenha sido suficientemente enfatizada. O ANC, é verdade, estava aberto a outros que não os africanos; e devido a uma forte tradição política entre os elementos da comunidade indiana, muitos destes últimos deram uma contribuição notável. Mas a maneira como a SASO conseguiu superar as barreiras tradicionais entre mestiços e africanos — barreiras que certamente causaram tensões em nosso Seminário de Alice — não foi apenas indicativo de um novo humor na comunidade jovem mestiça, mas uma conquista significativa da solidariedade negra não étnica.

---

[121] Do poema "Easter, 1916". Stubbs, provavelmente citando de memória, modifica um pouco o trecho: *"All, all is utterly changed... A terrible beauty is born"*. No poema de Yeats está: *"All changed, changed utterly: A terrible beauty is born"*. [N.E.B.]

Agora, alunos africanos e mestiços estavam convergindo para a Cidade do Cabo em uma marcha de protesto conjunta. A Cidade do Cabo de fato emergiu como um dos centros de agitação mais militantes do país. Os jovens mestiços, rejeitados e humilhados por anos de legislação discriminatória em uma cidade que em muitos pontos era tradicionalmente integrada no que diz respeito a brancos e mestiços, finalmente rejeitaram os brancos. Assim, eles trouxeram uma nova injeção de poder no movimento. Deve-se admitir que a detenção de praticamente toda a liderança do movimento da Consciência Negra durante a segunda metade de 1976 foi eficaz em impedir o aproveitamento do espírito de sacrifício magnífico, mas em alguns aspectos não direcionado, dos alunos. "Em alguns aspectos" porque inicialmente eles sabiam exatamente o que queriam e conseguiram — a abolição do africâner como meio obrigatório de instrução nas escolas. Mas o ímpeto transmitido pelo massacre no dia 16, juntamente com o implacável assédio, cercamento e espancamento até a morte de tantos dos estudantes — os detentos da lei de segurança interna em Modder B podiam ouvir enquanto isso acontecia — de modo que a liderança do Conselho Representativo dos Estudantes de Soweto estava constantemente fugindo —, tudo isso militava contra um plano ordenado de campanha, tal como a liderança madura do movimento da Consciência Negra teria sido capaz de oferecer. Isso não é para diminuir a extraordinária conquista dos jovens.

O Zimele começou a ser uma organização muito eficaz para o gosto do sistema. No início do ano, o admirável trabalhador de campo Pumzile Majeke, foi banido para sua terra natal no Transkei. Em 17 de julho, Mapetla Mohapi, o administrador da organização, foi detido sob a seção 6 do Decreto sobre Terrorismo. No dia 5 de agosto, às 23h30, Steve telefonou: "Mapetla morreu na prisão". Esse foi um golpe devastador. Vários homens já haviam morrido na prisão, e suas mortes haviam causado um impacto nas comunidades locais proporcional à sua reputação. Particularmente horripilante para a comunidade da Cidade do Cabo foi a morte violenta na detenção (supostamente por "cair das escadas"), em 1969, do imã Abdullah Haroun, um líder respeitado da comunidade muçulmana. Um padre anglicano, o reverendo Bernard Wrankmore, fez uma longa greve de fome, muito divulgada, na tentativa de obter um inquérito judicial sobre a morte do imã. Mas Mapetla foi o primeiro membro do Movimento da Consciência Negra a morrer na prisão. (Ongkopotso Tiro foi morto por um pacote-

-bomba no exílio em Botswana; ele e Nthuli Shezi são os dois primeiros mártires do movimento.)

Steve e a comunidade entraram em ação imediatamente. A família exigiu que dois médicos comparecessem à autópsia em nome dela. O dr. Msauli e a dra. Ramphele foram a escolha deles. Ninguém acreditou na história do sistema de que ele havia se enforcado com duas calças jeans. O funeral ocorreu dez dias depois na terra natal de Mapetla, uma vila remota em uma região montanhosa perto da fronteira com Lesoto. Quatro mil enlutados vieram de King, Durban, Port Elizabeth, Cidade do Cabo, Joanesburgo. O doutor (agora bispo) Manas Buthelezi[122] rezou a oração fúnebre. Cedric Mayson[123], do Instituto Cristão, tinha licença de piloto e voou com Beyers Naudé, Manas e eu. Nós três, juntamente com Francis Wilson[124] e David Russell, éramos os únicos brancos presentes. Nunca me esquecerei da combinação de raiva e esperança naquela enorme multidão. Steve obviamente não pôde comparecer por causa de sua ordem de restrição.

Dois dias depois, na terça-feira, 17 de agosto, ele e Thenjiwe Mtintso foram detidos sob a seção 6 do Decreto sobre Terrorismo. Na semana anterior, quase toda a liderança dos BCP e da BPC em King, como já me referi, tinha sido levada sob a Lei de Segurança Interna. Mas essa detenção de Steve e Thenjiwe foi mais séria. Sabendo o que havia acontecido com Barney e outros dois anos antes, com a morte de Mapetla ainda crua em nossas mentes, a ansiedade era profunda. A Polícia estava ciente da reputação internacional dele? Donald Woods, editor do *Daily Dispatch*, de East London,

---

[122] Manas Buthelezi (1935-2016) foi um dos pioneiros da Teologia Negra na África do Sul. [N.E.B.]

[123] O britânico Cedric Mayson (1927-2015) chegou à África do Sul em 1953, como ministro da Igreja Metodista, mas, em 1974, deixou a Igreja para fazer parte do Instituto Cristão, de Beyers Naudé. Por causa de sua militância contra o Apartheid, Mayson foi perseguido pelo regime e preso diversas vezes, uma delas em 1975, quando estava em sua lua-de-mel. Quando o Instituto Cristão foi proibido, em outubro de 1977, Mayson foi condenado a cinco anos de banimento. No início dos anos 1980, partiu para o exílio na Inglaterra, onde se juntou ao movimento anti-apartheid e passou a fazer parte do Congresso Nacional Africano. [N.E.B.]

[124] Francis Wilson (1939-2022) foi um economista cujas pesquisas publicadas nos anos 1970 demonstraram em números a opressão sofrida pelos trabalhadores negros sob o Apartheid. Um de seus livros, *Uprooting Poverty: The South African Challenge* [Extirpando a pobreza: o desafio Sul-Africano] (1989), foi escrito em parceria com Mamphela Ramphele. [N.E.B.]

escreveu um artigo distribuído em outros importantes jornais sul-africanos, alertando Kruger (ministro da Polícia) para tratar Biko com luvas de pelica porque um dia um dos homens dele (Steve) poderia estar ocupando a posição de Kruger, e os africanos têm memória longa! Por alguma razão, Steve não foi, como nos disse mais tarde, agredido seriamente durante sua detenção, embora tenha perdido muito peso por causa da comida impalatável que era fornecida. A comida que sua esposa Ntsiki trazia ajudava, mas os longos intervalos entre as visitas significavam que sua dieta consistia principalmente em biscoitos e enlatados, comida da qual não gostava muito.

Se Steve foi tratado com relativa brandura, o mesmo não aconteceu com Thenjiwe, uma jovem e corajosa repórter do *Daily Dispatch*. Comparando anotações depois, ela e Steve descobriram que sempre que *ele* não era "cooperativo", *ela* recebia "o tratamento"! Steve foi mantido em detenção em East London por 101 dias e foi libertado sem ser acusado. Eu voei para vê-lo cerca de uma semana após sua libertação e o encontrei muito mais magro. Ele podia se dar ao luxo de perder um pouco de peso e, quando começou a engordar novamente, ameacei mandar detê-lo outra vez. Ele disse que foi uma experiência interessante. Além de dois membros do Departamento que tentaram atacá-lo por motivos pessoais vingativos (um dos quais era tão velho que Steve apenas o tratou com indulgência; o outro, um homenzinho distorcido que tinha um bando de durões lá fora, caso Steve fosse demais para ele), e além da comida vil, ele achou que era um momento útil para reflexão e estava satisfeito com a maneira como lidou com o interrogatório . Disse que deixou claro que só "cooperaria" se o deixassem descansar quando quisesse; e eles acataram. Seu princípio era sempre dizer a verdade, se possível, porque, caso contrário, "as coisas se complicavam"; e ele disse que, no geral, raramente achou necessário se afastar da verdade! Perguntaram a ele sobre mim, mas aceitaram sua declaração de que eu era seu "pai espiritual" e que nossas conversas eram sobre assuntos pessoais profundos. Pude ver que ele estava satisfeito com seu "desempenho" e que isso não aumentou seu respeito pelo Sistema.

O ano de 1976 chegou ao seu fim turbulento com a libertação de todos os detidos sob a seção 10 da Lei de Segurança Interna, mas Thenjiwe (que havia sido transferida mais morta do que viva do Transkei, onde fora mantida sob a seção 6, de volta para King sob a seção 10) foi banida imediatamente, o que significou a perda de seu emprego no *Daily Dispatch* (embora o jornal continuasse a pagar seu salário) e sua remoção para Orlando East, Soweto, onde mora sua mãe. A cena estava escurecendo, e todos nós sentimos que estávamos com os dias contados enquanto o inimigo ficava mais desesperado. Steve previu um período de até cinco anos de agitação contínua, uso pela polícia de seus poderes repressivos, a situação "ficando sob controle", algumas libertações, novas detenções e assim por diante. Ele estava extremamente confiante no resultado, mas o futuro imediato seria difícil. Em nenhum momento ele deu qualquer indício de prever a própria morte; e, de fato, a história de seu tratamento na prisão, junto a seu crescente prestígio dentro e fora do país, reforçado, é claro, por sua detenção, nos deixou confiantes de que quaisquer outras baixas que esperássemos, ele pelo menos era indestrutível.

A libertação dos líderes da Consciência Negra teve dois resultados imediatos. Primeiro, significou que algumas pessoas chave poderiam ter contato com a liderança estudantil em Soweto e em outros lugares e ajudá-las a obter um senso de direção e estratégia. Em segundo lugar, permitiu à BPC realizar um encontro nacional, no qual foram tomadas grandes decisões e foram decididos planos para o futuro, com Steve sendo eleito presidente de honra. Foi a melhor maneira de a ala política do movimento reconhecer abertamente sua liderança. Por causa de sua ordem de banimento, ele não pôde aceitar o cargo; nem precisou recusá-lo. Permanece presidente de honra, apesar da sua morte, apesar da proibição da organização em 19 de outubro.

No início do ano novo, o inquérito há muito adiado sobre Mapetla Mohapi ocorreu em King. Os dois médicos solicitados pela família para representá-la na autópsia, a dra. Ramphele e o dr. Msauli, foram detidos quase imediatamente após a autópsia, ela antes do funeral, ele uma ou duas semanas depois. Embora o caso agora pareça insignificante à luz do inquérito do próprio Steve, foi memorável na época pela maneira como o advogado Cooper fez o capitão Schoeman se contorcer. Um advogado envolvido no caso disse que a contribuição de Steve nos bastidores foi "enorme". Foi principalmente por meio de suas sugestões que os advogados da família foram capazes de estabelecer perante qualquer tribunal objetivo que Mapetla não poderia ter cometido suicídio: ele deveria ter sido morto. O veredicto depois de duas semanas foi que Mapetla "morreu por estrangulamento e que ninguém era o culpado" — uma conclusão estranha! A sala do tribunal ficava lotada todos os dias, e as humilhações sofridas por Schoeman e os outros membros do Sistema não foram calculadas para facilitar a vida de Steve quando o inquérito terminasse. Durante os meses seguintes, ele raramente ficou livre de assédio, incluindo seu indiciamento por uma longa e complicada acusação de "derrotar os fins da justiça" — um caso relacionado a alguns meninos detidos em conexão com o incêndio da escola secundária local. Ele foi considerado inocente, mas o processo foi exaustivo — e caro. Durante todo esse tempo ele tentava continuar seus estudos para obter o diploma de direito por correspondência com a UNISA. A princípio, as autoridades se recusaram a conceder-lhe um atestado por ter sido tão negligente a ponto de ficar detido durante o período de exames. As representações foram feitas ao diretor da Faculdade de Direito. Furioso com a administração, ele mandou avisar que Steve deveria continuar se preparando para o exame. Depois de algum atraso, a permissão para o exame foi concedida. Steve passou em quatro das cinco disciplinas que tentou.

Ele fazia questão de que todos continuassem os seus estudos por correspondência, mesmo enquanto trabalhavam a tempo inteiro para os BCP de Zimele, ou em qualquer área que estivessem trabalhando. Não deu férias aos detidos após a liberação da prisão no final do ano. Disse que eles já tinham tido bastante férias lá dentro e que havia trabalho a ser feito! Psicologicamente, ele sabia que era muito mais saudável ir direto ao trabalho e fazer a máquina funcionar sem problemas novamente; os indivíduos poderiam tirar férias mais tarde, se necessário. Além disso, tinham uma responsabilidade tanto com as pessoas sofridas a quem serviam quanto com seus doadores. Quem realmente precisava de férias era Nohle Mohapi, a viúva de Mapetla. Ela apareceu para trabalhar no dia seguinte à morte do marido na detenção. Depois, houve um período antes do funeral em que ela observou os costumes tradicionais. Mas, desde o enterro, passou a ser a única encarregada dos escritórios dos BCP, com a ajuda de duas amigas jovens. Ela manteve toda a administração funcionando no Cabo Oriental de meados de agosto até o final do ano. Então, em janeiro, ela passou pela provação do inquérito. Atravessou tudo isso com serenidade e beleza intactas. Portanto, não houve feriados, mas houve uma grande festa em Zanempilo, com Donald Woods fornecendo champanhe com os lucros de um artigo sobre Steve.

Fui no fim de semana de janeiro, em parte para assistir ao primeiro dia do inquérito de Mohapi. Fiquei na clínica; John Williams havia partido para a Inglaterra no mês anterior. Houve muita atividade do Sistema naquele fim de semana. Thenjiwe tinha vindo para prestar depoimento no inquérito, e o Sistema estava determinado a tentar impedir a comunicação entre ela e Steve. A clínica e a casa de Steve eram vigiadas de perto. Ele e eu precisávamos conversar sem ser perturbados. No final, ele conseguiu vir até a clínica e saímos pelos fundos para nosso encontro habitual na represa.

Quando estávamos sentados na grama à beira da água, ele de repente começou a falar sobre sua vida anterior. Não houve preâmbulo, mas entendi que ele havia refletido sobre tudo aquilo enquanto estava na solitária. A narrativa provou ser a justificativa (embora não contada em tom de autojustificação) do "confronto" que eu forçara dois anos antes.

Eu entendi porque isso estava acontecendo agora. Ele sabia que agora eu tinha tais relações de afeto e aceitação mútua com as outras duas pessoas envolvidas, o que lhe permitia falar delas comigo com total liberdade.

Se eu disser que foi uma "confissão", os leitores cristãos não devem entender isso em um sentido técnico. Não houve confissão formal de pecado, muito menos qualquer expressão de propósito de emenda ou oração por perdão. No entanto, foi uma "confissão" no sentido de que foi um simples relato da verdade sobre si mesmo e sobre uma área específica de sua vida, como ele a via. Como eu disse, não havia autojustificação; mas então, de minha parte, não havia mais nenhuma acusação. Havia simplesmente a narração da história; assim foi, assim é, e só Deus sabe como será.

Quando ele terminou, não havia nada que precisasse ser dito, mas acho que ambos sentimos que nesse silêncio após a revelação, o passado foi anulado e o futuro poderia ser encarado com uma totalidade mais profunda. Para tais assuntos tivemos, de fato, pouco tempo. Reparei que três negros nos olhavam com interesse. "BOSS", murmurou Steve, e se moveu em direção a eles. Um era irmão do ministro-chefe do Ciskei, sr. Sebe[125], e outro era irmão de um clérigo ordenado que eu havia ensi-

---

[125] Charles Sebe, irmão mais novo de Lennox Sebe, ministro-chefe e futuro presidente do Ciskei. Charles Sebe entrou para a polícia sul-africana em 1957 e a partir de 1974 passou a fazer parte da BOSS, a "Gestapo" do regime. Estava encarregado de vigiar Biko e os outros membros do movimento da Consciência Negra. Depois do assassinato de Biko, Charles Sebe foi transferido para o Ciskei, onde, em pouco tempo, passou a comandar não apenas o serviço secreto, mas também todas as forças armadas do bantustão, reportando-se sempre aos seus superiores do regime do Apartheid. Em 1983, Lennox entrou em atrito com o regime sul-africano e, por tabela, com o próprio irmão. Charles foi preso e condenado a doze anos de prisão por incitação à violência. Em setembro de 1986, um esquadrão das forças armadas da África do Sul invadiu o Ciskei e resgatou Charles da prisão. Charles continuou participando de tentativas de derrubar o gover-

nado em Alice. Steve foi muito educado com eles e me apresentou; mas, quando o mais velho deles me perguntou: "Nasceu neste país, padre?", ele retrucou bruscamente: "O que você tem a ver com a origem do padre Stubbs?". Logo depois, outro carro com uma grande antena de rádio e motorista com traje de safári apareceu. O sargento Viljoen, do Departamento de Segurança, sorriu para nós com alívio satisfeito. Aparentemente, ele recebera ordens para nos seguir e nos perdera completamente de vista. Não poderia largar o serviço até que nos encontrasse, e foi à clínica atrás de Mamphela e implorou a ela, quase em lágrimas, que dissesse onde estávamos. Ela, claro, respondeu que não tinha ideia de para onde tínhamos ido. Por fim, o BOSS o colocou na pista — daí o sorriso aliviado. Ele nos perguntou quanto tempo estaríamos aqui, já que o suboficial Hattingh (nosso velho camarada dos tempos de Alice) assumiria o controle, mas essa curiosidade Steve se recusou a satisfazer. Ele foi embora. Como era hora de tratar de outros negócios, voltamos para a cidade, encontrando Hattingh no caminho. É claro que ele imediatamente se virou e saiu em nosso encalço.

Paramos em um café porque havíamos esquecido de comer e estávamos com fome e sede. Ao sair, fui até Hattingh e o cumprimentei. Ele nem olhou para cima e apenas grunhiu; o cara negro do Sistema que estava com ele me cumprimentou com um sorriso alegre. Assim terminou aquela que seria a nossa última visita à represa.

No início do ano novo houve uma reunião interessante. A Urban Foundation (Fundação Urbana) foi lançada — uma tentativa de alguns dos principais industriais, liderados por Harry Oppenheimer e Anton Rupert[126], de melhorar a qualidade da vida urbana. Eles perceberam que, para que o país voltasse ao normal (em si um termo questionável!), as condições de vida dos negros urbanos deveriam mudar. Esperavam que, trabalhando

---

no de seu irmão e do sucessor deste, Oupa Gqozo, até ser morto em janeiro de 1991, em uma emboscada armada pelos serviços secretos do Ciskei. [N.E.B.]

126 Anton Rupert (1916-2006) era um dos homens mais ricos da África do Sul, fundador do conglomerado Rembrandt Group (dono, entre tantas coisas, de marcas de luxo, como a Cartier e a Montblanc). Politicamente, Rupert era um "moderado", alguém favorável a algumas concessões ao povo negro, principalmente para haver mais estabilidade para seus negócios. Nos anos 1960, chegou a ser considerado por setores do Partido Nacional para o cargo de primeiro-ministro, como alguém que poderia melhorar a imagem do regime no exterior, ainda que mantendo o Apartheid. [N.E.B.]

com o governo e com os cidadãos de Soweto, pudessem usar seu dinheiro para efetuar melhorias que fossem mais do que meramente cosméticas. Foi apontado aos responsáveis dentro da Fundação que tal esquema nunca poderia ter sucesso a menos que tivesse o apoio dos *jovens* negros envolvidos. Foi então marcada uma reunião entre três ou quatro representantes da fundação e quatro membros da BPC. A reunião foi, de comum acordo, secreta e informal. Se a ala direita da Fundação ou a ala esquerda da BPC soubessem que isso estava acontecendo, isso causaria explosões! Parecia, naquele estágio inicial, que alguma forma de cooperação poderia ser possível, isto é, para os BCP realizarem alguns projetos de desenvolvimento comunitário no Soweto e outros centros urbanos negros, com o dinheiro a ser colocado pela fundação.

Mas quando o assunto foi levado à Executiva da BPC, depois de uma longa discussão, decidiu-se que não seria possível a organização colaborar com um órgão como a Urban Foundation. Embora nenhuma razão tenha sido dada oficialmente, ficou claro que a BPC não poderia se dar ao luxo de se envolver nem mesmo extraoficialmente com uma organização que havia declarado abertamente seu desejo de trabalhar em conjunto com os Conselhos de Administração Bantu e outros canais oficiais do governo. Steve havia sido empático com a reunião informal realizada, mas considerou que a decisão certa havia sido tomada e, com o passar do ano, viu sua opinião confirmada pelas dificuldades que a fundação enfrentou e pela imagem que ela começou a ter para o povo de Soweto. Fiquei amargamente desapontado na época, pois, por temperamento e vocação, sou reconciliador em vez de confrontador. Também considerei que o homem da fundação, através do qual todos os projetos iriam para triagem, estava admiravelmente equipado para lidar com pessoas como as dos BCP, para seu lucro e prazer. Mas eu mesmo percebi que as coisas tinham ido longe demais para que uma proposta tão gradualista tivesse alguma chance de sucesso. O povo de Soweto poderia não saber conscientemente, mas seus filhos certamente sabiam. A prioridade para eles não era luz elétrica em todas as casas, boas estradas, bons centros comunitários e assim por diante. Queriam o que só poderiam chamar de "liberdade", e nada menos. Em outras palavras, queriam o fim da discriminação racial em todas as esferas da vida: liberdade de movimento, liberdade para vender seu trabalho, igualdade de oportunidades educacionais com os brancos, ou seja, educação obrigatória gratuita para todos e do mesmo padrão que a dos brancos; acima de tudo, representação política que reconheça que a África do Sul é uma sociedade, não um conglomerado de grupos étnicos arbitrariamente determinados, radicalmente desiguais em riqueza econômica e, portanto, em poder político. Por mais bem-intencionada que a fundação pudesse ser (e, infelizmente, não se pode negar que os proponentes do esquema obviamente queriam tornar a África do Sul segura para o capitalismo), sua benevolência em Soweto poderia ter o efeito mais desastroso de todos, o de deixar o povo satisfeito com sua sorte. As crianças conseguiam sentir a facilidade com que seus pais podiam ser persuadidos a aceitar benefícios materiais que tornavam a vida temporariamente mais fácil, sem mudar de forma fundamental as realidades de sua subjugação. Se a BPC tivesse aceitado colaborar com a fundação, teria traído aqueles que haviam tombado pelas balas da polícia em junho do ano anterior. Não pela primeira vez, depois de 18 anos na África do Sul, percebi com um suspiro que as coisas teriam que piorar antes de poderem melhorar. O quanto ficariam piores seria mostrado pelo ano de 1977.

DEZ

Minha própria posição na África do Sul foi precária por alguns anos. Ao sair da Inglaterra quando o país ainda fazia parte do Commonwealth, e ao me registrar quando se tornou uma república, obtive residência permanente; e um cidadão britânico estava isento de visto. Esse "privilégio", no entanto, poderia ser retirado a qualquer momento, a critério do ministro do Interior. Após cinco anos de residência, pode-se solicitar a cidadania. Fiz isso em 1964, mas meu pedido foi recusado por causa do relatório sobre mim entregue pelo Departamento de Segurança, no qual constava que eu havia exercido atividades da POQO — uma honra única para um homem branco! Após meu retorno da Inglaterra em julho de 1976, resolvi não deixar a república até precisar visitar minha mãe no ano seguinte — nenhuma visita a Lesoto, Botswana, Suazilândia ou Zimbábue. No início de abril, voei para Port Elizabeth para pregar a Devoção das Três Horas[127] em uma paróquia mestiça da qual um antigo aluno nosso era reitor. No caminho do aeroporto para a Reitoria, nosso carro foi parado pelo Sistema em uma armadilha deliberadamente armada para nós, e fomos obrigados a acompanhá-los até a delegacia local. Lá me disseram para trazer toda a minha

---

127 Devoção celebrada na Sexta-feira Santa. [N.E.B.]

bagagem para a estação. Quatro homens, liderados pelo capitão Siebert (o homem que levou o moribundo Steve nu na traseira de um Land Rover de Port Elizabeth a Pretória, uma distância de mais de 1.126 quilômetros, na noite anterior à sua morte), me levaram para um quarto. Ele ordenou que eu me despisse e fez uma revista corporal, enquanto os outros três vasculhavam minha bagagem. Depois de uma hora e meia disso, Siebert disse que eu poderia ir. Eles retiveram meu livro de intercessão, duas agendas, agenda de bolso, uma pasta de cartas, seis cópias de uma nova publicação do Instituto Cristão, *Torture in South Africa?*, e uma cópia de *Crisis*, uma bela pregação da Paixão pelo reverendo John Davies. Ambos os documentos foram posteriormente banidos. A esposa do reitor, que estava dirigindo o carro, disse que foi tratada com educação, mas teve que mostrar sua bolsa para um escrutínio, e que eles fizeram uma busca minuciosa em todo o carro.

Quando dirigi depois da Páscoa para contar o incidente a Steve, ele ficou zangado comigo por me submeter humildemente à ordem de me despir! Disse que quando foi preso sob a seção 6, nunca havia deixado que revistassem suas roupas ou sua pessoa e, de fato, manteve um pedaço de lápis no bolso do sobretudo durante todo o tempo em que esteve detido. Mesmo assim, ficou zangado com o incidente e disse que provavelmente eu tinha um processo contra a polícia — opinião que foi confirmada pelo advogado que consultei em Joanesburgo. A Comunidade[128] havia concordado que eu processasse o ministro da Polícia e o capitão Siebert quando tive que voar para a Inglaterra no início de junho para ver minha mãe, que estava morrendo.

Algo muito mais sério do que esse pequeno incidente aconteceu enquanto eu ainda estava no Cabo Oriental. Mxolisi Mvovo foi banido e colocado em prisão domiciliar em Dimbaza; e Mamphela Ramphele, a médica que estava encarregada de Zanempilo desde que fora construída e que sucedeu a Steve como diretora da seção quando ele foi proibido de trabalhar para os BCP, foi banida para Tzaneen, no Transvaal do Norte. O sistema entrou no escritório dos BCP e obrigou-a a acompanhá-los. Depois de colocá-la na van da polícia, eles a levaram direto para Tzaneen (1.287 quilômetros de distância), sem nem mesmo permitir que ela voltasse à clínica e fizesse uma mala. Chegando a um hospital remoto no bantustão de Lebowa, eles disseram: "Aqui está um quarto, e é aqui que você vai trabalhar", e foram embora.

---

128 Ou seja, a ordem religiosa da qual Stubbs fazia parte. [N.E.B.]

Steve me contou tudo isso quando cheguei a King, no caminho de volta para Joanesburgo, e me pediu para usar minha influência com Mamphela para que ela não fizesse nada precipitado. Conhecendo toda sua energia, achamos improvável que ela aceitasse um sequestro tão violento sem protestar; mas Steve não queria que ela fosse para a prisão por um ato imprudente de desafio. Ele acreditava que, mesmo em sua nova situação desfavorável, ela poderia usar suas habilidades peculiares para espalhar o evangelho da Consciência Negra. Especificamente, ele queria que um advogado branco de confiança a visitasse o mais rápido possível e examinasse a ordem de restrição tão grosseiramente entregue a ela pelo capitão Schoeman.

Voltando a Joanesburgo depois de um triste fim de semana em Zanempilo sem Mamphela, descobri que o advogado iria vê-la naquela quinta-feira, 28 de abril. No final da tarde, ela me telefonou e disse que ele estava com ela e queria saber como chegar ao priorado de Pretória. À noite, o próprio advogado me telefonou e me pediu para ir até sua casa. Ele me disse que a ordem de restrição de Mamphela havia sido emitida incorretamente. Não apenas o nome dela estava escrito incorretamente, mas o pedido trazia o número do livro de referência errado. A ordem claramente se aplicava a outra pessoa que não Mamphela, e ele a aconselhara de acordo.

Por volta da meia-noite e meia, ela chegou ao priorado com seu perplexo irmão mais novo, Tommy. Ele tinha acabado de chegar para vê-la em Trichardtsdal, e tudo o que ela disse foi: "Ótimo! Estou feliz que você veio. Agora vamos embora!", colocou-o no carro e dirigiu 320 quilômetros até Joanesburgo. A pedido dela, tentei entrar em contato com Cedric Mayson para levá-la até King, mas ele estava de férias. Então, colocamos Tommy na cama e deixamos um bilhete embaixo de uma das portas dos padres para cuidar dele, e às 4 da manhã saímos silenciosamente do priorado e de Joanesburgo em nossa viagem de 965 quilômetros até King. A viagem transcorreu sem incidentes, exceto que logo após entrar na estrada nacional, olhei no retrovisor e vi uma van da polícia atrás de nós com dois policiais brancos em uniformes camuflados. Eu me mantive dentro dos 90 km/h regulamentares, e a van permaneceu em nosso encalço por vários quilômetros. Por fim, girou e passou por nós, e o homem mais próximo de nós se inclinou para fora da janela e nos lançou um olhar longo e duro. Não imaginei que soubessem quem era Mamphela, mas imaginei que poderiam nos acusar de acordo com a Lei da Imoralidade[129]. Felizmente eles não estavam esperando por nós na próxima cidade, e chegamos pelos fundos à Clínica Zanempilo pouco antes das 16h.

Phumla: Padre Stubbs!... Você está sozinho?
A. *Stubbs:* Tenho um amigo comigo.
P.S.: Homem ou mulher?
A.S.: Mulher.
P.S.: Ah, padre Stubbs, você é um socialite!
A.S.: Venha conhecê-la!

A essa altura, Mzoxolo já havia adivinhado o segredo, mas Phumla ainda estava ocupada fazendo perguntas sugestivas, e eu tive que afastá-la gentilmente, mas com firmeza, do telefone e levá-los à casa de Mamphela, onde esta havia escolhido um quarto o mais longe possível do telefone.

Quando todos se recuperaram do choque, pedi a um deles que ligasse para Steve e pedisse que viesse. Seu primeiro comentário foi: "Padre Stubbs, pensei ter dito para você mantê-la onde ela estava!". Telefonamos para Donald e Wendy Woods, que vieram de East London a tempo para o café da manhã seguinte, no sábado. Como deveríamos fazer para que o Sistema soubesse o que aconteceu? Chovia muito antes de Mamphela deixar Trichardtsdal, de modo que as estradas ficariam intransitáveis, e não teriam descoberto sua fuga. Seu primeiro plano era aproveitar um fim de semana tranquilo em Zanempilo e deixar que a descobrissem trabalhando no escritório da cidade na manhã de segunda-feira. Perguntei a ela se não seria ainda melhor que Donald publicasse uma matéria principal no *Dispatch* de segunda; e foi isso o que aconteceu. Foi, claro, um triunfo de curta duração. Um major Hansen quase obsequiosamente educado chegou na tarde de segunda-feira, reprovou a maneira indecorosa da remoção anterior dela e terminou pedindo o número correto do livro de referência. Mas deu a ela dez dias para aceitar seu banimento, com a ajuda de Steve, e organizar os negócios em Zanempilo para seu sucessor; e para a equipe e comunidade ao redor, por quem ela agora era tão querida, para lhe dar uma despedida adequada.

Steve e eu conversamos no sábado de manhã sobre o trabalho que eu fa-

---

129 Pela Lei da Imoralidade, de 1927, era proibido relações sexuais entre "europeus" (pessoas brancas) e "nativos" (pessoas negras). Uma emenda à Lei, de 1950, estendeu a proibição a relações entre "europeus" e quaisquer pessoas "não europeias" (ou seja, pessoas mestiças ou de origem asiática, por exemplo). A proibição de casamentos inter-raciais já havia sido formalizada na *Prohibition of Mixed Marriages Act*, de 1949. [N.E.B.]

ria para eles no exterior. Ele havia, pouco tempo antes, recusado um convite urgente para visitar os Estados Unidos como convidado, sob os auspícios do programa de intercâmbio de lideranças EUA/África do Sul. Disse que só aceitaria tal convite quando a América desse provas de uma política radicalmente mudada em relação à África do Sul. Pela mesma razão (e também porque achava que um homem na posição do embaixador Andrew Young[130] deveria primeiro tentar ver Mandela e Sobukwe), recusou um convite para se encontrar com o embaixador na visita deste último à república. A recusa de ir para os Estados Unidos custou caro (embora, é claro, fosse pouco provável que o regime de Vorster fosse relaxar sua ordem de banimento ou lhe dar um passaporte), não apenas porque uma lufada de ar externo teria sido revigorante e estimulante, mas também porque poderia ter-lhe dado a oportunidade de se encontrar secretamente com líderes do ANC e do PAC e ver se não conseguia efetuar uma reconciliação entre esses dois rivais com vista a apresentar uma frente comum e unida para a libertação. A BPC era a única organização aberta trabalhando para uma mudança radical no país. Certamente era vital para o objetivo comum que agora fosse oficialmente reconhecida como tal pelos dois órgãos mais antigos? Ele me encorajou, portanto, a investigar possíveis convites para visitar a Inglaterra ou um país europeu e, de fato, enquanto eu estava no exterior, consegui fazer dois desses convites. Voltei no sábado à tarde, tendo marcado uma rápida visita de retorno no início de junho, antes de partir para a Inglaterra. Por causa da notícia do estado grave de minha mãe, essa visita não se concretizou e nunca mais vi Stephen.

ONZE

O restante da história é contado rapidamente. Mamphela, como foi ordenado, retornou ao seu local de banimento. O Sistema em Tzaneen, depois de ter sido feito de tolo, passou a ser especialmente cruel e impunha sua or-

---

130 Andrew Young foi um dos líderes do movimento pelos Direitos Civis nos Estados Unidos nos anos 1950/60 e próximo de Martin Luther King Jr. Estava com King quando este foi assassinado em Memphis, em 1968. Foi eleito senador pelo partido Democrata em 1972 e esteve bastante envolvido nas tentativas de barrar a ajuda norte-americana ao colonialismo português na África. Em 1977, o presidente Carter o nomeou embaixador na ONU. Young teve participação decisiva no processo que deu fim ao governo racista de Ian Smith na Rodésia e na transformação do país em Zimbábue. No entanto, vetou sanções econômicas contra a África do Sul. Acabou tendo que se demitir do cargo em 1979, por pressão de Israel, depois que foi noticiada uma reunião dele com o embaixador palestino nas Nações Unidas. [N.E.B.]

dem com mais rigor do que antes. Eu a visitei depois que ela voltou, quinze dias depois. Os missionários católicos romanos locais e as irmãs africanas foram receptivos, e ela nem mesmo passou uma noite no hospital estatal onde — para dar apenas um exemplo do ethos predominante — uma mãe analfabeta apresentando seu filho doente para tratamento recebeu um certificado de óbito para que o médico não fosse incomodado durante a noite. Ela estava animada e já espalhando o evangelho da Consciência Negra.

Mas para Steve a partida dela deixou uma grande lacuna. E Ntsiki teve que deixar o Hospital Missão St. Matthews, que havia sido assumido pelo governo, e estava procurando um novo cargo em All Saints, Engcobo, Transkei. Conversamos regularmente ao telefone durante essas semanas — nunca de modo satisfatório porque nossos telefones tinham sido grampeados. Um bom recruta que ele conseguiu para King no início do ano foi Peter Jones[131], um homem forte da BPC da Cidade do Cabo. Peter havia se formado contador e, quando Mamphela foi banida, ele a sucedeu como executivo da seção do Cabo Oriental e viveu entre a pequena e muito desmoralizada comunidade mestiça nos arredores de King. Nada foi mais impressionante do que essa sucessão contínua de rapazes e moças totalmente comprometidos. Thoko Mpumlwana, que se casou com Malusi assim que ambos foram libertados da prisão em dezembro de 1976, foi banida no auge dos preparativos para a produção de Black Review[132], que ela editava. Imediatamente Steve pôde chamar Asha Rambally[133], uma jovem indiana em Durban, para "vir e nos ajudar".

Depois de visitar Bennie Khoapa em Durban para obter instruções de última hora sobre os contatos dos BCP na Europa e na Grã-Bretanha, voei para Londres em 6 de junho. Minha mãe morreu em 2 de julho. Exatamente quinze dias depois do funeral eu estava em Mirfield, sede da minha comunidade, quando um jovem elegante da embaixada da África do Sul chegou e me apresentou o documento que eu mais temia receber; um aviso do ministro do Interior de que, no meu caso, ele havia decidido retirar as facilidades de isenção de visto que são concedidas a certos cidadãos do Reino Unido.

---

131 Peter Cyril Jones (1950-2023). [N.E.B.]
132 Revista publicada pelos BCP. [N.E.B.]
133 Ashlatha Rambally sucedeu Mpumlwana como editora da Black Review. Mas também foi presa, em agosto de 1977. Ficou presa até dezembro do ano seguinte, sendo muito torturada. Nos anos 1990, tornou-se editora da revista feminista Agenda, e filiada do Partido Socialista da Azânia. [N.E.B.]

Steve e eu discutimos mais de uma vez o que eu deveria fazer — sujeito à obediência à minha comunidade, é claro — se isso acontecesse. Ambos sentimos fortemente que eu deveria, se possível, não deixar a África do Sul. De fato, por mais de dois anos, fui atraído por um modo de vida mais contemplativo e discuti com ele minha ideia de viver uma vida de oração em uma antiga estação missionária entre King e East London. Ele era contra isso principalmente porque considerava que meus dons eram mais bem exercidos no contato direto com as pessoas. O incidente com o Sistema em Port Elizabeth deixou claro para mim a impossibilidade de realizar meu plano em sua forma original.

Mas agora que não podia voltar para a África do Sul surgia a possibilidade de viver essa vida de oração num país vizinho à república. Havia Masite, uma missão em Lesoto, onde uma comunidade de freiras enclausuradas tinha vivido a vida por vinte anos. Meu superior e o cabido concordaram, o bispo de Lesoto e a prioresa da Society of the Precious Blood (Sociedade do Sangue Precioso) foram receptivos, e voei de Londres para Maseru no sábado, 20 de agosto, passando a noite de domingo, 21, no saguão de trânsito internacional do aeroporto Jan Smuts, Joanesburgo. De lá, telefonei para Steve. A mãe dele atendeu o telefone e disse que ele havia sido detido dois dias antes, junto a Peter Jones. Achava que estavam presos em Graharnstown (na verdade, já haviam sido transferidos para Port Elizabeth, embora a família não tivesse sido informada). O resto é história. Ele morreu na prisão exatamente três semanas após minha chegada a Lesoto.

Cinco semanas após a morte dele, em 19 de outubro, todas as organizações da Consciência Negra foram banidas. Zanempilo, a menina dos olhos de Steve, foi entregue ao Departamento Provincial de Saúde. O diretor médico e o secretário foram demitidos; o restante da equipe poderia permanecer, mas deveria aceitar as escalas salariais drasticamente mais baixas fixadas pelo governo para "bantu". A indústria artesanal de couro de Njwaxa foi fechada; a polícia veio e removeu o maquinário, privando assim toda uma comunidade de seu meio de subsistência. Com o golpe de uma caneta ministerial, o trabalho em todo o país que dera vida e esperança a milhares de homens, mulheres e crianças foi esmagado.

Dos amigos e colegas mais próximos de Steve, apenas a família imediata, Mamphela e Ben Khoapa não estão detidos. Ben está na Europa; Mamphela está em seu lugar de banimento em Lebowa. Barney foi detido sob a seção 6 três dias antes de Steve e Peter, e ainda está detido em Port Elizabeth. Thami Zani[134], que há dois anos passou mais de 400 dias em detenção, a maior parte na solitária, está novamente sob a seção 6. Stanley Ntwasa já está preso há um ano sob a seção 6. Ninguém o viu durante todo esse ano. Em 19 de outubro, quando as organizações foram banidas, amigos além da conta para ser mencionados por nome foram presos pela Lei de Segurança Interna; que os nomes de Kenny Rachidi, presidente da BPC, Drake Tshenkeng, vice-presidente, Mxolisi (cunhado de Steve), Malusi, Dimza (mulher de Barney) e Thenjiwe sejam suficientes. A noite havia chegado.

DOZE

Por que Steve morreu? Em que sentido, se houver, ele pode ser chamado de mártir cristão? Quero terminar essas memórias curtas e altamente subjetivas tentando responder a essas perguntas. Faço isso por uma necessidade interna, e não por quaisquer propósitos de "propaganda". Nesta seção, sou grato por poder citar um memorando que Steve enviou ao padre David Russell em 1974, que expõe suas ideias básicas sobre Deus, a Igreja e Cristo. Não seria justo imprimir o memorando na íntegra, pois era uma resposta a um documento que David havia enviado a Steve.

No entanto, boa parte dele parece refletir bastante suas opiniões maduras sobre esses assuntos.

Deus existe?

Nunca tive problemas com essa questão. Estou suficientemente convencido da inadequação do homem e do resto da criação para acreditar que uma força maior que os mortais é responsável pela criação, manutenção e continuação da vida. Também sou suficientemente religioso para acreditar que a insegurança interna do homem só pode ser aliviada por uma força quase enigmática e sobrenatural à qual atribuímos todo o poder, toda a sabedoria e o amor. Em última análise, é isso que nos motiva. Como disse Napoleão, se Deus não existisse, seria necessário criá-lo[135]. É claro que minha convicção é muito mais forte do que simplesmente conceber um Deus como uma conveniência para o homem. Vou além, portanto, ao acreditar que Deus es-

---

134 Thami Zani era líder do Black People's Convention, que foi banido em outubro de 1977. No ano seguinte, Zani partiu para Lesoto com a família. Lá ingressou no Congresso Pan-Africanista, em 1981, e passou a participar de missões clandestinas na África do Sul, até ser pego e assassinado em 1985 pela repressão sul-africana. [N.E.B.]
135 Na verdade, a frase é de Voltaire. [N.E.B.]

tabeleceu para o homem certas leis básicas que devem governar a interação entre homem e homem, homem e natureza em geral. Essas leis eu vejo como inscritas na consciência suprema de cada mortal vivo. Falo de consciência suprema aqui porque acredito que o homem tem poder suficiente para entorpecer sua sensibilidade com sua própria consciência e, assim, tornar-se duro, cruel, ruim, mau etc. Mas, intrinsecamente, em algum lugar dentro dele sempre há algo que lhe diz que está errado. Essa é então sua consciência das leis não expressas e não escritas que Deus estabeleceu para regular o comportamento humano.

Qual a natureza de Deus?

É aqui que começam os problemas. Em minha mente, acho completamente desnecessário contemplar a natureza do Deus em que acredito; se ele é espiritual, humano ou parecido com uma planta, acho completamente irrelevante para a questão. Prefiro conhecer a Deus não em termos do que exatamente ele é feito, mas mais em termos de suas características. Isso não é completamente estranho à experiência humana em nossos tempos. Falamos em certos termos de partículas subatômicas, de tipos de raios de luz, de diferentes formas de energia, todas as quais não localizamos nem vimos. No entanto, os corpos invisíveis podem ser estudados e chega-se a um entendimento justo sobre o que eles são. Da mesma forma, não precisamos conhecer a quintessência absoluta da natureza de Deus. Basta remontar a ele tudo o que acontece ao nosso redor e, a partir disso, começar a entender um pouco seus poderes.

Mas o verdadeiro obstáculo para Steve foi o fenômeno sul-africano das igrejas históricas conforme elas se apresentaram a ele.

Na maioria das vezes, a pessoa nasce dentro de uma determinada religião e denominação, e muito pouco pensamento individual é feito para considerar o relacionamento fundamental entre o homem e Deus. Eu também nasci na Igreja Anglicana. Em certa fase de minha vida, considerei fortemente a questão de por que não era católico, ou metodista etc. Além de racionalizar o fato estabelecido de ser anglicano, encontrei muito pouca razão para ser anglicano além do fato de que meus pais adoravam naquele contexto. Desde então, tornei-me extremamente crítico do denominacionalismo. Além disso, também comecei a questionar, de fato, essa mesma necessidade de adoração de maneira organizada. Em outras palavras, as igrejas organizadas têm necessariamente uma origem divina ou devem ser vistas como instituições criadas pelo homem, provavelmente na mesma categoria dos clubes de futebol?

A existência de uma multiplicidade de denominações me convence da inutilidade do culto organizado para investigar o dever do homem com Deus. As igrejas tendem a complicar a religião e a teologia e a torná-las um assunto para ser entendido apenas por especialistas. As igrejas tendem a afastar o homem comum, imergindo-se na burocracia e na institucionalização. Onde está a verdade — com os metodistas ou os anglicanos, com os católicos ou os judeus, com as testemunhas de Jeová ou com os adventistas do sétimo dia? A meu ver, a verdade está em minha capacidade de incorporar meu relacionamento vertical com Deus nos relacionamentos horizontais com meus semelhantes; em minha capacidade de buscar meu objetivo final na Terra, que é fazer o bem.

Minha atitude em relação à Igreja — ou seja, adoração denominacional organizada — é, portanto, completamente pé no chão. Eu as vejo mais como instituições sociais feitas pelo homem, sem nenhuma autoridade divina. Embora provavelmente útil e potencialmente muito mais útil, sinto que a adoração organizada não é um pré-requisito para a proximidade com Deus. Posso rejeitar todas as igrejas e ainda ser piedoso. Não preciso ir à igreja no domingo para manifestar minha piedade. No entanto, aprecio que muitas vezes as convicções morais das pessoas são reforçadas por constantes reuniões de avivamento. Se então vou à igreja, é mais por esse tipo de serviço limitado do que porque as considero como tendo o monopólio da verdade e do julgamento moral. Se então meus motivos para ir à igreja são expectativas limitadas, sinto-me livre para me retirar sem qualquer escrúpulo se e quando minhas expectativas não forem atendidas. Para esse propósito também, a denominação final que me serve é apenas de importância relativa. Pode ser anglicana, católica ou metodista, dependendo se o ministro responsável ou parte da congregação poderiam me ajudar de maneira concreta a moldar meu chamado.

Mas e quanto a Cristo?

Pelo exposto, torna-se óbvio que estou subestimando o papel de Cristo. Meu problema é que os aspectos mais inacreditáveis da religião organizada têm a ver com o advento e o subsequente papel de Cristo na Terra. Como fato histórico, considero facilmente aceitável que Cristo tenha vindo à Terra. O que acho difícil de aceitar, no entanto, são os muitos pronunciamentos dogmáticos que acompanham as explicações sobre o advento de Cristo e seu subsequente papel na Terra. A Igreja Católica exige que eu acredite que Cristo foi Homem verdadeiro e Deus verdadeiro ao mesmo tempo.

Como posso? Todos os homens verdadeiros têm pais e mães mortais. Mas a igreja não aceita que José era o pai de Cristo. Lembro-me de dizer aos meus tutores numa escola católica — a escolha é simples; ou estamos adorando um filho ilegítimo como nosso Deus ou estamos elevando um ser humano normal ao status de filho de Deus. As freiras costumavam corar e ficar histéricas com tais declarações e nos exortavam a ter fé e aceitar essas coisas como "mistérios" divinos. Isso é mais fácil dizer do que fazer, especialmente para aqueles de nós que são extremamente céticos em relação ao contexto histórico em que vemos o cristianismo. Qualquer religião que vier a substituir outra deve ser capaz de se sair razoavelmente bem antes de insistir na aceitação com base na fé.

Além disso, encontra-se transmitido na teologia de muitas das igrejas ortodoxas um conservadorismo característico que me faz estremecer muito. Provavelmente muito disso se deve ao papel desempenhado por São Paulo. Sua cidadania romana tendia a colorir muitas de suas interpretações.

Ele via Roma não como o povo inimigo do qual as pessoas esperavam se livrar com o advento do Messias, mas como uma instituição à qual Deus havia sancionado e de certa forma instado as pessoas a aceitar a autoridade. O calvinismo, conforme representado nas igrejas holandesas fortemente conservadoras, busca sua origem em sua filosofia. Meu dilema então a respeito de Cristo começa aqui. Meu Deus — se eu tiver de ver Cristo como tal — é interpretado de forma tão conservadora às vezes que o acho estranho para mim.

Por outro lado, se o aceito e lhe atribuo as características que decorrem logicamente da minha contemplação sobre ele e a sua obra, devo rejeitar a Igreja quase completamente; e isso inclui minha própria Igreja Anglicana, cuja estrutura é estranha para mim e cuja teologia é tão amorfa que às vezes não tem substância.

É aqui que as perspectivas da Teologia Negra parecem ser tão atraentes para mim.

Ele conclui:

Tenho me sentido mais protegido de me tornar completamente agnóstico rejeitando, portanto, como já disse, todo denominacionalismo como protagonista divinamente instituído da lei de Deus e baseando toda a minha compreensão de Deus em minhas próprias contemplações sobre ele. Como disse, também aceitei as Igrejas apenas no papel limitado de serem instituições feitas pelo homem tentando organizar em unidades aqueles que adoram a Deus.

Dois fatos a respeito da crença dele sobre Cristo parecem emergir. Primeiro, que não foi Cristo que ele rejeitou, apenas os dogmas "inacreditáveis" da igreja sobre ele. Em segundo lugar, aquela "Teologia Negra" parecia dar-lhe esperança. O que é "Teologia Negra"? Em um artigo recente no *The Month* ("God and the Christian Theologian", [Deus e o teólogo cristão], outubro de 1977), o padre Robert Butterworth, jesuíta, sugeriu que frases como "a teologia da revolução", "a teologia da esperança" etc., e assim (embora ele não mencione isso) por implicação "teologia negra", no final não equivalem a nada mais do que "uma maneira de fornecer o que em linguagem mais tradicional (...) seria melhor chamado de espiritualidade para aspirantes a cristãos revolucionários" etc. — ou, no nosso caso, para os aspirantes a cristãos negros.

Certamente as revelações da "Teologia Negra" só fazem sentido quando os cristãos negros tentam expressá-las em suas vidas. No coração da "Teologia Negra" está a percepção de que Jesus pertenceu historicamente a uma situação de opressão, que ele era membro de um povo oprimido em uma sociedade opressora e que veio para libertar seu povo. O texto clássico em torno do qual se agrupa toda a "Teologia Negra" é Isaías 61:1., citado por Cristo como o texto de seu primeiro sermão (Lucas 4:18).

> O espírito do Senhor está sobre mim porque ele me consagrou
> pela unção; para evangelizar os pobres,
> enviou-me para proclamar a libertação dos presos, e aos cegos a
> recuperação da vista;
> para restituir a liberdade aos oprimidos, e para proclamar um ano
> de graça do Senhor.

Isso fornece a base para uma espiritualidade significativa para o homem em situação de opressão, mas não tem nada a dizer sobre Deus (exceto pelo fato vital de que ele é contra a opressão e está com os oprimidos, trabalhando em Cristo com eles para sua libertação), nem sobre Cristo como Deus. Sugiro que Steve achou a "Teologia Negra" atraente por oferecer esse paradigma de práxis espiritual na contemplação e imitação do Cristo negro. (Tal paradigma não se limita aos negros, como o sul-africano branco Albert Nolan, dominicano, mostrou em seu *Jesus before Christianity*[136]).

---

[136] Por causa de seu ativismo contra o Apartheid, o dominicano Albert Nolan (1934-2022)

A última página e meia do memorando é dedicada a uma crítica aos pensamentos de David sobre a obediência:

> A obediência a Deus no sentido que aceitei (ou seja, na crença de que Deus se revela em suas leis inscritas em nossa consciência) está de fato no cerne da convicção da maioria dos revolucionários altruístas. É um chamado aos homens de consciência para se oferecerem, e às vezes oferecerem suas vidas, para a erradicação de um mal. Para um revolucionário, o mal do Estado é um grande mal, pois dele fluem inúmeros outros males subsidiários que engolem a vida tanto dos opressores quanto dos oprimidos. O revolucionário vê sua tarefa muitas vezes como a libertação não apenas dos oprimidos, mas também do opressor. A felicidade nunca pode existir verdadeiramente em um estado de tensão, mesmo que a tensão seja apenas de consciência. Portanto, em uma sociedade estratificada como a nossa, aqueles que se colocaram em um pedestal passam muito tempo à procura de distúrbios e, portanto, nunca podem ter paz de espírito. A sociedade sul-africana está repleta de medo e em estado constante de frenesi. O revolucionário busca restaurar a fé na vida de todos os cidadãos de seu país, remover medos imaginários e aumentar a preocupação com a situação do povo. Para o revolucionário, a Igreja é antiprogresso e, portanto, antidesejo de Deus, porque há muito decidiu não obedecer a Deus, mas obedecer ao homem; há muito tempo a própria Igreja decidiu aceitar o lema "branco é valor" etc.
> Se, portanto, alguém fala de "obediência", abre-se a desafios tremendos. A obediência a Deus implica "desajustes" deliberados a muitos males na Igreja e no Estado. Onde traçamos a linha? Será que nos permitimos ser obedientes a Deus e, ao mesmo tempo, obedientes a uma instituição dominadora e controlada pelos brancos como a Igreja da Província?

A frase "revolucionário altruísta" me parece a chave para o motivo pelo qual o próprio Steve pretendia morrer, e crucial para a resposta que damos à segunda das minhas perguntas, ou seja, "Em que sentido ele pode ser chamado de mártir cristão?". Desde muito jovem (ainda não estou em posição de dizer exatamente quando), Stephen foi possuído por uma paixão pela libertação de seu povo, e ele se entregou a essa paixão com uma integridade obstinada que consistentemente provou ser

---

foi obrigado a ir para a clandestinidade em certo período dos anos 1980. Seu livro *Jesus Antes do Cristianismo* (Paulus Editora) é um dos "bestsellers" da Teologia da Libertação. [N.E.B.]

mais forte do que seu medo de prisão, tortura ou morte. Nessa visão, ele via a si mesmo, o "revolucionário altruísta", lutando pela "libertação não apenas dos oprimidos, mas também do opressor". Há aqui uma tentação quase irresistível para o moralista cristão examinar o termo "altruísta", sempre com os pressupostos da doutrina do pecado original. Sugiro que estaria mais de acordo com a mente de Cristo olhar para a realização real de Steve. Ele de fato, como agora sabemos através do inquérito, suportou terríveis degradações e torturas sem quebrar e sem perder sua "ubuntu" (humanidade). Em 9 de setembro, quando o dano cerebral sofrido dois dias antes era irreversível e ele já era um homem moribundo, ele disse ao sr. Fitchett (um carcereiro em Port Elizabeth) que queria beijá-lo porque o sr. Fitchett havia lhe dado "mageu"[137] e água (*Rand Daily Mail*, sábado, 19 de novembro de 1977). Por mais que algumas das afirmações da testemunha possam ter sido pouco confiáveis, não parece haver motivo para duvidar da veracidade desse detalhe. Nada em toda a narrativa do inquérito me comoveu mais do que esse pequeno acontecimento, porque era tão fiel à natureza de Steve.

Ele estava, além disso, consistentemente livre de qualquer espírito de ódio, amargura ou ressentimento. Quando questionado uma vez sobre isso, riu e disse que levava muito tempo e energia e deveria ser evitado. Pode-se dizer que no próprio âmago de uma autêntica testemunha cristã está o espírito de perdão. Sugerir que palavras de perdão estiveram a qualquer momento durante sua paixão nos lábios de Steve seria, a meu ver, injustificável; mas isso não o torna uma pessoa sem perdão. Ele estava lutando por sua vida contra homens cuja condição desumanizada os tornava muito mais perigosos e imprevisivelmente malignos do que os animais selvagens. Não há razão para supor que Steve não tenha enfrentado expressões de arrependimento com demonstrações de perdão. Todo o objetivo do "revolucionário altruísta" como definido por Steve acima, "a libertação não apenas do oprimido, mas também do opressor", pressupõe não apenas que o opressor pode ser levado a um estado de arrependimento pelo que fez, mas também que naquele momento ele é abraçado e, portanto, libertado pelo perdão que lhe é estendido pelos oprimidos. Pessoalmente, não posso rezar pelo *perdão* dos responsáveis por sua morte. Eu posso e oro pelo *arrependimento* deles, o que tornará

---

[137] Bebida não alcoólica, feita a partir do milho e tradicional do sul da África. [N.E.B.]

possível e eficaz o perdão. O verdadeiro milagre do Evangelho, como Coleridge via, não é o perdão, mas o arrependimento.

Steve morreu para dar uma substância inquebrantável à esperança que já havia implantado em nossos peitos, a esperança da liberdade na África do Sul. Foi para isso que ele viveu; na verdade, pode-se dizer verdadeiramente que foi isso que ele *viveu*. Ele próprio era a personificação viva da esperança que proclamava por palavras e ações. É por isso que chamo estas pequenas memórias pessoais de "Mártir da Esperança". Mártir significa testemunha. Ele foi pessoalmente uma testemunha da esperança de que todos os homens, mulheres e crianças da África do Sul, tanto os oprimidos quanto os opressores, pudessem ser livres. Seus escritos atestam isso; as obras dos BCP e do Zimele e sobretudo a comunidade de King o proclamam; sua paixão e morte o selam. A Igreja da província da África do Sul, na qual ele foi batizado e que (em grande parte por respeito à fé de sua mãe) nunca repudiou, essa igreja anglicana não tem o direito de reclamá-lo como seu mártir. "Ele era grande demais para a Igreja", comentou Lawrence Zulu, bispo da Zululândia, após a morte de Steve. E isso resume tudo!

Mas na Igreja purificada que renascerá da destruição dessa sociedade racista, uma Igreja cujos traços podem ser traçados ainda agora em uma ou duas comunidades, em alguns cristãos aqui e ali, naquela Igreja ele será venerado em todos os lugares, como ele é por alguns de nós agora, como um verdadeiro mártir de Cristo — o Cristo com quem talvez não pudesse estar conscientemente em comunhão muitas vezes por causa dos disfarces desfigurantes com os quais a igreja o havia distorcido — o Cristo, no entanto, dos pobres e oprimidos, cuja compaixão ele demonstrou, e cuja paixão pela justiça o levou à morte.

Terminarei citando, sem permissão, uma carta recebida de Malusi Mpumlwana, um dos cristãos que dão esperança para o futuro da Igreja na África Austral, um amigo dedicado de Steve, proeminente nos BCP e na BPC, e atualmente em detenção em King sob a Lei de Segurança Interna. Que aquele que lê entenda! (N.B. O outro nome de Steve era Bantu, que significa "povo".)

> Sua mensagem de Natal foi calorosa e fortalecedora, padre, assim como teria sido pessoalmente. Fiquei muito feliz em ter notícias suas por ocasião do nascimento do Filho do Homem. Seu cartão foi carimbado nos correios em 19 de dezembro. Permita-me supor que foi escrito no dia anterior — 18

de dezembro. Isso é relevante? Se isso aproxima a Bíblia de alguns de nós, talvez seja porque um dia existiu um filho do homem. Ele nasceu em 18 de dezembro e teve sua Sexta-Feira Santa na primavera, em vez de no outono, como costuma acontecer no Hemisfério Sul. Sua oração de Natal para mim, escrita em 18 de dezembro, diz: "Que Cristo nasça em seu coração de novo neste Natal..." É realmente uma oração significativa e, com sua permissão, vou corrigi-la para que se leia "que o filho do homem nasça de novo neste dia". Quando o Filho do Homem chamou a si mesmo assim, durante sua vida na Terra, seus seguidores nunca souberam o significado do termo. Mas o significado completo de sua pessoa foi delineado por Cléofas, após os eventos memoráveis da Páscoa, no Evangelho segundo São Lucas 24, versículos 18-21. As palavras de Cléofas são hoje repetidas por todos aqueles que são seguidores do filho do homem ("um profeta poderoso em obras e em palavras, diante de Deus e diante de todo o povo; como nossos sumos sacerdotes e nossos chefes o entregaram para ser condenado à morte e o crucificaram. Nós esperávamos que fosse ele quem redimiria Israel"). Se Cristo não tivesse morrido, não haveria a questão de ele "nascer de novo" (como você diz) no coração de ninguém; e, portanto, porque o filho do homem não existe mais, falamos sobre ele nascer de novo. Se todos os dias bons durassem anos, não haveria nada de bom neles. Mas porque eles duram apenas até o anoitecer, sempre são lembrados com saudade quando os dias ruins chegam. Servem ao propósito de iluminar o espírito dos mortais em dias de inverno rigoroso.

GLOSSÁRIO

AFRICÂNER – Descendente de imigrantes calvinistas, em sua maioria de origem holandesa (mas também alemães e franceses), que começaram a chegar à África do Sul a partir de 1652. Apesar do país ter virado uma colônia britânica, os africâneres dominaram a política sul-africana até o fim do Apartheid.
AFRIKANERDOM – Nacionalismo cultural africâner.
ANC – Sigla em inglês do Congresso Nacional Africano (African National Congress).
APARTHEID – Em africâner, "separação". O termo começou a ser conhecido a partir de 1929, com a ascensão da extrema direita africâner, e deu nome ao sistema de segregação racial institucionalizada que foi implantado na África do Sul em 1948.
ASB – Afrikaanse Studentbond (Associação dos Estudantes Africâners). Criada em 1917 e desde sempre uma organização racista.
AZÂNIA – É o nome que aparece nos textos de viajantes e geógrafos da antiguidade grega para descrever a costa do sudeste da África. Foi adotado pelo Congresso e, depois, pelo movimento da Consciência Negra para se referir à África do Sul.
BAAS – "Senhor" ou "patrão" em africâner.
BANTUSTÕES – Eram territórios segregados que o regime do Apartheid reservou para a população negra do país. O objetivo do regime era a remoção

total da população negra da África do Sul: "Se nossa política for levada à sua conclusão lógica, não haverá um único homem negro com cidadania sul-africana", declarou publicamente o ministro Connie Mulder em 1978. Milhões de pessoas foram forçadas a abandonar suas casas e transferidas para esses territórios. Havia vinte bantustões (dez deles no que hoje é a Namíbia). A soma de todos esses territórios equivalia a 13% da área total do país. Supostamente, eram territórios autônomos e governados por líderes negros. Na prática, eram territórios miseráveis, sem infraestrutura e governados por ditadores corruptos a serviço do governo sul-africano. Não havia empregos, então as pessoas continuavam obrigadas a trabalhar na África do Sul, mas como "estrangeiros", sem qualquer direito civil. Os bantustões deixaram de existir com o fim do Apartheid.

BCP – Sigla em inglês de Black Community Programmes (Programas da Comunidade Negra).

BELLVILLE – Distrito municipal no Cabo Ocidental onde a Universidade do Cabo Ocidental foi instalada para estudantes mestiços.

BÔER – Palavra africâner para "fazendeiro", designava africâneres em geral. Hoje está em desuso.

BOSS – Bureau of State Security (Departamento de Segurança do Estado). Foi formalmente criado em 1969. Era uma espécie de Gestapo do regime sul-africano e dirigido pelo general Hendrik van den Bergh, que se reportava diretamente ao primeiro-ministro John Voster (ambos eram amigos de longa data, pelo menos desde o tempo em que participaram da organização nazista Ossewabrandwag, e ambos cumpriram pena juntos por sabotagem durante a Segunda Guerra Mundial). Van den Bergh foi treinado pela CIA. O BOSS esteve envolvido em diversos assassinatos e atentados contra os direitos humanos, dentro e fora da África do Sul. Deixou de existir no final dos anos 1970 quando Voster caiu em meio a um grande escândalo de malversação de fundos envolvendo o próprio BOSS.

BPC – Black People's Convention (Convenção do Povo Negro). Surgiu em 1972 com o objetivo de levar as ideias da Consciência Negra para a população em geral, além dos estudantes que já estavam organizados na SASO. Foi posta na ilegalidade em 1977 quando vários de seus integrantes foram presos.

CNA – Congresso Nacional Africano (African National Congress – ANC). Foi criado em 1912, como uma conservadora organização da pequena classe média negra africana, mas foi se radicalizando aos poucos ao longo dos anos. A partir do final dos anos 1940, com a eleição do Partido Nacional e a instalação do regime do Apartheid, o CNA foi tomado pela nova geração de ativistas, entre eles Nelson Mandela. Em 1960, foi banido pelo regime e a maior parte de sua direção foi presa. Depois de um período na clandestinidade, o CNA se reorganizou no exílio na Zâmbia, em parceria com o Partido Comunista Sul-Africano. E da Zâmbia e outros países vizinhos da África do Sul tentou fazer a luta armada contra o regime. Tanto a Grã-Bretanha quanto os Estados Unidos listavam o CNA como organização terrorista. Em meados dos anos 1980 começaram as negociações com o regime sul-africano, que, em fevereiro de 1990, anunciou que Mandela seria solto e que o CNA não estava mais proibido. Nas primeiras eleições pós-Apartheid, Mandela e o CNA, em uma frente ampla que incluiu até o próprio Partido Nacional, obtiveram uma grande vitória, e desde então o CNA tem governado o país.

CONGRESSO PAN-AFRICANISTA – O Pan-Africanist Congress of Azania (PAC) foi fundado em 1959 por Robert Subukwe a partir de uma dissidência do Congresso Nacional Africano. Rejeitava o discurso multirracial do CNA e defendia uma África para os povos que tinham origem na própria África. Em determinado momento, no início dos anos 1960, teve até mais militantes que o CNA. Mas, com a repressão que se seguiu ao massacre em Sharperville, toda a direção do partido foi presa. Nos anos 1960 e 70, o PAC virou quase uma organização guerrilheira atuando a partir de países vizinhos. O "Azanian Manifesto", que marcou a fundação do partido, defendia que "só a destruição do racista sistema capitalista pode destruir o Apartheid" e defendia um socialismo africano. Mas, a partir dos anos 1990, muito depois da morte de Subukwe, essa visão socialista perdeu bastante força no partido.

CONSELHO URBANO BANTU – Urban Bantu Council (UBC). Foi um formato de organização criada em 1961 como parte do sistema do Apartheid, dentro da estrutura governamental para as cidades segregadas. Os UBCs foram alvo de ações de protesto e dissolvidos após os tumultos de 1976.

CRC – Coloured Representative Council (Conselho Representativo dos Mestiços). Fundado em 1969 com a intenção de representar dentro da estrutura do Apartheid as pessoas mestiças ("coloured") do país.

EAST LONDON – Cidade litorânea no sudeste da África do Sul.

LAAGERS – Termo boer para formação defensiva em que um acampamento se cerca de carroças que formam uma barreira contra ataques externos.

MAGEU – Bebida não alcoólica, tradicional do sul da África. Feita a partir do milho.
NACIONALISTAS (NATS) – Membros do Partido Nacional.
NEGRO – Neste livro, e na África do Sul dos séculos XIX e XX, com frequência o termo "black" é usado para designar não apenas os povos nativos, mas também indianos e asiáticos em geral. Ou seja, todos aqueles que eram oprimidos e explorados pela minoria branca. Assim como os membros dos povos nativos, os indianos não tinham direito a voto, não podiam circular livremente, eram obrigados a viver em guetos e sofriam todo tipo de discriminação. Tanto que, depois que acabou o Apartheid, os indianos foram considerados "negros" para efeito das políticas estatais de ação afirmativa. Os indianos começaram a chegar à África do Sul em 1860, levados pelos ingleses para trabalhar nas plantações de cana de Natal. Durban é hoje uma das cidades com maior comunidade indiana fora da Índia. Gandhi (1869-1948) viveu na África do Sul de 1893 a 1915. Ali criou sua família, liderou a luta dos indianos pelos direitos civis e desenvolveu seu pensamento filosófico-político, que teve grande influência no movimento contra o Apartheid.
NGOYE – Área geográfica chamada Ongoye em zulu, perto de Empangeni, onde fica a Universidade da Zululândia.
NUSAS – National Union of South African Students (União Nacional dos Estudantes da África do Sul). Foi criada em 1924, não permitia estudantes negros até 1945. Mas a entidade se posicionou contra o Apartheid já em 1948 e alguns de seus dirigentes brancos entraram inclusive para a luta armada contra o regime. Apesar de muitos de seus líderes criticarem a decisão de Steve Biko de criar a SASO como entidade exclusiva dos estudantes negros, a NUSAS manteve uma relação de camaradagem com a nova organização, fez campanha para a libertação dos membros do movimento da Consciência Negra, e por isso seus dirigentes chegaram a ser processados pelo governo, em 1975. Em 1991, a NUSAS se fundiu com outras entidades controladas por estudantes negros para formar o South African Students Congress (SASCO).
PARTIDO LIBERAL – Fundado em 1953 por Margareth Ballinger (1894-1980) e o escritor Alan Paton (1903-1988), o Liberal Party of South Africa foi desde o início um agrupamento anti-apartheid. Seu logo mostrava o aperto de mãos branca e negra. Um de seus filiados, Eddie Daniels (1928-2017),

ficou preso por quinze anos na Robben Island, e era bem amigo de Nelson Mandela. O partido decidiu deixar de existir em 1968, depois que o regime proibiu partidos multirraciais.

PARTIDO NACIONAL – O partido (majoritariamente) africâner que governou a África do Sul de 1948 até 1994. Seu fundamento político foi o Apartheid, uma política de segregação racial baseada na superioridade branca e na "custódia" e exclusão política dos negros. Sob a liderança de E.W. de Klerk, mudou de direção e aceitou negociar com o Congresso Nacional Africano em 1990, levando à democracia em 1994.

PARTIDO PROGRESSISTA – Surgiu em 1959 como uma dissidência liberal do Partido Unido. Sua deputada Helen Suzman representou por treze anos a esquerda no parlamento sul-africano. A Aliança Democrática (Democratic Alliance, DA), partido de centro-direita, reivindica hoje ser seu sucessor.

PARTIDO UNIDO – Representando os brancos, tantos os africâneres quanto os descendentes de britânicos, e com o apoio até dos mestiços de classe média, o United National South African Party juntava diversas correntes políticas (de liberais a extremistas de direita) e foi o partido dominante de meados dos anos 1930 até 1948, quando foi derrotado pelo africâner Partido Nacional, fundado por J. B. M. Hertzog, um ex-dirigente da ala mais direitista do Partido Unido. Depois dessa derrota, o Partido Unido entrou em decadência, mas só foi dissolvido em 1997.

POQO – Braço militar do Congresso Pan-Africanista.

SASO – South African Students' Organization (Organização dos Estudantes da África do Sul).

SISTEMA – Com frequência o termo se refere ao sistema repressivo estatal.

SRC – Students' Representative Council (Conselho Representativo dos Estudantes), entidade que representa os estudantes de cada universidade.

SWART GEVAAR – Em africâner, "perigo negro". O termo se tornou conhecido a partir dos anos 1920, com a ascensão do Partido Nacional, de extrema direita. Ainda que fosse dirigido por africâneres, o Partido Nacional, com sua defesa da supremacia branca contra a população negra, ganhou a simpatia de boa parte da comunidade de origem britânica.

TURFLOOP – Nome informal para a Universidade do Norte, perto de Polokwane (Pietersburg).

UBC – Urban Bantu Council (Conselho Urbano Bantu).

UCM – University Christian Movement (Movimento Cristão Universitário).

UNB – University of Natal Black (Universidade de Natal para Negros). Anteriormente UNNE: University of Natal Non-European (Universidade de Natal para Não Europeus). É a faculdade de medicina do campus de Durban da Universidade de Natal, onde Biko estudou.

UNISA – University of South Africa (Universidade da África do Sul).

VERLIGTE – "Liberal", em africâner. Seu oposto é o verkrampte (conservador, "linha dura").

APRESENTAÇÃO DA 1ª EDIÇÃO BRASILEIRA

U.C.P.A.
(UNIÃO DOS COLETIVOS PAN-AFRICANISTAS)

Benedita da Silva
Deputada Federal

A Consciência Negra é, em essência, a percepção pelo homem negro da necessidade de juntar forças com seus irmãos em torno da causa de sua atuação — a negritude de sua pele — e de agir como um grupo, a fim de se libertarem das correntes que os prendem em uma servidão perpétua. Procura provar que é mentira considerar o negro uma aberração do "normal", que é ser branco. É a manifestação de uma nova percepção de que, ao procurar fugir de si mesmos e imitar o branco, os negros estão insultando a inteligência de quem os criou negros. Portanto, a Consciência Negra toma conhecimento de que o plano de Deus deliberadamente criou o negro como negro. Procura infundir na comunidade negra um novo orgulho de si mesma, de seus esforços, seus sistemas de valores, sua cultura, religião e maneira de ver a vida.

Steve Biko

Enfim chega ao Brasil a voz de mais um dos mártires da luta de libertação do povo negro sul-africano assassinado pelo regime do Apartheid da África do Sul. Steve Biko, assim como Nelson Mandela, encarna com sua vida e sua morte o profundo sentimento de liberdade latente em todo homem que se recusa, mesmo ao preço da própria vida, a submeter-se aos mecanismos que tentam subtrair do homem a sua condição humana e sua liberdade.

Contrapondo-se ao processo de desumanização imposto aos negros pelo Apartheid, Steve Biko define a Consciência Negra como a única atitude capaz de promover o reencontro do negro consigo mesmo e de resgatá-lo como agente de sua própria libertação, pela recuperação dos valores positivos e essenciais da cultura negra africana fundada nos pressupostos do humanismo africano e da fraternidade.

Profundamente imbuído de um sentimento religioso, o pensamento de Biko recupera para o negro uma identidade metafísica perdida no processo de coisificação determinado pela escravidão e pelas persistentes formas de discriminação racial existentes contra os negros em todas as partes do mundo — discriminação que o sistema do Apartheid retrata em toda a sua crueldade.

No entanto, Steve Biko não cai na velha armadilha da vitimização do negro e constrói uma reflexão na qual busca superar o maniqueísmo do algoz branco e da vítima negra, procurando detectar como a opressão tem seu resultado mais eficaz ao produzir no oprimido a consciência de subserviência e impotência para transformar sua situação real; e é justamente essa consciência deformada internalizada pelo negro o alvo principal da reflexão e da ação política de Steve Biko.

Ao condenar o Apartheid, Biko tem a coragem de reivindicar a África para os africanos: "Nada pode justificar a presunção arrogante de que um pequeno grupo de estrangeiros tem o direito de decidir sobre a vida da maioria". Porém, observador impiedoso das sequelas produzidas em seu povo pela opressão racista, Steve Biko não teme afirmar que "a falta de bens materiais já é bastante ruim, mas, unida à pobreza espiritual, é mortífera. Este último efeito é provavelmente aquele que cria montanhas de obstáculos no curso normal de emancipação do povo negro".

Esquadrinhando os efeitos mortais do racismo, Biko diagnostica a lógica que está por trás da dominação do branco — "Preparar o negro para desempenhar um papel subserviente neste país" — e chega às formas mais desagregadoras do processo de desumanização do negro ao identificar que "bem no fundo, sua raiva cresce com o acúmulo de insultos, mas ele a manifesta na direção errada — contra seu companheiro na cidade segregada, contra coisas que são propriedade dos negros. Ele não confia mais na liderança, [...] e nem há uma liderança em que confiar".

Portanto, a proposta política desenvolvida por Biko a partir do conceito de Consciência Negra implica o reconhecimento da miséria espiritual produzida pela opressão racista e um processo de olhar para dentro, num reconhecimento da cultura africana esmagada sob a acusação europeia de barbárie; retomar as práticas e costumes religiosos, valorizar a herança cultural, "reescrever a história do negro e criar nela os heróis que formam o núcleo do contexto africano".

Lá, como entre nós, Biko explicita a importância da luta ideológica. É necessário construir heróis, instituir datas. Opor os Zumbis aos Domingos Jorge Velhos, os vinte de novembros aos treze de maios. Afirmar os valores positivos das culturas negras em oposição ao dilaceramento da decadente cultura ocidental, contrapor o nosso sentido de comunidade à impessoalidade do mundo ocidental.

A leitura dos textos de Steve Biko torna inevitável o reconhecimento da semelhança entre a situação do negro brasileiro e a do negro sul-africano, pois de um lado eles nos instigam a refletir sobre o nosso compromisso de solidariedade para com a luta do povo negro sul-africano e, de outro, nos obrigam a deter-nos sobre o estágio em que se mantêm as desigualdades existentes entre os grupos raciais no Brasil, tornando evidente que os métodos de segregação racial utilizados no Brasil e na África do Sul, embora diferentes entre si, alcançam resultados iguais. Os bantustões sul-africanos aqui são redefinidos nos conglomerados de favelas, alagados e invasões, compostos majoritariamente por população negra; a lei do passe sul-africana é aqui mascarada na exigência da carteira assinada, violenta e vexatoriamente requisitada pelos policiais brasileiros ao trabalhador negro desempregado e marginalizado. As taxas alarmantes de analfabetismo entre a população negra brasileira expressam no Brasil a "igualdade de direitos e oportunidades" existente entre os cidadãos brasileiros, conforme preconiza a nossa democracia racial.

Essas condições tornam o pensamento de Steve Biko absolutamente atual no contexto das relações raciais do Brasil. Esperamos que ele seja fonte de inspiração para a reflexão e a ação política dos movimentos negros brasileiros e demais setores sociais comprometidos com a defesa dos direitos humanos fundamentais e com a construção de uma ordem social justa e igualitária, compromisso que está inequivocamente presente nos responsáveis pela organização deste livro e na decisão política de oferecê-lo ao público brasileiro.

PARATEXTOS DA EDIÇÃO COMEMORATIVA DE 40 ANOS

'AU REVOIR', COLÉGIO ST. FRANCIS

Este é o primeiro artigo publicado conhecido de Steve Biko — escrito para o anuário de seu último ano do secundário no Colégio St. Francis, em Mariannhill, que foi impresso na Mariannhill Mission Press, Mariannhill, Natal, em 1965.

Quase parece que foi ontem que nos reunimos na sala da Série IV para começar as aulas do último ano do secundário de 1964-1965. Naquela época éramos meros e tímidos "calouros" — quarenta meninos e meninas de todas as quatro províncias da África do Sul. Desde então, doze nos deixaram, a maioria arrastada pela maré de novembro do ano passado. Agora nós, os vinte e oito restantes, aguardamos a inevitável e dolorosa separação que acompanha a conclusão de nosso curso.

Mariannhill tem sido uma grande fonte de inspiração para nós. A história do colégio mostra que ele produziu professores aos milhares, médicos e advogados em abundância, padres e muitas outras figuras ilustres. Portanto, não podemos ter a expectativa de aumentar essa lista um dia também?

O que levamos conosco do Colégio St. Francis? Além de termos sido preparados para os exames de admissão, tivemos o benefício de uma preparação completa para enfrentar o mundo. Inter alia, eu poderia mencionar a Sociedade de Debates, que treinou muitos de nós para falar em público, e dramatizações que revelaram e desenvolveram talentos potenciais, teatrais em alguns de nós. Não menos importante é a formação do caráter e o treinamento do autoconhecimento. Por esses e muitos outros benefícios não mencionados, somos muito gratos à equipe do Colégio St. Francis.

Não é sem um aperto doloroso que nos separamos de nossa amada Alma Mater. E como um bom filho ou filha crescendo e tendo de deixar o abrigo de um lar muito querido, cada um de nós apreciará a memória dos poucos anos felizes que desfrutamos na atmosfera amável, embora erudita e disciplinada, desse centro educacional único — Colégio St. Francis — Mariannhill.

Stephen Biko, Série V

O SER ALMEJADO
NJABULO S. NDEBELE

"O ser almejado!" Esta expressão permaneceu de modo inócuo entre as capas de *Escrevo o Que Eu Quero*, o livro duradouro de Steve Biko. Devo ter lido e relido essa expressão ao longo dos anos. Mas como é que não a *vi*? Como é que minha mente não captou o que meus olhos devem ter visto? Ou minha mente passou sobre a expressão todas as vezes? Um leitor pode ler sem ver? Creio que sim. Essa percepção fez sentido quando, num impulso em janeiro de 2017, alguns dias depois de decidir escrever este prefácio, recuperei da minha estante um presente precioso de trinta e oito anos atrás.

Era a edição da Bowerdean Press em capa dura de *Escrevo o Que Eu Quero*. O ano de publicação, 1978, havia acabado há pouco quando o livro, com sua capa preta e branca, entrou em minha vida. Com a nostalgia crescendo dentro de mim, reli a inscrição do padre Aelred Stubbs na página de rosto do livro que ele havia editado: "Para Njabulo e Mpho Ndebele, com gratidão e carinho e na esperança de coisas melhores ainda por vir". Ele a datou como janeiro de 1979. Ponderei sobre a caligrafia pequena e elegante dele, escrita com um toque tão leve, como se ele não quisesse deixar uma marca na página, mesmo no próprio ato de inscrever marcas de palavras nela com tinta indelével.

"Mártir da Esperança: Uma Memória Pessoal " é o último capítulo de *Escrevo o Que Eu Quero*. Nele, o padre Stubbs reflete sobre seu relacionamento duradouro com Steve Biko. É o último parágrafo dessas memórias que agora é objeto de minha reflexão.

O parágrafo inteiro é uma longa citação de uma carta de Malusi Mpumlwana, descrito pelo padre Stubbs como "um amigo dedicado de Steve". Um cartão de Natal do padre Stubbs provocou uma gratidão efusiva de Mpumlwana. "Quando o Filho do Homem chamou assim a si mesmo, durante sua vida na Terra", escreveu Mpumlwana, "seus seguidores nunca souberam o significado do termo". Mas agora, Mpumlwana, um seguidor de Cristo, o compreendia. O Filho do Homem foi "um profeta poderoso em obras e palavras, diante de Deus e de todo o povo". O poder desse significado atinge o alvo em retrospecto. O significado emerge na fervura lenta do tempo.

Levei trinta e oito anos para entender um trecho da inscrição de padre Stubbs, "coisas melhores ainda por vir". De repente, brilhou no céu como um raio, no final do qual a expressão "o ser almejado" se revelou. Seu significado completo, enquanto o padre Stubbs ainda estava vivo, tinha simplesmente passado por mim. Trinta e oito anos depois, finalmente a notei e a compreendi.

Se as "coisas melhores ainda por vir" de Stubbs eram como a segunda vinda pela qual os cristãos esperam pacientemente, o "ser almejado" de Steve Biko era a forma de sua vinda. O que pode ter cristalizado, na África do Sul hoje, o significado de *"ser almejado"* com tal clareza emergente?

Na fervura lenta do tempo, li, mas perdi a ressonância do "ser almejado" em minha leitura da edição da Ravan Press de 1996, dezoito anos após a edição de meu presente. Perdi mais uma vez na edição de 2004 da Picador, com suas fenomenais onze reimpressões. Com o objetivo de escrever este prefácio, lápis HB na mão, escolhi a reimpressão da edição da Ravan Press de 2000 para grifá-la, sem as marcas suaves e hesitantes de padre Stubbs. Talvez seja o prefácio comovente desta edição, pelo arcebispo Desmond Tutu, e a introdução perspicaz de Malusi e Thoko Mpumlwana, o que me deixaram predisposto a descobrir o "ser almejado".

"Os negros se acham mobilizados para transformar o sistema inteiro e fazer dele o que quiserem", escreve Biko. "Um empreendimento dessa importância só pode ser realizado numa atmosfera em que as pessoas estejam convencidas da verdade inerente à sua condição. Portanto, a libertação tem importância básica no conceito de Consciência Negra, porque não podemos ter consciência do que somos e ao mesmo tempo permanecermos em cativeiro. Queremos atingir o *ser almejado* [ênfase minha], um ser livre"[138].

Toda verdade, ao que parece, tem seu tempo. Antes que esse tempo chegue, a verdade pode ser vista, talvez até intuída, mas nunca realmente compreendida. A intuição disso pode ter muito a ver com as circunstâncias nas quais a verdade se originou. Se "queremos atingir o ser almejado, que é um ser livre", é porque a fonte dessa intenção é a condição predominante de não liberdade. As condições de não liberdade e seus efeitos sobre as pessoas, a menos que terminem logo, são transferidos de uma geração para outra. Cada geração pode encontrar algo para enfatizar; e a próxima, algo mais, de modo que haja mudança e ainda assim continuidade no testemunho.

Minha própria jornada em direção a um "ser almejado", cujo significado eu não conseguia entender totalmente na época, foi como, nos anos de não liberdade, a Consciência Negra reduziu significativamente meu medo do opressor branco. Quanto menos o temia, mais livre me sentia em um país não livre. Eu poderia reivindicar um espaço de liberdade pessoal que estava muito além do alcance do opressor. Acho que é isso que milhares de alunos devem ter experimentado na Universidade do Norte (atual Limpopo) nas muitas vezes em que a Força de Segurança Sul-Africana do Apartheid ocupou seu campus. A ocupação física do campus pelo Exército não poderia se estender à ocupação da mente e do coração dos alunos. Estes estavam além do alcance do mais cruel opressor.

Não pode haver maior símbolo de uma mente livre em um país não livre do que Onkgopotse Abram Tiro, presidente do Conselho Representativo dos Estudantes. Em 29 de abril de 1972, há quarenta e cinco anos, ele fez seu histórico discurso de formatura[139]. Nesse discurso ele nomeou as contradições e a hipocrisia de um campus feito para pessoas negras, mas governado totalmente por pessoas brancas. O gerenciamento branco da universidade o ouviu e não gostou da mensagem. Tiro morreu em 1974 em Botswuana, quando abriu uma carta-bomba.

Quatro anos depois do discurso de Tiro, em 16 de junho de 1976, ocorreu o levante dos estudantes de Soweto. A isso se seguiu, alguns anos de-

---
138 Steve Biko. *I Write What I Like*. Aelred Stubbs C.R. (ed). London: The Bowerdean Press, 1978. p. 49. [N.E.O.]

139 Ver http://www.sahistory.org.za/archive/graduation-speech-onkgopotse-tiro-university-north-29-april-1972 [N.E.O.]

pois, um Estado de Emergência nacional declarado pelo presidente P.W. Botha em 20 de julho de 1985, que durou vários anos. O caminho até 27 de abril de 1994 pode não ter sido claramente visível, mas era uma realidade imaginável. Até abril de 1994, com o espaço de liberdade aberto dentro de si mesmos, os sul-africanos oprimidos concentraram-se nos meios para remover os jugos de mais de cem anos de conquista.

É contra esse tipo de pano de fundo que levou trinta e oito anos para que as palavras de Aelred Stubbs, "coisas melhores ainda por vir", saltassem da página e me impressionassem de uma maneira que nunca fizeram quando li e reli o capítulo intitulado "A Definição da Consciência Negra" em *Escrevo o Que Eu Quero*. Parecia que o "ser almejado" de Steve Biko prefigurava as "coisas melhores ainda por vir" de Stubbs.

Há uma jornada do corpo por lugares e a jornada da mente por caminhos de significado. Tanto a jornada do corpo como a da mente finalmente colocaram Tiro naquele lugar e tempo específicos para revelar seu "ser almejado" com um esplendor que nunca será esquecido. Talvez a jornada da mente seja estimulada pela leitura. A leitura, ao que parece, inclui a observação e, às vezes, o esquecimento instantâneo. Mas é um tipo especial de esquecimento. Não é igual a apagamento. Esse esquecimento é uma espécie de essência retida da experiência, uma espécie de lembrança subliminar, uma espécie de presença da memória como um farol para trazê-lo de volta caso precise reconfirmá-la. Talvez, com um lápis na mão, eu tenha me predisposto a encontrar ouro e diamantes para sublinhar e retângulos para encerrar passagens de significado redescoberto.

O "ser almejado" foi o conceito futurista de Biko com o qual ele fazia um apelo por mais do que apenas a recuperação de uma essência humana desmembrada, distorcida, desorientada e oprimida, mas também para que essa essência pudesse ser recuperada e remodelada sob novas circunstâncias históricas abrangendo mais de cento e cinquenta anos de um esforço doloroso, mas intencional, de buscas para reconstituí-lo em um novo ser humano.

Gostaria de chegar a este novo ser humano através de outro pensador marcante da época de Steve Biko, o poeta Mafika Gwala[140]. Lembro-me dele

---

[140] Gwala fez parte de um grupo de escritores conhecidos como Soweto poets, que surgiu no final dos anos 1960. Trabalhou em fábricas, foi professor e bem ativo no movimento da Consciência Negra. [N.E.B.]

como um dos filósofos mais incisivos sobre a Consciência Negra na África do Sul na década de 1970. Em 1973 ele escreveu: "... não é nossa percepção negra que determina nosso ser Negro. Contramodo [sic] é nosso ser Negro — o fato de que somos Negros em uma sociedade dominada por brancos — que determina nossa percepção Negra"[141]. "Percepção negra", então, para Gwala, é uma manifestação da história, não um estado inerente do ser.

O general Smuts[142], seguindo Cecil John Rhodes[143] antes, fez uma declaração muito categórica sobre a natureza ideológica da raça e do racismo. "Muito antes de os nacionalistas chegarem ao poder", declarou Smuts, "há certas coisas sobre as quais todos os sul-africanos concordam. A primeira é que manter a supremacia branca na África do Sul é uma política fixa"[144]. O que Smuts está afirmando é que a "branquitude" sempre precederia a "negritude", porque a "branquitude" como poder criou a "negritude" para ser seu oposto impotente. Gwala insiste que, uma vez que tal precedência é historicamente determinada, também pode ser historicamente encerrada. A forma como termina tem algo a ver com o "ser almejado" das pessoas oprimidas quando elas se tornam livres.

Pessoas "negras" livres apagam a "branquitude" quando esta cessa de ser uma condição histórica de opressão na qual "ser negro" foi construído.

Mafika Gwala, consciente da impermanência de categorias raciais a despeito da realidade brutal nas sociedades que se ordenavam por elas, expressou consciência de suas limitações: "Não tomamos a Consciência Negra como uma espécie de Bíblia, era apenas uma tendência... necessária porque significava trazer para a luta o que a oposição branca não podia trazer"[145].

---

141 Mafika Gwala. 'Priorities in Culture for Creativity and Black Development'. In Ben J. Langa. *Creativity and Black Development*. Durban: SASO Publications, 1973. p. 41. [N.E.O.]

142 O político e militar Jan Smuts (1870-1950) foi primeiro-ministro da África do Sul de 1919 a 1924 e de 1939 a 1948. [N.E.B.]

143 O magnata e político inglês Cecil John Rhodes (1853-1902) foi talvez a máxima personificação do colonialismo inglês no século XIX e praticamente reinava no sul da África. Usando seu poder político e as forças militares britânicas, tomou as terras de africanos e ganhou quase o monopólio do comércio mundial de diamantes. Ainda hoje, a empresa criada por ele, a De Beers, tem mais da metade desse comércio. A Rodésia (atual Zimbábue e Zâmbia) teve esse nome em homenagem a Rhodes. [N.E.B.]

144 Mencionado em Cosmas Desmond. *The Discarded People: An Account of African Resettlement in South Africa*. Penguin Books, 1971. pp. 222-223. [N.E.O.]

145 Ver https://poetryinternationalweb.org/pi/site/poet/item/18109/10/Mafika-Pascal-Gwala [N.E.O.]

A "oposição branca" naturalmente pretendia a permanência daquilo que lhes trazia benefícios cotidianos através do menosprezo daqueles que eram "negros" e esse menosprezo era fator essencial do privilégio branco reproduzido por meio de um sistema estruturado de opressão. Por definição, a "negritude" precisaria acabar quando os oprimidos, agora livres para alcançar seu "ser almejado" com o fim de seu pesadelo, começassem a criar uma nova pessoa para uma nova sociedade.

Gwala previu o momento histórico em que a noção de "ser negro" deixaria de ter qualquer significado na determinação da identidade humana. Então, talvez aqueles que um dia tiveram parte em "ser negro" deixariam de existir sempre em oposição a outra coisa, com a implicação de que esse algo mais de "ser negro" era constitutivo de modo imanente fora da própria agência de "ser negro".

É precisamente essa condição de não ser mais o oposto da definição de si mesmo de alguém que nos leva ao "ser almejado" de Steve Biko. O "ser almejado" não é uma essência; é uma realidade viva alcançada na esfera social pela agência de pessoas livres. O que se torna crítico para milhões de cidadãos sul-africanos que foram emancipados em 1994 é a questão: o que constitui sua agência?

O "ser almejado" acredita na "justiça de nossa força". Acreditando em seus objetivos humanísticos, é inclusivo, abrindo espaço para todos que desejam participar de suas normas emancipatórias.

Qual é a probabilidade de que o "ser almejado", refletindo sobre as realizações de sua agência visionária e intencional, possa em 2044 escrever um livro chamado *Escrevo o Que Eu Vivo*?

Enquanto isso, em 2017, esta nova edição de *Escrevo o Que Eu Quero* se baseia na história de um livro que se tornou um símbolo do triunfo da livre agência humana em condições não livres. Até que ponto o "ser almejado" serviu para estabelecer uma nova norma humana nos termos uma vez descritos por Steve Biko no testemunho que prestou em maio de 1976 durante o julgamento SASO/BPC?[146] O advogado de defesa David Soggot conduz Biko:

---

[146] O julgamento SASO/BPC foi um dos mais longos do Apartheid. Julgou e condenou nove ativistas da South African Students' Organization (SASO) e da Black People's Convention (BPC) por organizarem em Durban, no dia 25 de setembro de 1974, um ato festivo celebrando a vitória da FRELIMO (Frente de Libertação de Moçambique), que finalmente libertara Moçambique do domínio colonial português. O julgamento teve ampla cobertura da imprensa e chamou a atenção da opinião pública. Biko participou

Soggot: Sr. Biko, veja por favor a Resolução 42, na página 249. No parágrafo 2 há uma referência à definição de pessoa negra. Não quero incomodá-lo com isso, mas gostaria que tratasse do que se encontra no parágrafo 3: "A SASO acredita...". Poderia, por favor, ler a alínea (a)?

Biko: Pois não. "A SASO acredita: (a) Que a África do Sul é um país no qual negros e brancos vivem e continuarão a viver juntos."

Soggot: O que isso significa?

Biko: Bem, significa que nós aceitamos que a sociedade sul-africana atual é uma sociedade pluralista, para o desenvolvimento da qual todos os segmentos da sociedade contribuíram. Em outras palavras, estamos falando tanto dos grupos negros quanto dos brancos. Não temos nenhuma intenção de... sem dúvida nos consideramos pessoas que estão aqui e vão ficar aqui. E enfatizamos que não temos absolutamente nenhuma intenção de ver os brancos deixarem este país.

Soggot: Deixarem?

Biko: Sim.

Soggot: D-e-i-x-a-r-e-m?

Biko: Exatamente. Queremos que fiquem aqui lado a lado conosco, mantendo uma sociedade para a qual todos vão contribuir proporcionalmente.

Soggot: Eu gostaria de saber... neste contexto... Poderia olhar para SASO G 1, Resolução 45? Na página 206.

Biko: Certo.

Soggot: Poderia ler a partir de "este país pertence..."?

Biko: "Portanto queremos declarar explicitamente que este país pertence aos negros e somente a eles". Os brancos que vivem no nosso... que vivem neste país [têm que viver] segundo os termos estabelecidos pelos negros e sob a condição de que respeitem o povo negro. Isto não deve ser encarado como um sentimento antibranco. Significa apenas que, considerando que na Europa os negros vivem segundo os termos estabelecidos pelos europeus, os brancos aqui serão submetidos às mesmas condições. "Queremos, além disso, declarar que em nossa opinião sempre será..."

Soggot: Poderia explicar o que a SASO queria dizer com essa resolução?

Biko: Bem, preciso explicar que eu não estava nessa reunião específica, mas a partir da leitura deste documento me parece que quer dizer que este

---

como testemunha de defesa, junto com seu amigo Rick Turner. [N.E.B.]

país é essencialmente um país na África, um continente que naturalmente é sempre habitado pelos negros, e que os brancos... Entende-se que há brancos aqui e que eles podem morar neste país ou podem deixar o país, dependendo do relacionamento que tiverem com os negros e da aceitação das condições que os negros estabeleçam aqui num determinado momento. Não sei a que momento a resolução está se referindo.

Será que 1994 se tornou essa época? Em 2017, qual é exatamente o estado do "ser almejado"? O quão profundas são as responsabilidades de se tornar a norma? Qual é o trabalho a ser realizado? O que será necessário para empreendê-lo? Na terceira década desde 1994, as perguntas clamam para serem respondidas por todos os cidadãos sul-africanos. Mas o fardo da agência na busca de respostas recai diretamente sobre aqueles que já foram oprimidos, que, na terceira década de sua liberdade, devem perseguir seu "ser almejado".

NJABULO S. NDEBELE é um acadêmico consagrado, figura pública e autor de best-sellers, cuja escrita crítica e criativa abordou os efeitos do Apartheid nas comunidades oprimidas, democracia e reconciliação e o sistema de educação superior na África do Sul. Ele é atualmente o presidente da Fundação Nelson Mandela e regularmente desempenha o papel de intelectual público por meio de suas intervenções na mídia sobre questões atuais da África do Sul.

REFLEXÕES PESSOAIS SOBRE STEVE BIKO E CONSCIÊNCIA NEGRA

Nesta edição do 40º aniversário de Escrevo o Que Eu Quero, *livro publicado pela primeira vez no ano da morte de Steve Biko, há uma oportunidade de reflexão não só sobre as palavras com que ele expressou a sua filosofia, mas também sobre o impacto prático dessas palavras sobre a vida das pessoas em todo o mundo. Nesta breve seção, incluímos as observações de quatro ativistas, geograficamente separados em três continentes, mas unidos em seu reconhecimento da motivação, da orientação e do encorajamento que cada um obteve deste livro. Cada contribuição registra como, mesmo em diferentes décadas deste século e do século passado, os escritos seminais de Steve Biko resultaram em uma epifania pessoal que levou a um curso de ação com consequente influência positiva e indelével na vida cotidiana dos mais oprimidos.*

Mosibudi Mangena
Presidente de honra da AZAPO[147]

Nasci na fazenda de um homem branco, na qual meus pais e outros negros viviam em condições feudais. Todos os negros adultos daquela fazenda tinham que dar ao fazendeiro três meses de trabalho gratuito todos os anos em vez de aluguel pela permanência na propriedade. Poderiam trabalhar por um salário miserável nos nove meses restantes do ano, se houvesse trabalho disponível.

O fazendeiro branco dominava todos nós como um colosso divino e, quando criança, presumi que a dinâmica de superioridade e inferioridade que se desenrolava na relação entre brancos e negros naquela fazenda e nas vizinhas era a ordem natural do universo. Mesmo quando passei a adolescência longe da fazenda, minha compreensão básica da situação sócio-econômica-política em nosso país não mudou muito.

Foi minha interação com a Consciência Negra durante meus dias de universidade que limpou de modo final e decisivo a névoa em minha men-

---

147 A AZAPO (Azanian People's Organisation) foi fundada em 1978, depois que a South African Students' Organization (SASO), a Black People's Convention (BPC) e os Black Community Programmes (BCP) foram banidos pelo governo do Apartheid. Mosibudi Mangena, nascido em 1947, foi um dos muitos militantes da SASO que passaram a fazer parte da AZAPO. Na época do Apartheid, ele chegou a ser o comandante em chefe da AZANLA, braço armado da AZAPO. Tornou-se líder da AZAPO quando voltou do exílio, em 1994. De 2004 a 2008, foi o Ministro de Ciência e Tecnologia. [N.E.B.]

te e me permitiu encontrar meu lugar no cosmos. Desmascarou o mito da superioridade branca e da inferioridade negra de uma vez por todas. Isso me deu uma nova visão de mundo que tem guiado minha vida desde então.

A Consciência Negra me libertou dos grilhões da escravidão mental e inspirou meu envolvimento sincero na luta pela liberdade. A adesão à Consciência Negra não apenas gerou raiva contra a opressão e a arrogância branca, mas também me obrigou (e a todos aqueles que são adeptos da filosofia da Consciência Negra) a buscar a restauração do valor e dignidade de todos os negros no país de seu nascimento.

A filosofia da Consciência Negra me ensinou a me comportar de uma maneira que contradiz todos os estereótipos negativos que visam humilhar os negros e justificar sua opressão e exploração.

A igualdade da vida humana que a Consciência Negra implica reforçou meu respeito por todas as pessoas com quem interajo. A dignidade inerente a todos os seres humanos exige que eu os trate e sirva com dedicação e honestidade. Mesmo que o meu melhor nem sempre seja suficiente, deve ser o meu melhor. Não deve haver desrespeito a outras pessoas no que eu faço ou digo a elas.

Ames Dhai
Diretora, Centro Steve Biko de Bioética
Universidade de Witwatersrand, Joanesburgo

Lembro-me nitidamente da primeira vez que desci do ônibus e entrei no terreno da Faculdade de Medicina da Universidade de Natal para Negros, no Campus Wentworth. Era o início dos anos 1970. Lembro-me desse campus, um antigo quartel naval de quartos pré-fabricados no meio da chamada área mestiça em Durban, não pelo espaço em que recebi meu treinamento preparatório para estudar medicina, mas pelo meu primeiro encontro com a noção de Consciência Negra — uma noção que serviu como catalisador para a emancipação da minha mente da subserviência ao "Baas" para uma de afirmação do poder em ser negro. A metamorfose da menina indiana que recebeu sua educação secundária na Escola Secundária para Meninas Indianas de Durban para a mulher negra que agora era educada para acreditar em si mesma e manter a cabeça erguida em desafio ao homem branco foi abrupta, dramática e, às vezes, surreal.

Steve Biko havia sido expulso do campus e excluído da faculdade de medicina, mas suas aparições repentinas garantiram que a educação que eu e meus colegas recebemos dele permanecesse arraigada em nosso pensamento e entrincheirada em nossas almas. Para muitos de nós, houve a nova percepção da unidade de ser negro. Não éramos mais mestiços, indianos ou africanos com desprezo uns pelos outros. Não éramos mais não entidades não brancas. E com essa solidariedade surgiu um orgulho recém-encontrado na beleza inerente, no valor infinito e no valor dentro de cada um de nós. Steve nos fez perceber que a trama do dia fora orquestrada sistematicamente por aquele regime branco para erradicar qualquer unidade viável entre nós, negros. Ele trouxe a percepção de que éramos todos oprimidos e que os vários graus de opressão foram deliberadamente projetados para nos separar e nos manter afastados.

Foi com essa mesma paixão que em 2007, trinta anos após o brutal assassinato de Steve, fundei o Centro Steve Biko de Bioética na Faculdade de Ciências da Saúde da Universidade de Witwatersrand, Joanesburgo. Os cuidados de saúde do Apartheid na África do Sul, com seu legado de desigualdade de recursos, acesso racial aos cuidados de saúde e violação dos direitos humanos, colocam um dever especial nas faculdades de ciências da saúde de garantir que os profissionais de saúde entendam o passado e estejam comprometidos com uma forte cultura de direitos humanos. O assassinato de Steve na prisão, o desrespeito intencional dos médicos ao não cuidarem dele e o conluio deles para encobrir a causa de sua morte marcaram um ponto baixo nos padrões éticos e de direitos humanos da profissão médica na África do Sul. Minha esperança é que o Centro Steve Biko de Bioética sirva para imortalizar o legado de Biko e destacar a responsabilidade coletiva da profissão e do público em promover a prática ética.

Quarenta anos depois, embora muito tenha sido alcançado, ainda há muito mais a ser feito. As diferenças de pigmentação ressurgiram para corroer a solidariedade e a liberdade pelas quais Steve Biko morreu. É claro que a tarefa da Consciência Negra está incompleta. Um novo despertar da energia para impulsionar o trabalho da Consciência Negra é um imperativo ético. Afinal, não é o que Steve gostaria?

Tracey Gore
Diretora, Associação Habitacional Steve Biko
Liverpool, Reino Unido

Foi com honra, orgulho e muita humildade que recebi o pedido para contribuir para a edição comemorativa dos 40 anos de *Escrevo o Que Eu Quero*.

O pedido chega em um momento que vê grande turbulência no mundo. Nosso mundo tornou-se polarizado, intolerante e indiferente ao sofrimento de muitos. O movimento *Black Lives Matter* registrado na diáspora africana é um grito que já foi feito antes.

A Consciência Negra chegou para mim quando era criança; ao ser chamada de negra ***** por um policial branco, percebi que era negra. Quando adolescente, li sobre o movimento *black power* nos Estados Unidos e usava meu afro com orgulho. Minha consciência se completou como adulta, confrontada com o racismo em que a comunidade negra e eu nascemos. A natureza insidiosa do racismo que perpetua um sentimento de inferioridade, de não pertencimento, de carência, que procura roubar sua dignidade.

As palavras de Steve Biko tiveram significado para mim e para os negros de Liverpool, na Inglaterra. Biko falou diretamente conosco: "Ser negro não é uma questão de pigmentação — ser negro é um reflexo de uma atitude mental". A Consciência Negra era real, jovens negros foram proativos na década de 1980, criando organizações e programas de desenvolvimento da comunidade negra, centros de assistência jurídica, estabelecimentos de ensino, agências de emprego e até nossa própria provedora de habitação, a Associação Habitacional Steve Biko. A maioria dessas organizações já deixou de existir, supostamente por já terem cumprido seu propósito. Mas a realidade é que a exclusão dos negros de uma sociedade igualitária ainda está viva e forte. Trabalho para a Associação Habitacional Steve Biko, comemorando nosso 30º aniversário. Colocamos a igualdade racial e o desenvolvimento da comunidade no centro do nosso trabalho. A Consciência Negra alimenta a alma. Isso me permite continuar lutando pela igualdade racial; exige que eu continue a sensibilizar a nossa juventude negra e a celebrá-la. As vidas negras que importam, a juventude, me enchem de esperança.

Silvio Humberto dos Passos Cunha
Presidente de honra, Instituto Cultural Steve Biko (ICSB)

Nossas histórias sul-africanas e afro-brasileiras se unem, o Atlântico nos conecta. Devo minha formação política ao Movimento Negro Brasileiro, que há décadas luta contra o racismo. Nunca vivemos, e ainda não vivemos, uma democracia racial no Brasil. Apesar de serem reais as conquistas das últimas décadas: a pobreza tem cor, idade e gênero — é negra, jovem e mulher; multiplicam-se os casos de racismo e violência racial crescente, sobretudo contra a juventude negra, seja pela ação ou inação do Estado, as tentativas crescentes de fraudar as cotas raciais nos concursos públicos. Enfim, o cenário é: ou lutamos ou lutamos seguindo o que nos constitui, caso contrário retrocederemos.

A luta contra o Apartheid é um capítulo importante na história do Movimento Negro Brasileiro. Além de marchas e manifestos, foram utilizadas canções de grupos afro no Carnaval da Bahia para torná-la mais popular. Assim, o povo brasileiro, principalmente o baiano, conheceu a luta contra o Apartheid e seus dirigentes. Foi assim que Steve Biko chegou até nós, superamos a barreira do idioma, inicialmente com o filme *Um Grito de Liberdade*[148], seguido da leitura de *Escrevo o Que Eu Quero*.

---

148 *Cry Freedom* se baseia nos livros do jornalista Donald Woods (vivido no filme por Kevin Kline) a respeito de Steve Biko (vivido por Denzel Washington). A direção é de

Em 31 de julho de 1992, fundamos o Instituto Cultural Steve Biko (ICSB) para ampliar o acesso da população negra à universidade. No início, não tínhamos um nome específico, apenas um propósito. Depois de entrar em contato com os princípios da Consciência Negra de Steve Biko, identificamos nossas semelhanças ancestrais e decidimos dar o nome dele ao instituto. Em 2022, completamos 30 anos promovendo ações afirmativas, inspirados nos ensinamentos de Biko. Milhares de pessoas foram impactadas pelas ações do instituto; somos referência na luta antirracista e educacional no Brasil. Cada releitura significa um novo ensinamento. A Consciência Negra é um farol que nos guia, sinalizando a necessidade de alcançar a dimensão imaterial do racismo para romper os grilhões da escravidão mental. Biko, você já disse, sim, podemos.

Sinto sua presença, lembro-me bem da emoção que senti quando ouvi sua voz e vi sua imagem ao visitar o Museu do Apartheid em Joanesburgo, algo difícil de explicar.

Seguimos em frente, Biko, com seu legado; você vive em nós, em nossas ações e atitudes políticas. Seja na África do Sul ou em Salvador, Bahia, Brasil, a luta continua.

Richard Attenborough. O filme foi lançado em 1987, com grande sucesso comercial e de crítica. Por sua atuação como Biko, Denzel Washington chegou a ser indicado ao Oscar. [N.E.B.]

PREFÁCIO
ARCEBISPO DESMOND TUTU

Recentemente presidi a primeira rodada de audiências do Comitê de Violações de Direitos Humanos da Comissão da Verdade e Reconciliação. Pensávamos que sabíamos a extensão do sofrimento pelo qual nosso povo passou durante os dias sombrios da repressão do Apartheid. Mas a maioria de nós ficou bastante devastada pela profundidade da depravação e do mal que era revelado em testemunho após testemunho. Por direito, nosso povo deveria ter ficado alquebrado pelas atrocidades cometidas contra ele. E, no entanto, não foi assim. Ficamos comovidos e profundamente tocados pela nobreza e generosidade de espírito daqueles que, apesar de tanta dor e angústia, surpreenderam o mundo com sua disposição de perdoar os perpetradores de todos esses atos covardes das trevas.

Nos dias difíceis de nossa luta contra o Apartheid, eu dizia constantemente que o movimento da Consciência Negra com certeza era de Deus. Veja, o aspecto mais terrível da opressão e da injustiça não foi o sofrimento incalculável infligido às suas vítimas e sobreviventes, por mais medonho que tenha sido, como atestam os testemunhos que ouvimos. Não, foi o fato de que o Apartheid podia, por meio do tratamento dado aos filhos de Deus, realmente fazer com que muitos deles duvidassem de que eram realmente filhos de Deus. Isso descrevi como quase a maior das blasfêmias.

A Consciência Negra procurou despertar em nós o senso de nosso valor e nossa importância infinitos aos olhos de Deus, pois fomos todos criados à imagem de Deus, de modo que nosso valor é intrínseco a quem somos e não depende de irrelevâncias biológicas como etnia, cor de pele ou raça. A Consciência Negra ajudou a exorcizar os horríveis demônios do ódio de si e do autodesprezo que faziam os negros bajularem os brancos enquanto tratavam os outros negros como a escória que pensavam ser. A Consciência Negra despertou em nós o conhecimento de nossa participação no que São Paulo chamou de gloriosa liberdade dos filhos de Deus, incitando-nos a entrar nesse legado esplêndido.

Somos profundamente gratos a Steve, reconhecido como o pai do movimento da Consciência Negra. Damos graças a Deus por ele. A reconciliação precisava da Consciência Negra para ter sucesso porque a reconciliação é algo profundamente pessoal que acontece entre aqueles que reconhecem sua personalidade única e que a têm reconhecida por outros.

Mas creio que a Consciência Negra não completou de fato sua tarefa. A chamada violência de negros contra negros não teria ocorrido (mesmo que, como parece ser cada vez mais o caso, tenha sido instigada e alimentada por uma Terceira Força inescrupulosa e sinistra[149]) se tivéssemos dito que nos respeitávamos e não permitiríamos que ninguém, por qualquer motivo e qualquer que fosse a recompensa, nos manipulasse ou nos induzisse a matar uns aos outros, como aconteceu pouco antes de nossas eleições históricas de 27 de abril de 1994 — particularmente em KwaZulu-Natal, onde a violência se tornou tão tragicamente endêmica. Teríamos dito que cada um de nós é precioso demais para se tornar um peão em um jogo sangrento.

É bom que exista esta nova edição para nos permitir saborear as palavras inspiradas de Steve Biko — talvez ela possa simplesmente desencadear um renascimento negro.

---

149 O termo Terceira Força (Third Force) surgiu no final dos anos 1980 para descrever uma suposta organização secreta de direita formada por agentes ou ex-agentes das forças de segurança que teria como objetivo insuflar o caos e violência entre a população negra. Ainda que nunca tenha sido comprovada a existência de uma organização do tipo centralmente dirigida, ficou evidente que havia uma rede de agentes de segurança que, com a cumplicidade da direita branca e até de setores do Partido da Liberdade Inkatha (Inkatha Freedom Party, IFP), promoveram diversos assassinatos e outras violações dos direitos humanos. A suspeita da continuidade de uma organização do tipo retorna de tempos em tempos no debate político sul-africano. [N.E.B.]

INTRODUÇÃO
NKOSINATHI BIKO

Bántu Steve Biko faria 55 anos em 18 de dezembro de 2003. O último aniversário dele coincidiu com a cerimônia de circuncisão de dois dos membros mais jovens da família. A família inteira se reuniu na casa de minha avó Mamcethe para a ocasião. Hoje raramente nos reunimos como acontecia antes da morte dela em 1995, então aproveitamos a oportunidade para comemorar o aniversário dele. Passamos a noite reunidos em torno da mesa de jantar da família, contando piadas, cantando canções de outros tempos e lembrando a longa lista de pessoas que compartilharam aquela casa conosco — algumas tornando-se residentes de longo prazo.

Sendo uma prática comum na cultura africana dar um nome significativo ao filho, o nome do meu pai, Bantu, significa "aquele que ama as pessoas". Fiel ao nome, ele trouxe muitas pessoas para nossa casa e, graças à minha avó, em cuja casa morávamos na época, essas pessoas encontraram um lar acolhedor e convidativo.

Minhas próprias memórias de infância estão repletas de lembranças vívidas de alguns desses rostos. Lembro-me claramente de nomes como os de dr. Taole Mokoena, Moki Cekisani, Peter Jones e Malusi Mpumlwana. Este último, agora bispo da Ordem da Etiópia e diretor na Fundação Kellogg, foi quem me deu a notícia da morte de meu pai.

Mais tarde, na noite do aniversário, deitado na cama, pensei no quanto dessa história havia morrido com minha avó.

Passamos o dia seguinte revendo os pertences de minha avó ainda trancados no baú, quase dez anos após a morte dela. Combinada com a sessão de contação de histórias, a busca fez dessa a comemoração de aniversário mais memorável. Nesse baú havia uma coleção abrangente dos registros da família. Enterrados no fundo do baú de Mamcethe estavam os próprios registros acadêmicos de meu pai da Universidade da África do Sul, onde ele estudou após sua exclusão da Faculdade de Medicina da Universidade de Natal para Negros. Por não poder cursar medicina por correspondência, matriculou-se em Direito na UNISA. Seu grande amigo Barney Pityana uma vez me disse: "Não acredito que Steve teria se tornado um médico... a própria busca dele por conhecimento foi muito além do campo da medicina". O dr. Pityana é o atual vice-reitor da Universidade da África do Sul.

Encontrei várias outras fontes que me ajudaram a montar uma imagem vívida de quem era meu pai: minhas próprias memórias de infância; minha família e em particular minha mãe, Ntsiki, me ajudaram a juntar muitos dos elos que faltavam em minha própria memória; conhecer seus amigos e colegas ativistas. Mas talvez o relato mais revelador do homem e de sua mente sejam suas próprias palavras.

Em 1978, o padre Aelred Stubbs e Hugh Lewin coletaram e editaram os escritos de meu pai na primeira edição de *Escrevo o Que Eu Quero*. Os escritos, creio, são trabalhos que ele produziu e apresentou em vários seminários e reuniões. Tenho lido este livro com uma frequência superada apenas pelos jornais diários. No nível pessoal, ele deu a mim e aos meus irmãos a oportunidade de espiar dentro da cabeça dele. Também ajudou a moldar parte do nosso pensamento. Minha mãe me conta que ele ficava acordado até tarde lendo e escrevendo. Às vezes, se deitava olhando para o teto e pensava em voz alta enquanto ela fazia anotações. Na maior parte das vezes, diz ela, não havia necessidade de revisão ou edição — ele tinha jeito com as palavras.

Em um nível mais amplo, *Escrevo o Que Eu Quero* tornou-se o ponto de referência oficial sobre a profundidade e a amplitude da visão política que transformou o Movimento da Consciência Negra na força política mais poderosa dos anos setenta. O sucesso do movimento foi transformar o refluxo político que era evidente no final dos anos 1960 em um fluxo imbatível que aumentou no final dos anos 1970, mas também continuou a reenergizar a resistência política nos anos 1980. O foco estava tanto no indivíduo quanto na criação de uma frente política unida, baseada em uma identidade política comum. O indivíduo foi conscientizado para se tornar um agente ativo de mudança na sua localidade, em primeiro lugar, ao assumir uma identidade positiva. Indo além de outras organizações da época, o Movimento da Consciência Negra encontrou um equilíbrio saudável entre teoria e prática. Nos últimos cinco anos de sua vida, e durante o período em que foi banido, Steve Biko conseguiu estabelecer uma extensa rede de projetos comunitários baseados na noção de autoconfiança. O padre Stubbs posteriormente descreveu esse sucesso como uma "vitrine para o desenvolvimento da comunidade".

Desde os quinze anos, tive a oportunidade de representar meu pai em diversos eventos ao redor do mundo, realizados em sua homenagem. Ao longo dos anos, conheci pessoas cujas vidas ele tocou. Embora o mundo tenha buscado lições na África do Sul, continuo perturbado com a fraqueza do nome de Biko entre os jovens sul-africanos. Mais fracos ainda são os nomes de pessoas como Mapetla Mohapi, Mthuli ka Shezi e vários líderes que deram suas vidas durante aquela época.

Esta edição de *Escrevo o Que Eu Quero* sai no décimo ano de nossa democracia, período em que a nação faz um balanço do caminho percorrido. Chega em um momento em que estamos revisando algumas das opções políticas que adotamos e, quase sem falta, podemos enfrentar cada um dos principais desafios que ainda enfrentamos como nação e encontrar uma referência substantiva e relevante nos escritos de Biko. Que seu pensamento continue a fazer parte do diálogo nacional enquanto continuamos a nos definir.

AGRADECIMENTOS

O organizador agradece às seguintes pessoas e entidades pela valiosa ajuda na compilação deste livro: World University Service, cuja generosa subvenção deu ao sr. David Mesenbring a possibilidade de reunir grande parte do material aqui apresentado; o próprio David, por sua assistência criativa durante os vários estágios; a bibliotecária e o pessoal da Universidade Nacional de Lesoto; o Comitê de Advogados para os Direitos Civis sob a Lei, de Washington, D. C., por nos fornecer vários artigos escritos por Steve Biko que o comitê possuía; dra. Gail M. Gerhart; C. Hurst and Co., por permitirem a reprodução de "A Consciência Negra e a busca de uma verdadeira humanidade"; David Philip Publisher (Pty) Ltd., por permitir a reprodução do capítulo intitulado "Racismo branco e Consciência Negra"; The New Republic Inc., pelo capítulo "Sobre a morte"; as organizações Christianity and Crisis e Episcopal Churchmen for South Africa, por permitirem a reprodução de "Nossa estratégia para a libertação"; The International University Exchange Fund; Hugh Levin.

ÍNDICE ONOMÁSTICO

Aelred Stubbs, primeiro editor de *I Write What I Want*.
Alan Paton, ver nota 67.
Albert Nolan, ver nota 136.
Alice "Mamcethe" Nokuzola Biko, mãe de Steve Biko.
Alphaeus Zulu, ver nota 120.
Ahmed Mohamed Kathrada, ver nota 30.
Ahmed Sékou Touré, ver nota 20.
Aimé Césaire, ver nota 40.
Andrew Young, ver nota 130.
Anton Rupert, ver nota 126.
Ashlatha Rambally, ver nota 133.
B.J. Vorster, primeiro-ministro (1966-1978) e presidente (1978-1979) da África do Sul durante o Apartheid.
Barnett Potter, ver nota 49.
Barney Pityana, ver nota 12.
Ben Khoapa.
Buthelezi, chefe Gatsha Mangosuthu, ver nota 24.
Cecil John Rhodes, ver nota 143.
Cedric Mayson, ver nota 123.
Charles Sebe, ver nota 125.

Colin Winter, ver nota 119.
Connie Mulder, ver nota 61.
Cosmas Desmond, ver nota 105.
Curdwick Ndamse, ver nota 26.
David Russell, ver nota 104.
Desmond Tutu, arcebispo e ativista anti-apartheid, vencedor do Prêmio Nobel da Paz de 1985.
Dick Clark, ver nota 98.
Dimitri Tsafendas, ver nota 93.
George Grey, ver nota 78.
Harry Oppenheimer, ver nota 107.
Hastings Kamuzu Banda, ver nota 44.
Helen Suzman, ver nota 15.
Hendrick Verwoerd, ver nota 63.
Hintsa ka Khawuta, ver nota 46.
Jan Smuts, ver nota 142.
Jaramogi Ajuma Oginga Odinga, ver nota 90.
Jerry Modisane, ver nota 84.
Jomo Kenyatta, ex-presidente do Quênia.
Josiah Mwangi Kariuki, ver nota 92.
Karl Jaspers, ver nota 56.
Kenneth Kaunda, ver nota 36.
Knowledge Guzana, ver nota 32.
Mafika Gwala, ver nota 140.
Malusi Mpumlwana, ativista do Movimento da Consciência Negra sul-africano.
Mamphela A. Ramphele, ver nota 108.
Manas Buthelezi, ver nota 122.
Mangope, chefe Lucas, ver nota 60.
Mapetla Mohapi, ativista do Movimento da Consciência Negra sul-africano, morto na prisão em 1976.
Matanzima, chefe Kaiser, ver nota 21.
Matthew Mzimgayi Biko, pai de Steve Biko.
Mewa Ramgobin, ver nota 23.
Mooroogiah Dhanapathy Naidoo, ver nota 30.
Moshoeshoe I, ver nota 46.

Mosibudi Mangena, ver nota 147.
Mthuli ka Shezi, ver nota 74.
Nelson Mandela.
Nontsikelelo "Ntsiki" Mashalaba, viúva de Steve Biko.
Pat Poovalingam, ver nota 22.
Peter Jones, ver nota 131.
Pik Botha, ver nota 95.
Rick Turner, ver nota 43.
Robert Sobukwe, ver nota 30.
Sabelo Stanley Ntwasa.
Shaka kaSenzangakhona, ver nota 46.
Silumko Sokupa, ver nota 118.
Strini Moodley, um dos fundadores do Movimento da Consciência Negra sul-africano.
Thami Zani, ver nota 134.
Thenjiwe Mtintso, ver nota 117.
Thoko Mpumlwana, ativista do Movimento da Consciência Negra sul-africano.